Informationssystem für das Innovationsmanagement technischer Produkte

Von der Fakultät für Maschinenwesen der
Rheinisch-Westfälischen Technischen Hochschule Aachen
zur Erlangung des akademischen Grades
eines Doktors der Ingenieurwissenschaften
genehmigte Dissertation

vorgelegt von
Diplom-Ingenieur Diplomwirtschaftsingenieur
Bernhard Mischke
aus Schwerte

Berichter: Univ.-Prof. Dr.-Ing. Dipl.-Wirt.Ing. Dr. techn. h. c. (N) Walter Eversheim
Univ.-Prof. Dr.-Ing. Klaus Brankamp

Tag der mündlichen Prüfung: 23. Mai 2000

„D 82 (Diss. RWTH Aachen)"

WZL RWTH AACHEN

Fraunhofer Institut Produktionstechnologie IPT

Berichte aus der Produktionstechnik

Bernhard Mischke

Informationssystem für das Innovationsmanagement technischer Produkte

Herausgeber:

Prof. Dr.-Ing. Dr. h. c. mult. Dipl.-Wirt. Ing. W. Eversheim
Prof. Dr.-Ing. F. Klocke
Prof. em. Dr.-Ing. Dr. h. c. mult. W. König
Prof. Dr.-Ing. Dr. h. c. Prof. h. c. T. Pfeifer
Prof. Dr.-Ing. Dr.-Ing. E. h. M. Weck

Band 6/2001
Shaker Verlag
D 82 (Diss. RWTH Aachen)

Die Deutsche Bibliothek - CIP-Einheitsaufnahme

Mischke, Bernhard:
Informationssystem für das Innovationsmanagement technischer Produkte /
Bernhard Mischke. Aachen : Shaker, 2001
 (Berichte aus der Produktionstechnik ; Bd. 2001,6)
 Zugl.: Aachen, Techn. Hochsch., Diss., 2000
ISBN 3-8265-8505-4

Copyright Shaker Verlag 2001
Alle Rechte, auch das des auszugsweisen Nachdruckes, der auszugsweisen
oder vollständigen Wiedergabe, der Speicherung in Datenverarbeitungs-
anlagen und der Übersetzung, vorbehalten.

Printed in Germany.

ISBN 3-8265-8505-4
ISSN 0943-1756

Shaker Verlag GmbH • Postfach 1290 • 52013 Aachen
Telefon: 02407 / 95 96 - 0 • Telefax: 02407 / 95 96 - 9
Internet: www.shaker.de • eMail: info@shaker.de

Vorwort

Die vorliegende Dissertation entstand neben meiner Tätigkeit als wissenschaftlicher Mitarbeiter am Fraunhofer-Institut für Produktionstechnologie IPT Aachen.

Herrn Professor Eversheim, dem Leiter der Abteilung Planung und Organisation des Fraunhofer IPT und Inhaber des Lehrstuhls für Produktionssystematik an der RWTH Aachen, danke ich für die Möglichkeit zur Promotion. Das von ihm geprägte eigenverantwortliche, kreative und leistungsorientierte Institutsklima motivierte mich bei der täglichen Projektarbeit und der Anfertigung der vorliegenden Arbeit. Herrn Professor Brankamp danke ich herzlich für die Übernahme des Korreferates.

Meinen Kolleginnen und Kollegen danke ich für die harmonische Zusammenarbeit bei den zahlreichen Projekten und für die Unterstützung bei meinen gelegentlichen Motivationstiefs bei der Anfertigung dieser Arbeit. Die freundschaftliche Basis habe ich immer sehr geschätzt und als außergewöhnlich empfunden. Um so mehr freut es mich, daß aus dieser Zeit tiefe Freundschaften hervorgegangen sind. Insbesondere möchte ich hier Günter Schweitzer hervorheben, mit dem ich viele Schritte am Institut gemeinsam gegangen bin.

Meinen Bürokollegen Walther Pelzer und Anne Gerhards danke ich, daß sie immer für einen Scherz, Kaffee und ähnliches zu haben waren. Daniel Spielberg und Frank Brandenburg dem „Innovationsduo" danke ich für die fachlichen Reibereien. Michael Leiters, der mit mir gemeinsam die eine oder andere Nacht wissenschaftlich am Institut verbracht hat, danke ich für den moralischen Beistand. Last but not least danke ich Jens Foerst und Markus Müller, die nicht unerheblich dazu beigetragen haben, daß ich meine Promotion am Fraunhofer IPT begann.

Dem Team, das mich bei der Anfertigung dieser Arbeit tatkräftig unterstützt hat, bin ich zu größtem Dank verpflichtet. Insbesondere waren dies Markus Simonis, Robert Stach, Jan Vinke, Georg-Stefan Lösch und mein ARIS-Experte Erik Deutsch. Oliver Klems goß das Konzept in Software. Für den inhaltlichen und formalen Feinschliff sorgten Martin Mutz, Günter Schweitzer und Bjorn Theye. Britta Schmitz danke ich für die Toleranz, die sie in dieser Zeit für mich aufgebracht hat.

Voraussetzung für meine Promotion waren aber die großzügige Förderung und die Freiheiten, die meine Eltern mir stets auf meinem Lebensweg eingeräumt haben.

Meiner viel zu früh verstorbenen Mutter widme ich diese Arbeit.

Bernhard Mischke

INHALTSVERZEICHNIS

ABBILDUNGSVERZEICHNIS

ABKÜRZUNGSVERZEICHNIS

1 EINLEITUNG 1
   1.1 Ausgangssituation 1
   1.2 Problemstellung und Zielsetzung 2
   1.3 Aufbau der Arbeit 5

2 GRUNDLAGEN UND ERKENNTNISSTAND 7
   2.1 Eingrenzung des Betrachtungsbereichs und Begriffsbestimmung 7
      2.1.1 Technische Produktinnovationen 7
      2.1.2 Innovationsprozeß 9
      2.1.3 Innovationsmanagement 12
   2.2 Bedeutung der informatorischen Unterstützung des Innovationsprozesses 15
      2.2.1 Unternehmensexterne Informationen 17
      2.2.2 Unternehmensinterne Informationen 18
   2.3 Informationssysteme 20
   2.4 Elemente des Wissensmanagement 22
   2.5 Analyse bestehender Ansätze zur informatorischen Unterstützung des Innovationsmanagement 25
   2.6 Zwischenfazit: Forschungsbedarf 30

3 GROBKONZEPTION DES INFORMATIONSSYSTEMS ZUM INNOVATIONSMANAGEMENT 31
   3.1 Zielsetzung des Informationssystems 31
   3.2 Anforderungen an ein Informationssystem 33
      3.2.1 Inhaltliche Anforderungen 34
      3.2.2 Nutzeranforderungen 37
      3.2.3 Anforderungen aus der betrieblichen Praxis 39
   3.3 Techniken zur Modellierung des Informationssystems 40
      3.3.1 Grundlagen der Modellierung von Informationssystemen 40
      3.3.2 Modellierungsmethoden zur Gestaltung von Informationssystemen 41
      3.3.3 Auswahl der Modellierungsmethode 46
   3.4 Analyse und Auswahl geeigneter Informations- und Kommunikationstechnologien 47
   3.5 Konzeption des Informationssystems zum Innovationsmanagement ... 51
   3.6 Zwischenfazit: Systemkonzept 56

4 DETAILLIERUNG DES INFORMATIONSSYSTEMS (ISIM) 59
   4.1 Integriertes Informations- und Prozeßmodell 59
      4.1.1 Informationsmodell 59

4.1.2　Prozeßmodell 64
　　　4.1.3　Integration von Informations- und Prozeßmodell 67
　4.2　Systemmodul: Informations- und Wissensmanagement (IWM) 69
　　　4.2.1　Projektspezifisches Informations- und Wissensmanagement 70
　　　4.2.2　Projektneutrales Informations- und Wissensmanagement 75
　4.3　Systemmodul: Projektplanung (PPM) 78
　　　4.3.1　Projektneutrale Definition der Planungsgrundlagen 80
　　　4.3.2　Projektdefinition und Ermittlung des Informationsstandes 81
　　　4.3.3　Auswahl von Prozeßobjekten und Bildung von telprozeßketten 82
　　　4.3.4　Feinplanung des Innovationsprojektes und informatorische
　　　　　　　Konsistenzprüfung 85
　　　4.3.5　Laufende Adaptive Planung 88
　4.4　Systemmodul: Projektunterstützung und Controlling (PCM) 90
　　　4.4.1　Projektsteuerung und -kontrolle 91
　　　4.4.2　Informationsübermittlung und -gewinnung 94
　　　4.4.3　Implementierung von operativen Unterstützungsfunktionen 96
　4.5　Systemmodul: Kommunikation (KM) 97
　　　4.5.1　Kommunikationsplattform 98
　　　4.5.2　Integration in die Unternehmensorganisation 102
　　　4.5.3　Einbindung des ISIM in die bestehende DV-Umgebung 104
　4.6　Zwischenfazit: Detailkonzept 107

5　UMSETZUNG UND EVALUIERUNG 111

　5.1　Prototypische Realisierung des Informationssystems 111
　5.2　Industrielles Fallbeispiel 115
　5.3　Zwischenfazit: Umsetzung und Evaluierung 121

6　ZUSAMMENFASSUNG UND AUSBLICK 123

7　LITERATURVERZEICHNIS I

8　ANHANG 1

　Anhang A: Modellierungsmethoden A1
　Anhang B: Informationsmodell A3
　Anhang C: Unternehmens- und Projekttypologie A7
　Anhang D: Prozeßobjekte A9
　Anhang E: Innovationsprojekt A55

Abbildungsverzeichnis

Bild 1	Strategische Zielsetzung von Unternehmen [SABI91, S. 12]
Bild 2	Vom „Berliner Kreis" identifizierter Forschungsbedarf [GAUS98, S. 8]
Bild 3	Forschungsstrategie in Anlehnung an [ULRI81, S. 20]
Bild 4	Systematisierung der Produktinnovationsarten [TEBB90, S. 11]
Bild 5:	Phasen des Innovationsprozesses [THOM80, S. 51ff.]
Bild 6	Abgrenzung von Technologie-, Innovations- und F&E-Management in Anlehnung an ZAHN [ZAHN95b, S. 15f.]
Bild 7	Aufgaben des Innovationsmanagement [vgl. BLEI96; AWK99b, S.104]
Bild 8	Informationsbedarf entlang des Innovationsprozesses
Bild 9	Struktur von Informationssystemen [BIET94, S. 27]
Bild 10	Wissensmanagement als Beitrag zur Erzielung organisationaler Kompetenz nach PROBST [PROB98, S. 134]
Bild 11	Analyse bestehender Forschungsarbeiten
Bild 12	Zielsetzung des Informationssystems
Bild 13	Definition der Systemgrenzen durch Systeminput und -output
Bild 14	Ableitung der Anforderungen an das Informationssystem
Bild 15	Klassifizierung des inner- und überbetrieblicher Informationsflusses
Bild 16	Inhaltliche Anforderungen an das Informationssystem
Bild 17	CIM-OSA Rahmenwerk der Unternehmensmodellierung [SPUR93, S. 44]
Bild 18	Generisches Aktivitätsmodell der IUM [SPUR93, S. 68]
Bild 19	Das ARIS Konzept [SCHE94]
Bild 20	Groupwarefunktionen und deren Einsatzbereiche [DIN50, S. 8]
Bild 21	Bewertung der IuK-Technologien und deren Eignung für das Innovationsmanagement
Bild 22	Grobkonzept des ISIM
Bild 23	Konzept des integrierten Informations- und Prozeßmodells
Bild 24	Verknüpfung der Systemmodule
Bild 25	Konzept des flexiblen Informationsmodells
Bild 26	Generische Informationsklassen des Informationsmodells
Bild 27	Generische Informationsklasse: Metainformation
Bild 28	Struktur des Prozeßmodells
Bild 29	Integriertes Informations- und Prozeßmodell
Bild 30	Aufbau des Informations- und Wissensmanagement (IWM)
Bild 31	Qualifizierte Informationen und Ermittlung des Informationsbedarfes
Bild 32	Aufbau des Projektlogbuches
Bild 33	Strategisches Informationsmanagement mittels der SUCHFELDBASIERTEN WISSENSLANDKARTE
Bild 34	Lösungsansätze zur Bewältigung der Planungsunsicherheit von Innovationsprojekten
Bild 35	Dynamischer Planungshorizont bei Adaptiver Planung [SCHU94, S. 65]
Bild 36	Informatorische Bewertung der Eignung der Prozeßobjekte

Bild 37 Interaktive Feinplanung der Prozeßobjekte
Bild 38 Ausschnitt eines geplanten Innovationsprojektes
Bild 39 Planänderungen von laufenden Innovationsprojekten
Bild 40 Aufbau des Projektunterstützung und Controlling Moduls (PCM)
Bild 41 WFM-Unterstützung der Projektsteuerung [WFMC95]
Bild 42 Struktur der Benutzerschnittstelle zur Informationsbereitstellung und -erfassung
Bild 43 Mitlaufende Vorkalkulation und Gatetrendanalyse zum Innovationsobjekt [vgl. SING 93, S. 278]
Bild 44 Kopplungsmöglichkeiten und Struktur des Kommunikationsmodul
Bild 45 Struktur der Dokumentenverwaltung im Groupware-Client
Bild 46 Aufbau des Ideenmanagement
Bild 47 Einbindung des ISIM in die betriebliche DV-Umgebung
Bild 48 Detailkonzept der ISIM
Bild 49 Ideenerfassung und -bewertung
Bild 50 Projektbezogene Ideenvorauswahl und -bewertung
Bild 51 Konzepterstellung und Produktdefinition
Bild 52 Berichterstellung und Projektcontrolling
Bild 53 Eignung der ISIM-Funktionalitäten für das Beispielunternehmen
Bild 54 Gates&Stages-Rahmenkonzept des Beispielunternehmens
Bild 55 Ergebnisse der Einführung des ISIM

ABKÜRZUNGSVERZEICHNIS

α	Ordnungsrelation
α, β, γ	Relationen
API	Application Programming Interface
ARIS	Architektur integrierter Informationssysteme
BetrVG	Betriebsverfassungsgesetz
BMBF	Bundesministerium für Bildung und Forschung
BVW	Betriebliches Vorschlagswesen
ca.	circa
CAD	Computer Aided Design
CAE	Computer Aided Engineering
CAM	Computer Aided Manufacturing
CAQ	Computer Aided Quality Management
CIM	Computer Integrated Manufacturing
CIM-OSA	Computer Integrated Manufacturing-Open System Architecture
CIS	Controlling Informationssystem
COBRA	Common Object Request Broker Architecture
CSCW	Supported Cooperative Work-Systeme
D	Dokument
DT	Design Technique
DV	Datenverarbeitung
d.h.	das heißt
E	Einfache Information
EDM	Engineering Data Management
ERM	Entity Relationship Modell
F&E	Forschung und Entwicklung
FVK	Faserverstärkter Kunststoff
eEPK	Erweiterte Ereignisgesteuerte Prozeßkette
FMEA	Fehler Möglichkeit Einfluß Analyse
g	Gate
GMP	Good Manufacturing Practice
GW	Groupware
HIPO	Hirarchy plus Input-Process-Output
HTML	Hypertext Markup Language
I_{ist}	Ist-Informationsniveau
I_{in}	Eingangsinformation
I_{plan}	Plan-Informationsniveau
I_{pv}	informatorische Planungsvoraussetzung
I_{out}	Ausgangsinformation
I_{soll}	Soll-Informationsniveau
I	Information
IA	Informationsanfrage

IB	Informationsbedarf
IDEF	Integrated Definition Modeling Methodology
IE	Informationselement
IK	Informationsklasse
IM	Informationsmodell
IuK	Information und Kommunikation
ISIP	Informationssystem zur Unterstützung des Innovationsprozesses
ISIM	Informationssystem zum Innovationsmanagement technischer Produkte
IT	Informationstechnologie
IUM	Integrierte Unternehmensmodellierung
IWM	Informations- und Wissensmanagementmodul
JSP	Jackson-Structured-Programming
JSD	Jackson-System-Development
Kap.	Kapitel
K	Kann-Information
k	Klassifizierungsmerkmal
K.O.	Knock Out
KM	Kommunikationsmodul
M	Muß-Information
m	Merkmal
MI	Metainformation
NW	Nutzwert
OLE	Object Linking and Embedding
OMT	Object Modeling Technique
P	Projekt
PA	Prozeßausprägung
PCM	Projektunterstützungs- und -controllingmodul
PDM	Product Data Management
PE	Prozeßeignung
PM	Projektmerkmal
PO	Prozeßobjekt
PPM	Projektplanungsmodul
QFD	Quality Function Deployment
Q	Qualifizierte Information
QS	Quality System
RoI	Return on Investment
S	Suchfeld
s	Statusmerkmal
S.	Seite
SA	Structured Analysis
SD	Structured Design
SADT	Structured Analysis and Design Technique

Abkürzungsverzeichnis

SMTP	Simple Mail Transfer Protocol
STEP	Standard for Exchange of Product Data Modell
t	Zeit
TP	Teilprozeßkette
UA	Unternehmensausprägung
UM	Unternehmensmerkmal
TRIZ	Theory of Inventive Problem Solving
usw.	und so weiter
VDI	Verein Deutscher Ingenieure
vgl.	vergleiche
W	Wechselwirkung
w	Wertemerkmal
WFM	Workflowmanagement
WWW	World Wide Web
XML	Extensible Markup Language
Z	Ziel
ZS	Zielsystem
z.B.	zum Beispiel

1 Einleitung

1.1 Ausgangssituation

Der zunehmend globale Markt, verbunden mit einem verschärften Preiskampf, führt zu einem gravierenden Wettbewerbsdruck dem produzierende Unternehmen unterliegen. Da insbesondere Hochlohnstandorte von diesem Effekt betroffen sind, haben sich in der Vergangenheit auch deutsche Unternehmen aufgrund ihrer hohen Stückkosten auf ihr Kerngeschäft und Kostensenkungsmaßnahmen konzentriert, um die Effizienz der Leistungserstellung zu steigern [AWK99b, S. 101].

Für die nachhaltige Sicherstellung des Unternehmenswachstums und der Wettbewerbsfähigkeit reicht die ausschließliche Effizienzsteigerung nicht aus. Vielmehr ist es erforderlich, über neue Produkte bestehende Märkte zu sichern bzw. neue Märkte zu erschließen (Bild 1). Wie eine umfassende Studie der Fraunhofer-Gesellschaft zeigt, weisen Unternehmen mit einem hohen Anteil innovativer Produkte ein positives Umsatzwachstum auf [LEY97, S. 2]. Eine weitere Studie bestätigt diese Situation, da sich keines der analysierten sehr innovativen Unternehmen in der Verlustzone befand. Weiterhin waren 68% der überdurchschnittlich innovativen Unternehmen bereits seit langem in der Gewinnzone [SCHO99, S. 6]

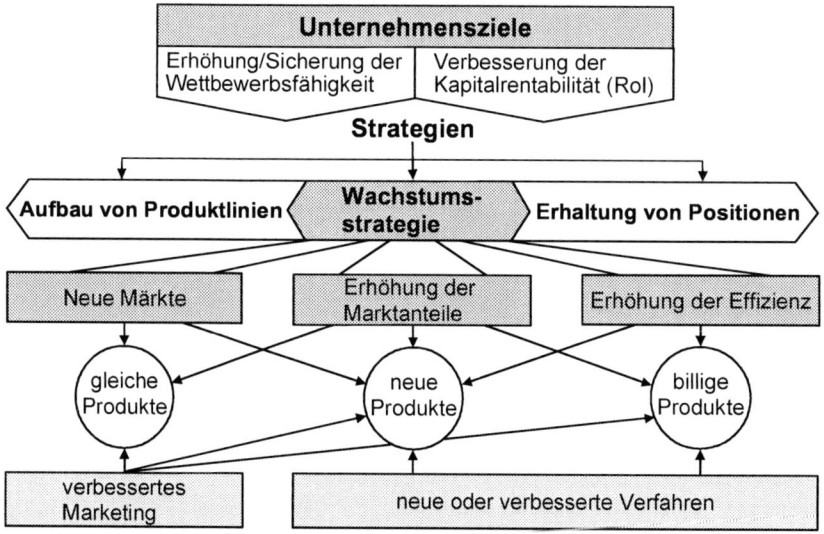

Bild 1   Strategische Zielsetzung von Unternehmen [SABI91, S. 12]

Eine Lösung, um auf dem globalen Markt bestehen zu können, ist somit die Rekombination von Kernkompetenzen der Unternehmen zu Produktinnovationen, die ein langfristiges Unternehmenswachstum sicherstellen [TAMP94, S. 73; BOOS94, S. 19ff.]. Mit Hilfe einzigartiger Produkte können die Unternehmen sich am Weltmarkt differenzieren und den Kostendruck mindern [PORT97, S. 43; SABI91, S. 12].

Gleichzeitig nimmt aber durch die Globalisierung und die damit verbundene Vernetzung von Unternehmen, Lieferanten und Kunden der Umfang an innovationsrelevanten Informationen und Wissen exponentiell zu. Das Wissen mit dem sich die Unternehmen konfrontiert sehen, verdoppelt sich alle 5-10 Jahre [MARK98; PECK89, S. 104; BOUT98, S. 87]. Vor diesem Hintergrund wird künftig für innovative Unternehmen das effiziente und effektive Management von Informationen und Wissen zu einem entscheidenden Wettbewerbsfaktor [STEI94, S. 15; FRIC97, S. 16].

1.2 PROBLEMSTELLUNG UND ZIELSETZUNG

Die Unterstützung des Weges von der Invention bis zur Realisierung neuer Produkte ist Inhalt des Innovationsmanagement. Die Erfolgsfaktoren sind flexibles Projektmanagement, weitgehende Mitarbeiterorientierung und umfassender Methodeneinsatz [BOUT97a, S. 72, BOUT97b, S. 74, FHG98].

Zentrales Problem bei der Entwicklung grundlegend neuer und überlegener Produkte ist die geringe Umsetzungsrate von Inventionen in Markterfolge. Bereits in den 70er Jahren haben amerikanische Untersuchungen ergeben, daß von 100 begonnenen F&E-Projekten nur knapp über die Hälfte zu einem technisch erfolgreichen Produkt und nur zehn Prozent nach Markteinführung zu einem wirtschaftlichen Erfolg führten. Hieran hat sich in der Zwischenzeit nichts geändert [MATT91, S. 95ff.]. Aktuelle Untersuchungen gehen davon aus, daß ca. zwei Prozent der Produktideen Markterfolge sind [EHRL95, S. 295]. In vielen Unternehmen mangelt es nicht an guten Ideen, vielmehr werden diese nicht nachhaltig verfolgt und bis zur Marktreife entwickelt. Die Ursachen hierfür können auf technische, personelle, organisatorische oder finanzielle Hemmnisse zurückgeführt werden [NIED92, S. 376ff.; HAUS93 S. 85ff.; STAU97, S. 4-3; BITZ93, S. 318].

Um die Innovationsrate zu steigern, werden derzeit unterschiedliche Ansätze verfolgt. Auf der einen Seite werden umfangreiche Innovationsprozesse definiert [VDI2220, S. 3], die durch ein straffes Projektcontrolling unterstützt und umgesetzt werden [COOP83, S. 6; THOM83; S. 8; KÜHN95, S. 98]. Auf der anderen Seite wird mittels dezentraler Strukturen den Mitarbeitern eine weitgehende Eigenständigkeit eingeräumt, da sie die treibenden Kräfte und Ideengeber für Innovationsprojekte sind [GASS97, S. 26ff. HALL97a; SOMM88, S. 161].

Die ausschließliche Verfolgung organisatorischer Ansätze ist jedoch nicht geeignet, die Innovationsrate im Unternehmen nachhaltig zu steigern. Sie berücksichtigt nicht den wachsenden Bedarf an zielgerichteter Informationen, der sich aus der wachsenden Komplexität und Turbulenz des Unternehmensumfeldes ergibt. Informationsdefizite und mangelnde Kommunikation gehören zu den entscheidenden Innovationshemmnissen [BLIZ93 S. 318; HAUS93 S. 85ff.]. Somit ist der Prozeß der Bereitstellung, Verarbeitung und Verwaltung von internen und externen Informationen über Technologien, Produkte und Marktentwicklungen ein zentraler Erfolgsfaktor [EVER94a, S. 80, LIND99, S. 52], denn der Mitarbeiter bzw. das Projektteam kombinieren das interne und externe Wissen zu neuen Produktideen [BÜRG98, S. 59].

Die Beschaffung von Informationen, deren Aufbereitung und die situationsabhängige Bereitstellung stellen somit neben der interdisziplinären Kommunikation ein eminent wichtiges Element für die Generierung und Weiterentwicklung von Produktinnovationen dar. Insbesondere erfordert die Variabilität des Innovationsprozesses eine flexible informatorische Unterstützung, die der Projektplanung und -durchführung gerecht wird und einen durchgängigen Informationsaustausch fördert [FRIC97, S. 16f.]. Aufgrund der damit verbundenen direkten Wechselwirkung zwischen Prozeß und Information ist hier eine integrative Betrachtung erforderlich [GAUS98, S. 7; STAU90, S. 4-20].

Um die Informationsverarbeitung entlang des Innovationsprozesses zu verbessern, werden derzeit unterschiedliche Hilfsmittel und Methoden wie Patentrecherchen, Kreativitätstechniken, CAD, PDM, EDM, QFD, TRIZ [FRIC97, S. 169ff.; ALTS84] eingesetzt. Diese Hilfsmittel tragen aufgrund ihrer nur partiellen Unterstützung dem Problem der gezielten und durchgängigen Informationsbereitstellung und -akquisition nur bedingt Rechnung. Die Folge sind Akzeptanzprobleme bei den Mitarbeitern [FHG98, S. 23f.].

Ein integrativer Ansatz für ein flexibles Projektmanagement und eine umfassende Mitarbeiterunterstützung durch ein Informationssystem zum Innovationsmanagement wird derzeit nicht verfolgt, obwohl hierfür vom „Berliner Kreis"[1] und in der „Delphi´98-Studie" prioritärer Handlungsbedarf identifiziert wurde (Bild 2) [GAUS98a, S. 7; DELP98, S. 39f.].

---

[1] In einer Studie zum Rahmenkonzept „Produktion 2000" fordert der „Berliner Kreis - Wissenschaftliches Forum für Produktentwicklung e.V." eine geeignete IT-Unterstützung insbesondere für die frühen Phasen der Produktentstehung.

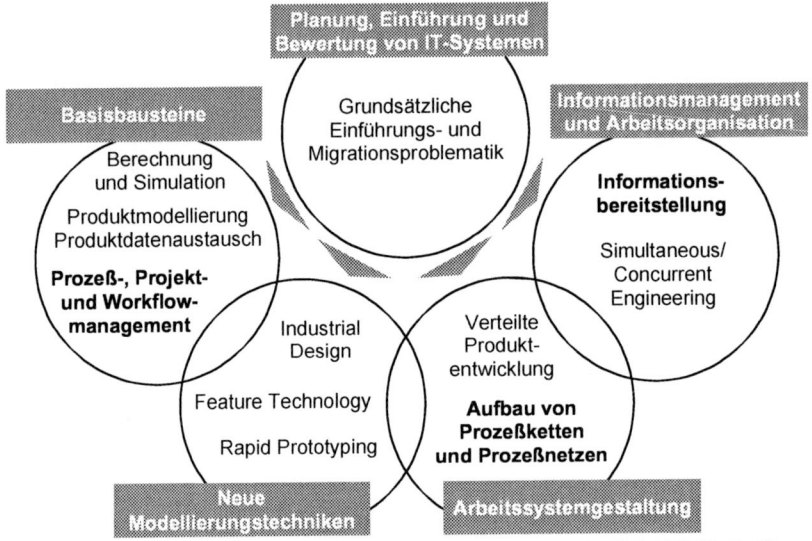

Bild 2 Vom „Berliner Kreis" identifizierter Forschungsbedarf [GAUS98, S. 8]

Vor diesem Hintergrund ist es Ziel der Arbeit, ein projektspezifisch konfigurierbares Informationssystem zu entwickeln, welches den Innovationsprozeß technischer Produkte ganzheitlich unterstützt (INFORMATIONSSYSTEM ZUM INNOVATIONS-MANAGEMENT - ISIM). Als zentrales Untersuchungsobjekt soll hierbei der Bedeutung entsprechend die Information in den Vordergrund gestellt werden.

Dieses Informationssystem soll das Projektteam bei der informatorischen Innovationsprojektplanung und -durchführung sowie bei der Informationsverarbeitung unterstützen. Aufgrund der besonderen Bedeutung von Informationen für die frühen Phasen des Innovationsprozesses liegt hier der Schwerpunkt des Informationssystems. Die Unterstützung der Produktentwicklung konzentriert sich auf den Transfer von Erkenntnissen und Ideen aus den frühen in die nachgelagerten Projektphasen bzw. in neue Entwicklungsprojekte.

Aufgrund der Individualität von Innovationsprojekten ist die Realisierung der zielgerichteten Informationsbeschaffung, -bereitstellung und -akquisition eine besondere Herausforderung. Hierfür wird zur flexiblen Konfiguration des Innovationsprojektes ein integriertes Informations- und Prozeßmodell entwickelt.

Die Gestaltung des Informationssystems soll insbesondere vor dem Hintergrund der Anwenderanforderungen konzipiert werden und auf den Möglichkeiten neuer IuK-Technologien aufbauen, um die erforderliche Akzeptanz zu erzielen. Hierdurch wird ein hohes Qualitätsniveau und eine ausreichende Breite der verwalteten Informationen sichergestellt.

Die verbesserte Informations- und Wissensbasis fördert die systematische Rekombination von Kompetenzen zu neuen Produkten. Somit wird die Innovationsrate und -höhe bei Neuprodukten verbessert. Durch höhere Margen und neue Märkte wird der Gewinn der Unternehmen direkt gesteigert (Bild 1). Zusätzlich unterstützt das Informationssystem die effiziente Informationsverarbeitung. Durch den erleichterten Rückgriff auf bereits vorliegende Informationen und eine erhöhte Transparenz reduziert sich der Aufwand zur Informationsbeschaffung. Außerdem werden Doppelentwicklungen rechtzeitig identifiziert. Aufgrund der frühzeitigen Ermittlung von Informationsbedarfen kann die Informationsakquisition parallelisiert werden. Kosten- und Zeitvorteile bei der Produktplanung und -entwicklung sind die Folge.

1.3 AUFBAU DER ARBEIT

Die flexible Unterstützung des Innovationsprozesses durch ein Informationssystem ist nach der Wissenschaftssystematik der Realwissenschaft zuzuordnen, da es sich um die Gestaltung empirisch wahrnehmbarer Wirklichkeitsausschnitte handelt. Darüber hinaus wird das praktische Ziel der Effizienz- und Effektivitätssteigerung des Innovationsprozesses verfolgt. Aufgrund der praktischen Zielsetzung ist die geplanten Forschungsarbeit der angewandten Wissenschaft zuzuordnen [ULRI 75, S. 305]. Vor dem Hintergrund des Realitätsbezuges der angewandten Wissenschaft schlägt ULRICH einen Forschungsprozeß vor, der mit der Analyse der Praxis beginnt, anschließend analytisch-deduktiv die entsprechenden Regeln und Modelle ableitet und diese wieder vor dem Hintergrund der Praxis bewertet [ULRI 81, S. 19]. An diesen in Bild 3 dargestellten Forschungsprozeß lehnt sich die Vorgehensweise der geplanten Arbeit an.

Nachdem in KAPITEL 1 die Problemstellung und die Forschungssystematik ermittelt wurden, werden in KAPITEL 2 die Grundlagen und der Erkenntnisstand vor dem Hintergrund der Zielsetzung dieser Arbeit untersucht. Ausgangspunkt ist die terminologisch-deskriptive Beschreibung des Betrachtungsbereiches dem Innovationsmanagement technischer Produkte. Aufbauend auf der Beschreibung der Bedeutung einer informatorischen Unterstützung des Innovationsprozesses werden die Grundlagen der Informationsverarbeitung und des Wissensmanagement beschrieben. Abschließend werden die existierenden Ansätze hinsichtlich ihrer Eignung für den definierten Problemzusammenhang analysiert und diskutiert. Hieraus wird der spezifische Forschungsbedarf abgeleitet.

Auf Basis des identifizierten Forschungsbedarfs werden in KAPITEL 3 die inhaltlichen und nutzerbezogenen Anforderungen an das Informationssystem sowohl empirisch-induktiv als auch analytisch-deduktiv ermittelt. Vor dem Hintergrund dieser Anforderungen werden potentielle Modellierungsmethoden und IuK-Technologien zur Gestaltung des Informationssystems analysiert und ausgewählt. Abschließend werden aufbauend auf einer systemischen Abgrenzung des Betrachtungsbereiches die Anwendungs- und Benutzungssicht spezifiziert. Ergebnis ist das Grobkonzept des Informationssystems.

In KAPITEL 4 erfolgt die analytisch-deduktive Ausarbeitung des Informationssystems. Hierbei werden ein allgemeines Informations- und Prozeßmodell entwickelt sowie die in Kapitel 3 entwickelten Module des Informationssystems detailliert und inhaltlich beschrieben.

Für ein repräsentatives Fallbeispiel wird in KAPITEL 5 ein DV-Prototyp entwickelt und die Eignung des Informationssystems evaluiert. Anhand der Unterstützung eines realen Innovationsprojektes wird die Praktikabilität des Informationssystems aufgezeigt. Die Arbeit schließt mit einer Zusammenfassung der zentralen Ergebnisse und einem Ausblick auf künftige Entwicklungen ab.

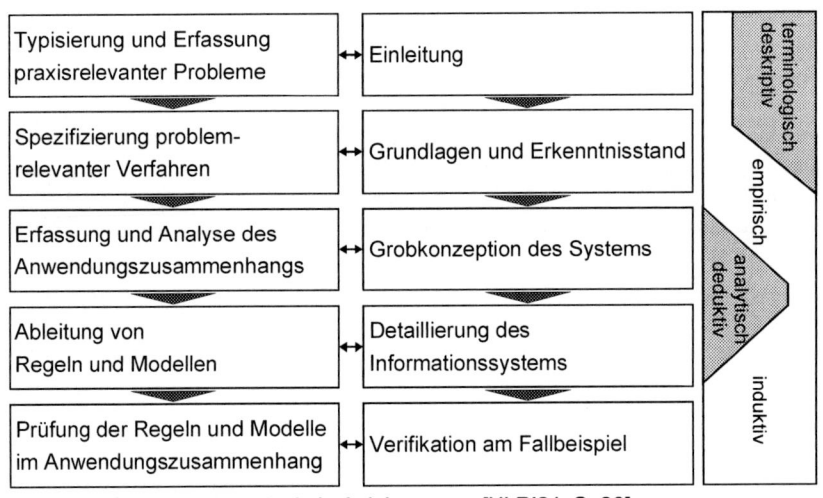

Typisierung und Erfassung praxisrelevanter Probleme	↔	Einleitung		terminologisch deskriptiv
Spezifizierung problemrelevanter Verfahren	↔	Grundlagen und Erkenntnisstand		empirisch
Erfassung und Analyse des Anwendungszusammenhangs	↔	Grobkonzeption des Systems		analytisch deduktiv
Ableitung von Regeln und Modellen	↔	Detaillierung des Informationssystems		induktiv
Prüfung der Regeln und Modelle im Anwendungszusammenhang	↔	Verifikation am Fallbeispiel		

Bild 3   Forschungsstrategie in Anlehnung an [ULRI81, S. 20]

2 Grundlagen und Erkenntnisstand

Entsprechend der Zielsetzung der Arbeit werden im folgenden die Grundlagen des Innovationsmanagement, der damit verbundenen Informationsverarbeitung und des Wissensmanagement vorgestellt. Auf dieser Basis werden die bestehenden Ansätze zur Integration dieser Themenfelder kritisch gewürdigt und der spezifische Forschungsbedarf konkretisiert.

2.1 Eingrenzung des Betrachtungsbereichs und Begriffsbestimmung

Die begriffliche Eingrenzung des Untersuchungsbereiches erfolgt anhand der Definition des Untersuchungsobjektes „Innovationsprozeß technischer Produkte".

2.1.1 Technische Produktinnovationen

Der Begriff INNOVATION stammt aus dem Neulateinischen und bedeutet Erneuerung, Neuerung bzw. die Einführung von etwas Neuem [DUDE97, S. 363]. Die Folge dieser weitreichenden Definition sind differierende Interpretationen des Begriffes in Abhängigkeit von der Perspektive des Betrachters [SCHL95, S. 1; HAUS93, S. 3]. Zur genaueren Definition von Innovationen leitet HAUSSCHILD die Neuheit als konstituierendes Merkmal ab und unterscheidet drei Dimensionen [HAUS93, S. 3-21]:

- Inhaltliche Dimension - Was ist neu?
- Subjektive Dimension - Neu für wen?
- Prozessuale Dimension der Innovation - Wo beginnt, wo endet die Neuerung?

INHALTLICH beziehen sich Innovationen nicht nur auf technische Produkte, sondern umfassen auch Verfahren, Organisationen und soziale Bereiche. Objekt von Innovationen sind demnach neue oder verbesserte Produkte, Produktionsprozesse, Absatz-/Bezugsmärkte, Organisationsformen oder soziale Beziehungen [SABI91, S. 9]. Grundsätzlich werden somit drei Innovationsarten unterschieden [THOM83, S. 6]:

- Produktinnovationen
- Verfahrensinnovationen
- Sozialinnovationen.

Produktinnovationen können sich sowohl auf Sach- als auch auf Dienstleistungen beziehen [TEBB90, S. 7]. Verfahrensinnovationen bzw. Prozeßinnovationen umfassen administrative und technologische Prozesse [HAUS93, S. 11]. Sozialinnovationen beinhalten Neuerungen im Humanbereich und im Beziehungsgefüge von Individuen [THOM83, S. 6].

Das Betrachtungsobjekt der Arbeit, das TECHNISCHE PRODUKT, bezieht sich auf die Sachleistung, als spezielle Form der Produktinnovation. Die Ergebnisse dieser Arbeit werden sich im wesentlichen auf diese Innovationsart beziehen und nur teilweise auf andere Innovationsarten übertragbar sein [TEBB90, S. 8-10; HERZ91, S. 20]. Es werden im Sinne des integrierten Innovationsmanagement die Schnittstellen und Interdependenzen zu den anderen Innovationsdimensionen berücksichtigt, nicht aber die Dimensionen selber [ZAHN95a].

Vor dem Hintergrund der Innovationsart stellt sich die Frage, von welchem Grad der Neuerung von einer Innovation ausgegangen werden kann. Für diese Einschätzung ist die Unstetigkeit der Entwicklung zugrunde zu legen. Innovationen bedeuten einen „Fortsprung" und weniger einen „Fortschritt". Als Orientierungshilfe kann hier die signifikante technische Erstmaligkeit herangezogen werden [HAUS93, S. 11]. Es wird deutlich, daß die Neuartigkeit letztlich immer von subjektiven Bewertungskriterien abhängig ist, die vom Unternehmen bzw. vom Markt herangezogen werden (Bild 4) [TEBB90, S. 11].

In der Literatur wird häufig nach Basis-, Verbesserungs- und Routine-Innovationen differenziert [SCHL95, S. 62-70; HERZ91, S. 13]. Pfeifer erweitert diese Sichtweise und definiert durch Hinzunahme der Dimension des Absatzmarktes die „spezifische Neuheit". Demnach kann Innovation die Anwendung

– vorhandener Problemlösungen auf neue Probleme,
– neuer Problemlösungen auf vorhandene Probleme oder
– neuer Problemlösungen auf neue Probleme

bedeuten, wobei der Innovationsgrad zunehmend größer wird [PFEI80, S. 422f.].

Die SUBJEKTIVITÄT von Innovationen steht im Zusammenhang mit der technischen Erstmaligkeit. Der Bezug der erstmaligen Anwendung einer Innovation kann sich beispielsweise auf ein Unternehmen, auf eine Industrie/Branche oder objektiv auf die gesamte Welt beziehen. Im Rahmen der Arbeit wird die mikroökonomische Auffassung von SABISCH und HAUSSCHILD verfolgt. Demnach sind Innovationen die erstmalige Nutzung der Neuerung im Unternehmen, unabhängig davon, ob bereits an anderer Stelle eine Anwendung erfolgte [SABI91, S. 10; HAUS93, S. 16]. Denn selbst wenn bereits bestimmte Produkte und Verfahren in einem Markt bekannt sind, müssen in den Unternehmen grundsätzlich vergleichbare Probleme gelöst werden, wie sie ein Pionier zu bewältigen hat [TROM90, S. 3; STAU96, S. 4-1].

Grundlagen und Erkenntnisstand

	Abnehmersicht	Unterschied zu verfügbaren Produkten		
Herstellersicht		groß	mittel	gering
Unterschied zum Produktprogramm	groß	Marktneuheiten	Unternehmensneuheiten mit Diversifikation	
	mittel		Unternehmensneuheiten ohne Diversifikation	
	gering		Varianten	

Bild 4   Systematisierung der Produktinnovationsarten [TEBB90, S. 11]

Die PROZESSUALE SICHTWEISE von Innovationen bedeutet, daß eine Innovation stets an die wirtschaftliche Anwendung neuartiger Lösungen gebunden ist. Innovationen nehmen somit einen Zeitraum in Anspruch, der in einzelne Phasen unterteilt werden kann, während die Invention rein zeitpunktbezogen ist [SCHM92, S. 32]. Die Invention ist die technische Erfindung bzw. die gedankliche Konzeption einer Neuerung, die noch keiner Umsetzung bedarf. Bei Innovationen hingegen wird mittels eines Umsetzungsprozesses eine Anwendung der Neuerung erzielt [HAUS93, S. 16; HERZ91, S. 11]. Dieser Umsetzungsprozeß wird als Innovationsprozeß bezeichnet [SCHR95, S. 21]. Der Innovationsprozeß wird im Rahmen der Arbeit detailliert untersucht.

Zusammenfassend werden Innovationen als alle mutativen Veränderungen (Neuerungen) definiert, die in einem bestimmten Unternehmen erstmals zur Anwendung gelangen und damit einen konkreten wirtschaftlichen und/oder sozialen Nutzen hervorrufen [SABI91, S. 9].

2.1.2 INNOVATIONSPROZEß

Die Abläufe von Innovationsprozessen sind vergleichbar zu den Abläufen von Managementprozessen mit den Phasen Planung, Bewertung, Realisierung und Kontrolle. Zweck von Managementprozessen ist die Veränderung herzustellender Produkte, angewandter Produktionstechniken oder gewählter Organisationsformen [SCHM92, S. 30]. Der Unterschied bei Innovationsprozessen liegt in der besonderen Komplexität und Unsicherheit der unternehmerischen Planung und Entscheidungsfindung, dem besonderen Zeitdruck und der Arbeitsteilung zwischen einer Vielzahl von Mitarbeitern [HAUS93, S. 278f.]. Die Identifikation eines Problems als innovativ löst ein anderes Managementhandeln aus, als wenn die Aufgabenstellung als nicht innovativ eingeschätzt wird. Dem anstehenden Problem wird eine unterschiedliche Aufmerksamkeit, Akzeptanz, Bearbeitungsform und wirtschaftliche Einschätzung zuteil. Unternehmen müssen daher festlegen, wie neuartig ein Verfahren oder Produkt sein muß, um es als Innovation zu behandeln [HAUS93, S. 20f.].

Als Prozeß ist Innovation ein gestaltungsfähiger Entscheidungs- und Durchsetzungsprozeß mit den Schwerpunkten Initiative, Problemdefinition, Zielbildung, Suche nach und/oder Generierung von Alternativen sowie Prozeßsteuerung [STAU96, S. 4-14]. Weitgehende Einigkeit besteht in der Innovationsforschung darüber, daß der Innovationsprozeß von der Entstehung einer Idee bis hin zur Einführung und Bewährung der neuen Lösung im Markt reicht [CORS89, S. 3f.].

Über die Phasen von der Umsetzung einer Invention bis zum Markterfolg bestehen jedoch unterschiedliche Auffassungen. Dieses liegt neben den verschiedenen Detaillierungsgraden insbesondere an der nur idealtypischen Abbildung des Innovationsprozesses. In der Praxis werden die Phasen teilweise parallel, rekursiv oder überhaupt nicht durchlaufen. Der Grund hierfür liegt in den unterschiedlichen Randbedingungen der Innovationsprojekte (Innovationsobjekt, Innovationsgrad, Unternehmensorganisation, Komplexitätsgrad etc.) sowie dem Projektfortschritt und dem damit verbundenen Erkenntnisgewinn. Dies erfordert eine angepaßte und flexible Projektabwicklung.

Der Innovationsprozeß läuft immer im Spannungsfeld zwischen technologischem Angebot und marktlicher Nachfrage ab. Dieser Zusammenhang wird in der Literatur auch als Market-Pull/Technology-Push [BOUT97, S. 24, SABI91, S. 16], Verwertungsdruck/Nachfragesog [GESC83, S. 824] oder Zweck-Mittelbeziehung bezeichnet. Der Technologiemarkt offeriert neue Mittel, während von der Nachfragerseite die Erfüllung neuer Zwecke gewünscht wird. Bei einer neuartigen Verknüpfung von Zweck und Mittel liegt eine Innovation vor [BAKE67, S. 160].

In der Literatur werden unterschiedlichste Phasenmodelle[1] des Innovationsprozesses diskutiert. Diese Modelle sind meist eine Detaillierung der klassischen Modelle des Innovationsprozesses[2], die den Prozeß in drei globale Phasen unterteilen (Bild 5) [HERZ91, S. 21; THOM80, S. 51ff.].

Die Initiative für eine IDEENGENERIERUNG kann auf externen Anregungen, eigenen Erfindungen oder auf der bloßen Erkenntnis eines Innovationsbedarfs beruhen. Zunächst sollte aber das Suchfeld für neue Produkte festgelegt werden, um die strategische Zielsetzung des Unternehmens bereits in den frühen Phasen zu berücksichtigen und somit die Ressourcen effizient einzusetzen. Das Suchfeld definiert auf Basis der Innovationsstrategie des Unternehmens, in welchen Funktions-, Abnehmer- oder Technologiebereichen innoviert werden soll [TEBB90, S. 20].

---

[1] Auf eine Darstellung und Diskussion der diversen Phasenmodelle des Innovationsprozesses muß aufgrund der Vielfalt der Ansätze an dieser Stelle verzichtet werden. Detailliert werden diese Ansätze unter anderem in [TEBB90, S. 73; BOOZ82; TROM90, S. 9; COOP83, S. 6ff.; BERT82, S. 314; SABI91, S. 16; GESC83, S. 824; BAKE67, S. 160; VDI2220, S. 3; KOLL94, S. 84ff.] behandelt.

[2] Der Prozeß der Produktplanung nach VDI 2220 kann hierbei als Subprozeß des Innovationsprozesses angesehen werden, da er nicht die Phasen der Produktrealisierung umfaßt [VDI2221, S. 3; MÜLL97, S. 14].

Grundlagen und Erkenntnisstand 11

Hauptphasen		
Ideengenerierung	Ideenakzeptierung	Ideenrealisierung
▫ Suchfeldbestimmung	▫ Prüfung von Ideen	▫ Verwirklichung der neuen Idee
▫ Ideenfindung	▫ Erstellung von Realisationsplänen	▫ Absatz der neuen Idee
▫ Ideenvorschlag	▫ Auswahl eines Plans	▫ Akzeptanzkontrolle

Bild 5: Phasen des Innovationsprozesses [THOM80, S. 51ff.]

An diese Phase schließt sich die Phase der Ideenfindung an. Es handelt sich hierbei um einen kreativen Prozeß, der spontan stattfindet oder systematisch geplant wird [TROM90, S. 9]. Grundsätzlich wird die Ideenfindung in Ideensammlung (systematische Sammlung interner und externer Ideen), Ideenermittlung (Ermittlung durch Befragung, Beobachtung oder Experiment) und Ideengenerierung (Generierung der Ideen mittels Kreativitätstechniken wie Brainstorming/-writing, TRIZ, Synektik, Methode 635 etc.) unterteilt. Wesentlich für eine gezielte Ideenfindung ist die fundierte Informationsbasis über das definierte Suchfeld sowie die unternehmensinternen und -externen Anforderungen, Probleme, Potentiale und Randbedingungen. Die systematische Auswertung unterschiedlicher Informationsquellen ist neben der umfassenden Kommunikation ein entscheidender Erfolgsfaktor [KOPP93, S. 83ff.; CRAW92, S. 97ff.; KNOB92, S. 59, BRAN71, S.43ff.]. Ergänzend zur Sicherstellung kreativitätsfördernder Rahmenbedingungen muß ein soziales Gefüge geschaffen werden, das effektive Innovationsprozesse zuläßt, ohne die Effizienz der Routineprozesse aufzugeben [TROM90, S. 9]. Die Phase der Ideengenerierung schließt mit der Beschreibung und dem Vorschlag vielversprechender Ideen [THOM80, S. 53; HALL97a, S. 20].

Während der IDEENBEWERTUNG und -AUSWAHL werden die Ideen mittels Nutzwertanalyse einer ersten Vorbewertung unterzogen. Ziel dieser Bewertung ist die möglichst frühzeitige Konzentration auf die erfolgversprechenden Ideen. Anschließend wird ein grober Realisierungsplan entworfen, der mittels Wirtschaftlichkeitsanalysen bewertet wird. In dieser Phase werden Marktdaten gesammelt, Investitionsrechnungen vorgenommen und Machbarkeitsstudien durchgeführt [TEBB90, S. 21; TROM90, S. 10; KÜHN95, S. 94ff.; VDI2220, S. 6f.]. Aufgrund der Unsicherheit der vorliegenden Informationen ergeben sich bei der Bewertung jedoch Probleme, die bei der Wahl und Durchführung verschiedener Evaluierungsmethoden berücksichtigt werden müssen [HERZ91, S. 109f.]. Am Ende dieser Phase steht die Auswahl der zu realisierenden Produktideen, die idealerweise in Form eines Produktkonzeptes beschrieben sind. Das Produktkonzept enthält neben dem Lösungsansatz die theoretische subjektive Vorstellung, die die Konsumenten von dem Produkt haben sollen [KNOB92, S. 59].

Die IDEENREALISIERUNG ist die zeitlich letzte Phase des Innovationsprozesses. Sie beinhaltet die Verwirklichung der Problemlösung sowie ihren Absatz an die Kunden. Wesentlicher Bestandteil ist die Umsetzung von konkreten Realisationsplänen für das Innovationsprojekt. Hierbei bilden die erstellten Pläne aus der Ideenakzeptierung die Grundlage [HERZ91 S. 110]. Inhaltlich wird in dieser Phase die Produktidee im Rahmen von Forschung und Entwicklung konkretisiert und bis zum fertigen Produkt detailliert [VDI2221, S. 1ff.]. Wichtiger Punkt ist die möglichst frühe Erstellung von Prototypen, um die erforderlichen Markt- und Funktionstests durchführen zu können [TROM90, S. 12f.; BULL96, S. 67f.]. Aufgrund von Erkenntnissen der technischen Entwicklung, der Markterprobung und der Akzeptanzkontrolle sind diese Pläne an den Meilensteinen zu überprüfen und ggf. zu revidieren [VDI2220, S. 8; COOP83, S. 10].

Die vorangegangene Beschreibung des Innovationsprozesses ist eine idealisierte Abbildung der Realität. In der Praxis unterscheiden sich bereits innerhalb eines Unternehmens die Abläufe von Innovationsprojekten erheblich. Um diesem Problem beim Projektmanagement Rechnung zu tragen, wurde das Gates&Stages-Prinzip eingeführt. Grundlage hierbei sind umfassende Planungsfreiräume des Projektteams innerhalb eines Stages kombiniert mit definierten Gates, zu denen die Ideen bzw. Projekte einer umfassenden Bewertung unterzogen werden. Die Definition eines Gates korreliert somit mit einem definierten Entwicklungs- und Informationsstand. Im Rahmen der Gates werden vom Führungskreis die erforderliche Entscheidungen für die Weiterverfolgung des Projektes oder bestimmter Ideen getroffen [AWK99b, S. 122; BOUT97a, S. 73; BRAN99, S. 9].

2.1.3 INNOVATIONSMANAGEMENT

Der zuvor beschriebene Innovationsprozeß erfordert eine strategische Vorbereitung sowie eine planmäßige Steuerung und Kontrolle. Weiterhin muß er bewußt in das System der Unternehmung eingebunden werden. Damit sind vielfältige Führungs-, Planungs-, Organisations- und Kontrollaufgaben mit hohem Kreativitätsanspruch verbunden, die alle Bestandteil des Innovationsmanagement sind [CORS89, S. 6; SABI91, S. 25].

In diesem Zusammenhang definiert TROMMSDORF das Innovationsmanagement als:

> Alle mit der Entwicklung, Einführung bzw. Umsetzung und Durchsetzung von technischen und sozialtechnischen, unternehmenssubjektiv neuen Produkten und Prozessen verbundenen Initiativen betrieblicher Leistungs- und Führungsorganisationen [TROM90, S. 5].

Der Begriff Innovationsmanagement wird in der Literatur teilweise synonym zum Begriff Technologiemanagement verwendet [TROM90, S. 5]. Im Rahmen dieser Arbeit soll dieser Auffassung nicht gefolgt werden. Es wird die Abgrenzung von

HAUSSCHILDT und ZAHN zugrunde gelegt. Demnach richtet sich Technologiemanagement nicht nur auf neuartige Technologien, sondern auch auf die strategische Erhaltung und Weiterführung der vorhandenen Technologien. Innovationsmanagement zielt demgegenüber vornehmlich auf neue Technologien ab und hat insbesondere das Problem des Bruches mit etablierten Technologien zu meistern. Weiterhin umfaßt das Innovationsmanagement auch nicht-technische Innovationsprozesse [HAUS93, S. 26; ZAHN95b, S. 15f.].

Neben Technologiemanagement ist auch F&E-Management vom Innovationsmanagement zu differenzieren. F&E-Management ist die Produktion von natur- und ingenieurwissenschaftlichem Kennen- und Könnenwissen. Somit ist der F&E-Prozeß ein Innovationsprozeß. Allerdings ist die zweckfreie Grundlagenforschung noch im Vorfeld von Innovationsprozessen anzusiedeln. Da auch das Technologiemanagement nicht die Erarbeitung von Kennenwissen beinhaltet, läßt sich das F&E-Management in der Schnittmenge von Technologie- und Innovationsmanagement ansiedeln, hebt sich aber im Bereich der Erarbeitung von zweckfreiem Kennenwissen über beide hinaus (Bild 6) [ZAHN95b, S. 15f.; BROC 97, S. 6-11].

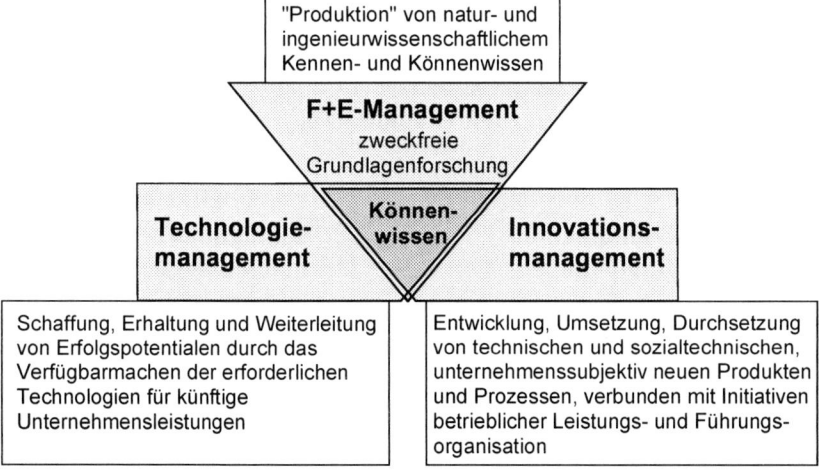

Bild 6   Abgrenzung von Technologie-, Innovations- und F&E-Management in Anlehnung an ZAHN [ZAHN95b, S. 15f.]

Nach dieser Abgrenzung werden die Aufgaben des Innovationsmanagement analog zu den allgemeinen Managementaufgaben definiert. Das Innovationsmanagement ist Kernaufgabe der Unternehmensführung, es umfaßt die ZIELORIENTIERTE GESTALTUNG und STEUERUNG des Innovationssystems der Unternehmung [HERZ91, S. 60].

Die ZIELORIENTIERUNG verdeutlicht, daß eine wichtige Aufgabe des Innovationsmanagement die Integration des Innovationsprozesses in den strategischen Führungsprozeß des Unternehmens ist [SABI91, S. 127; HERZ91, S. 63]. Auf Basis von Ist- und

Soll-Kernkompetenzen werden die „Leitplanken" und Suchfelder für Technologieentscheide sowie für langfristig angelegte Forschungs- und Vorentwicklungsprojekte gesetzt [BOUT97b, S. 18f.].

Ziel der GESTALTUNG ist die Entwicklung und Verbesserung der Innovationsfähigkeit der Unternehmung. Hierzu ist zum einen ein organisatorischer Rahmen zu schaffen, in dem reale Innovationsprozesse ablaufen können. Dies sind die Planung und Steuerung der Generierung, Bewertung und Implementierung von Ideen. Zum anderen ist die Schaffung von innovationsfördernden Bedingungen im Unternehmen zentrale Aufgabe des Innovationsmanagement [HERZ91, S. 60; STAU96, S. 4-4ff.; WARN97, S. 1].

Die STEUERUNG des Innovationssystems bedeutet das Management konkreter Innovationsprozesse bzw. -projekte. Vor dem Hintergrund der oben definierten Vorgaben und der gestalteten Rahmenbedingungen sind die Innovationsprozesse effizient und effektiv umzusetzen. Hierbei müssen Entscheidungen getroffen, Informationsflüsse unterstützt, soziale Beziehungen gestaltet und Aktivitäten koordiniert werden, um die Ziele zu realisieren [HERZ91, S. 60; HAUS93, S.23].

Die Aufgaben des Innovationsmanagement können in den Bezugsrahmen des St. Galler Management-Konzeptes eingeordnet werden (Bild 7) [BLEI92]. Bei diesem Bezugsrahmen wird zwischen normativen, strategischen und operativen Strukturen unterschieden, die im Hinblick auf Aktivitäten, Strukturen und Verhalten zu integrieren sind.

	Unternehmensphilosophie		
Unternehmens-verfassung	**Normatives Management** Unternehmenspolitik	Unternehmenskultur
Innovations-managementsystem	**Strategisches Management** Innovationsstrategie	Innovationsführung
Innovationsprozesse	**Operatives Management** Innovationsprojekte	Innovationsbereitschaft
Strukturen	**Aktivitäten**	**Verhalten**

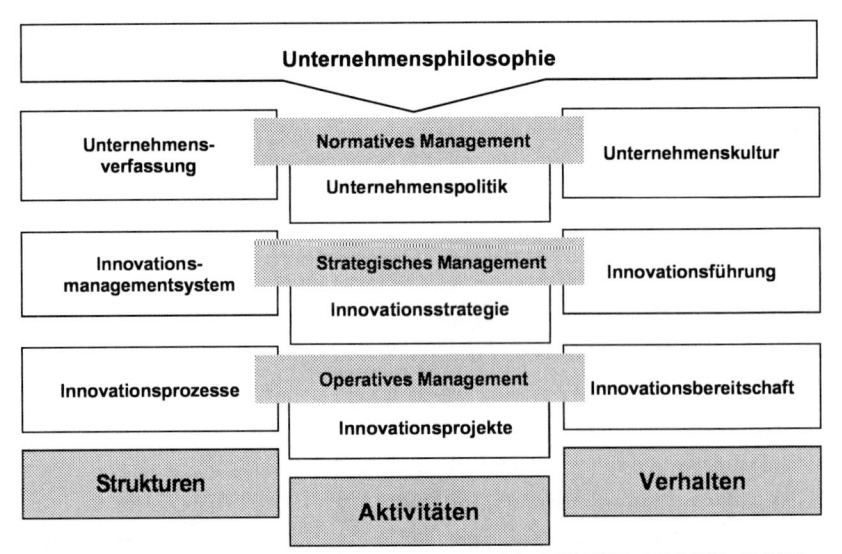

Bild 7   Aufgaben des Innovationsmanagement [vgl. BLEI96; AWK99b, S.104]

Das NORMATIVE Management ist auf die Entwicklung von Nutzenpotentialen für Anspruchsgruppen (Stakeholder) gerichtet. Nutzenpotentiale definieren die Zwecke des Unternehmens in bezug auf die Gesellschaft und Wirtschaft. Auf dieser Ebene werden die Vorgaben und Randbedingungen für das Innovationsmanagement definiert. Die Gestaltung der normativen Ebene ist nicht Bestandteil des Innovationsmanagement, sondern die Ergebnisse der Gestaltung determinieren vielmehr das Innovationsmanagement. Auf der STRATEGISCHEN Ebene werden die normativen Vorgaben in den strategischen Programmen, der „Innovationsstrategie", konkretisiert. Geeignete Maßnahmen und Hilfsmittel werden ausgewählt. Das zentrale Ziel sind Erhalt und Ausbau von strategischen Erfolgspositionen. Bezogen auf das Innovationsmanagement bedeutet dies, daß der Innovationsbedarf ermittelt wird und Innovationsziele bzw. Suchfelder abgeleitet werden. Weiterhin werden die Organisations-, Informationsstrukturen gestaltet und Leitlinien für die Führung vorgegeben. Die Innovationsziele werden auf der OPERATIVEN Ebene entsprechend der definierten Strukturen in konkreten Innovationsprojekten umgesetzt [BLEI96, S. 1-12ff.; EVER96, S. 291; SCHM95, S. 16, SOMM88, S. 165].

Die Unterstützung des Weges von der Invention bis zur Markteinführung neuer Produkte ist somit Aufgabe des Innovationsmanagement. Die Erfolgsfaktoren sind flexibles Projektmanagement, weitgehende Mitarbeiterorientierung und umfassender Methodeneinsatz [BOUT97a S. 72f.; BOUT97b S. 74; FHG98]. Die Umsetzung ist durch das ständige Überwinden technischer, personeller, organisatorischer und finanzieller Innovationswiderstände gekennzeichnet [STAU 97 S. 4-3; BITZ 93].

2.2 BEDEUTUNG DER INFORMATORISCHEN UNTERSTÜTZUNG DES INNOVATIONSPROZESSES

Auf Basis der in Kap. 2.1 definierten Grundlagen wird im folgenden näher auf die Informationspathologien[1] des Innovationsprozesses eingegangen und der Bedarf an einer Optimierung und geeigneten Unterstützung des Informationsprozesses aufgezeigt. Der Innovationsprozeß ist ein Informationsverarbeitungsprozeß [HERZ91, S. 142]. Neuartige Ideen sind die Kombination von bereits bekannten Informationen. Demnach kann die Kreativität auf zwei Arten gefördert werden [TEBB90, S. 46]:

---

[1] Unter Informationspathologien werden diejenigen Phänomene subsumiert, die mit der unzulänglichen informatorischen Fundierung wichtiger Entscheidungen in Organisationen zusammenhängen. Von Informationspathologien können in verschiedenen Phasen des Innovationsprozesses innovationshemmende Wirkungen ausgehen [HERZ**91**, S. **153**f.].

- Eine möglichst große Anzahl von Informationen muß von einem Individuum aufgenommen und gespeichert werden, um diese zu neuen Ideen zu rekombinieren.
- Möglichst viele Informationen, die von einem Individuum gespeichert wurden oder gerade aufgenommen werden, müssen eine assoziative Verknüpfung zu anderen gespeicherten Informationen erfahren.

Die damit verbundene Informationsbeschaffung, deren Aufbereitung und die situationsabhängige Bereitstellung sind somit neben der interdisziplinären Kommunikation ein eminent wichtiges Element für die Generierung und Weiterentwicklung von Produktinnovationen. Informationsdefizite bzw. mangelnde Kommunikation gehören zu den entscheidenden organisatorisch begründeten Innovationshemmnissen [GAUS98a, S. 7f.; STAU90, S. 759ff.]. Eine empirische Untersuchung von 1979, deren Aussagen auch heute noch Gültigkeit besitzen, kam zu dem Schluß, daß nur etwa 45% der innovationsbezogenen Informationen gespeichert und nur 40% systematisch ausgewertet werden. Da die gespeicherten Informationen teilweise wieder verloren gehen, verschärft sich diese Situation zusätzlich. Wichtige Informationen fehlen somit bei der Selektion von Ideen [SCHL92, S. 23f.].

Das Ziel der Innovation im Sinne einer erfolgreichen Verknüpfung von Angebot und Nachfrage bei gleichzeitiger Veränderung von Möglichkeiten und Bedürfnisse läßt sich nur bei kontinuierlicher Beobachtung, Dokumentation und Bewertung dieser technologischen Möglichkeiten und marktlichen Bedürfnisse erreichen. Das bedeutet, daß ständig neue marktseitige und technologieseitige Informationen benötigt werden, um erfolgreich zu innovieren [BECK89, S. 142f.; ORTH89, S. 9].

Die informatorische Unterstützung eines Innovationsprozesses ist abhängig von den Innovationsphasen und der Herkunft der Informationen. In den frühen Phasen des Innovationsprozesses werden überwiegend externe Informationen über Märkte und technologische Trends benötigt, um geeignete Suchfelder zu definieren und marktorientierte Produktideen zu entwickeln. Je weiter ein Innovationsprozeß fortgeschritten ist, desto mehr interne Informationen wurden generiert und werden benötigt. Die Mechanismen zur Informationsverarbeitung sind bei externen Informationen grundsätzlich anders als bei internen Informationen. Steht bei den externen Informationen die Identifikation von geeigneten Informationsquellen im Vordergrund, so müssen interne Informationen geeignet erfaßt, verarbeitet und entscheidungsbezogen zur Verfügung gestellt werden [BRAN 71, S. 48].

In diesem Zusammenhang ist die These einer empirischen Studie interessant [WAGN98, S. 38]: Weniger innovative Unternehmen haben intern eine formalisierte Kommunikation und extern eine informelle Kommunikation. Innovative Unternehmen dagegen weisen entgegengesetzte Strukturen auf. Eine informatorische Unterstützung des Innovationsprozesses muß dieser Situation Rechnung tragen. Konstituierende Merkmale für ein erfolgreiches Innovationsmanagement sind demnach [WAGN98, S. 41]:

- Unternehmensübergreifend müssen das Informations- und Wissensmanagement im Rahmen der formalen Kommunikationsstrukturen institutionalisiert und mit Hilfe einer geeigneten Informationsinfrastruktur einer breiten Mitarbeiterschaft zugänglich gemacht werden.
- Informelle Kontakte und Kommunikationsstrukturen müssen im gesamten Unternehmen gefördert werden.

Aufgrund der besonderen Bedeutung des externen und internen Informationsbedarfs wird dieser im folgenden detailliert analysiert und beschrieben.

2.2.1 UNTERNEHMENSEXTERNE INFORMATIONEN

Um eine technische Überlegenheit gegenüber der Konkurrenz zu erzielen, ist es erforderlich, über den Stand der Technik umfassend informiert zu sein. Weiterhin ist der Nachweis ausreichender Marktpotentiale Grundvoraussetzung für alle Investitionen in neue Technologien und Produkte [PECK89, S. 105].

Die Verdoppelung des Wissens der Menschheit in einem Zeitraum von 5-10 Jahren bedeutet für den Bereich der Naturwissenschaften und der Technik, daß jährlich ca. vier Millionen Veröffentlichungen in 65 Sprachen verbreitet werden, von denen mehr als ein Viertel auf die Veröffentlichung der Patentämter entfällt. Weltweit existieren ca. 650.000 Fachzeitschriften, 15.000 Patentanmeldungen pro Woche und 1,2 Millionen neue Katalogseiten. Das Internet verdeutlicht die globale Vielfalt und Verfügbarkeit von Informationen [MARK98; PECK89, S. 104; BOUT98, S. 87]. Diese Situation wird zusätzlich dadurch verschärft, daß das Wissen einer Halbwertszeit unterliegt, die sich kontinuierlich reduziert [BÜRG98, S. 55]. Diese Informationsflut zwingt zur Nutzung effizienter IuK-Technologien.

Für die Phase der IDEENGENERIERUNG spielt die systematische Suche und Auswertung von Informationen eine entscheidende Rolle. Durch Informationen über neue technologische Entwicklungen (Patente, Lieferanten, Forschungsprojekte etc.) können die Unternehmen dabei zu neuen Produkten oder Produktionsverfahren bzw. zur Verbesserung bestehender Produkte und Produktionsverfahren angeregt werden. Durch die Auswertung von Marktinformationen kann der erforderliche Innovationsbedarf identifiziert werden [MEFF73, S. 52, HAUS93, S. 244ff.].

Bei der IDEENAKZEPTIERUNG werden bereits Informationen über technologische Entwicklungen benötigt, um die technische Machbarkeit der Innovationsidee abschätzen zu können [BECK89, S. 143]. Weiterhin werden marktseitig Informationen benötigt, die die Marktrelevanz und Wirtschaftlichkeit der Produktidee untermauern.

Während der IDEENREALISIERUNG werden externe Informationen über Technologien und Kundenanforderungen benötigt, die für die Konzeption und Ausgestaltung von spezifischen Produktmerkmalen und -eigenschaften erforderlich sind. Weiterhin müssen neben Informationen zu Produkttechnologien geeignete Kenntnisse in bezug auf potentielle Produktionstechnologien akquiriert werden.

Ziel eines Informationssystems muß es somit sein, die relevanten externen Informationen von Kunden, Lieferanten, Konkurrenten, Forschungsinstitutionen und Informationsbrokern prospektiv zu erfassen, um auf diese im Laufe der Detaillierung der Invention bei Bedarf zurückgreifen zu können. So wird sichergestellt, daß die Entscheidungen im Laufe des Innovationsprozesses vor dem Hintergrund einer einheitlichen fundierten Wissensbasis getroffen werden.

2.2.2 UNTERNEHMENSINTERNE INFORMATIONEN

Da der Innovationsprozeß selbst ein Informationsverarbeitungsprozeß ist, muß neben den Eingangsinformationen das generierte und akquirierte Wissen systematisch erfaßt werden [TEBB90, S. 46]. Ergänzend zu den Informationen zum eigentlichen Innovationsobjekt ist es darüber hinaus erforderlich, Informationen zur Prozeßsteuerung und -koordination zu verarbeiten und zu kommunizieren.

Während der IDEENGENERIERUNG werden interne Information über das Unternehmenspotential benötigt. Das Unternehmenspotential ist die Gesamtheit der Möglichkeiten eines Unternehmens, eine Nachfrage nach Problemlösungen erfüllen zu können [VDI2220, S. 3; PELZ99, S. 9]. Auf dieser Basis können geeignete Suchfelder definiert werden, die sicherstellen, daß die generierten Ideen mit der strategischen Ausrichtung des Unternehmens korrespondieren. Weiterhin können bereits intern Produktideen existieren, die im Rahmen dieser Phase berücksichtigt werden sollten [MEFF73, S. 52, HALL97a, S. 24]. Das im Unternehmen explizit und implizit vorhandene Wissen über Technologien, den Markt und vorangegangene Innovationsprojekte ist in der Phase der Ideengenerierung die Grundlage für erfolgreiche Innovationen.

Bei der IDEENAKZEPTIERUNG werden detailliertere Informationen in bezug auf die technische und wirtschaftliche Realisierbarkeit benötigt, um die Produktideen vor dem Hintergrund des Unternehmens- und Marktpotentials bewerten und selektieren zu können. Der Zugriff auf das im Unternehmen befindliche Wissen gestaltet sich in der Regel schwierig, da es nicht systematisch dokumentiert ist bzw. nur implizit vorhanden ist. Weiterhin ist der Zugang zu bereits akquirierten und generierten Informationen bzw. Wissen aus der Phase der Ideengenerierung von Bedeutung, um eine durchgängige und zielgerichtete Ideenentwicklung sicherzustellen. Im Zusammenhang mit dem Rückgriff auf bereits vorhandene Informationen sind Metainformationen[1] entscheidend, da sie eine Einschätzung der Informationsqualität ermöglichen [EVER98, S. 432].

Im Zuge der IDEENREALISIERUNG werden insbesondere intern vorliegende Informationen sowie bei geringer Fertigungstiefe die Kompetenzen von Systemlieferanten benötigt. Diese Informationen liegen den Unternehmensbereichen bereits vor oder wurden während der frühen Phasen des Innovationsprozesses generiert. Die Speicherung von Erkenntnissen während dieser Projektphase ist besonders wichtig. Sie hat das Ziel, Arbeitsprozesse nachvollziehbar zu machen. Sie ermöglicht, zuvor gewonnene Zwischenergebnisse wieder aufzugreifen. Sie legt Irrwege und Umwege offen und erspart bei anderen Projekten Doppelarbeiten und erlaubt Abstraktionen und Vergleiche mit anderen Theorien [HAUS93, S. 311]. Hierdurch wird auch eine Grundlage für spätere Innovationsprojekte geschaffen.

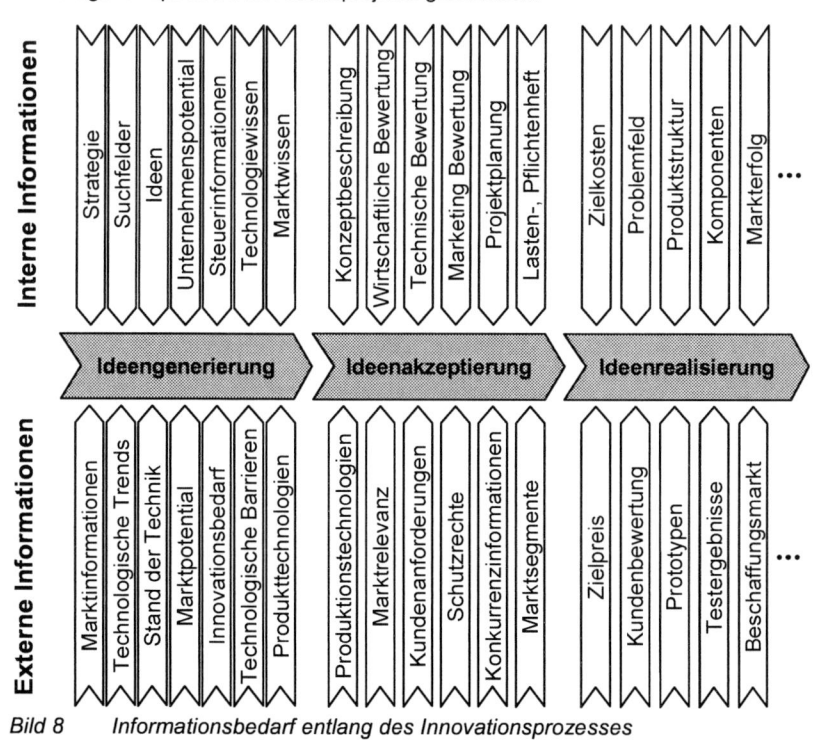

Bild 8   Informationsbedarf entlang des Innovationsprozesses

---

[1] Metainformationen sind ergänzende Informationen in bezug auf die eigentlichen Informationen. Hierüber ist es möglich, die Qualität und den Vertrauensbereich der eigentlichen Information abzuschätzen und falls erforderlich eigene Recherchen durchzuführen.

Der entlang des Innovationsprozesses identifizierte interne und externe Informationsbedarf ist in Bild 8 dargestellt. Die zentrale Bedeutung der Informationserfassung und -bereitstellung für effektive und effiziente Innovationsprojekte wird hierdurch deutlich. Der Bedarf an einer strukturierten Zusammenfassung der Informationen zu einem Innovationsprojekt spiegelt sich in der zunehmenden auch unternehmensinternen Nutzung von Geschäfts- bzw. Businessplänen wider [SAHL98, S. 87; MCKI99, S. 12ff.]. Insbesondere stellt die Vielfalt von heterogenen Informationen und Informationsquellen eine besondere Herausforderung an die Informationsverarbeitung dar.

Zusätzlich erfordert die Eigenart des Innovationsprozesses eine flexible Unterstützung, die den Einflußgrößen bei der Projektplanung und -abwicklung gerecht wird. Wesentliche Einflußgrößen sind die Unternehmensorganisation, die Aufgabenstellung und die Projektsituation. Aufgrund der direkten Wechselwirkung zwischen Prozeß und Information ist deren unabhängige Betrachtung nicht möglich.

2.3 INFORMATIONSSYSTEME

Nachdem die Grundlagen des Innovationsmanagement erläutert wurden und sich die Bedeutung von Informationen für ein erfolgreiches Innovationsmanagement herausgestellt hat, werden im folgenden die Grundlagen der Informationsverarbeitung untersucht.

Der Wandel von der Industriegesellschaft zur Informationsgesellschaft hat zur Folge, daß die Verfügbarkeit und effektive Nutzung von Informationen einer der entscheidenden Wettbewerbsfaktoren ist. Vor diesem Hintergrund kommt dem Informationsmanagement im Unternehmen eine zentrale Bedeutung zu. Für die Unternehmen ist es erfolgsentscheidend, benötigte Informationen schnell zu finden, sie sinnvoll aufzubereiten, sie an den relevanten Stellen zur Verfügung zu stellen und sie dort in Wissen umzusetzen [KEMP97, S. 441; ORTH98, S. 66]. Ziel von Informationssystemen ist diese Unterstützung der Unternehmensorganisation durch informationstechnologische Infrastrukturen [SCHE96, S. 17-8]. Sowohl der Umfang als auch die Geschwindigkeit der für ein Unternehmen notwendigen Versorgung mit Informationen erfordert den Einsatz von dynamisch gestalteten und flexiblen computergestützten Informationssystemen [EBER92, S. 139; BIET94, S. 26]. Vor diesem Hintergrund wird im folgenden unter Informationssystem ein computergestütztes System verstanden. Jedoch soll hierdurch nicht der Eindruck entstehen, daß andere Formen der Informationsübermittlung ausgeschlossen werden. Im Gegenteil ist die informelle Kommunikation zwischen Mitarbeitern, Lieferanten und Kunden ein wichtiger Bestandteil des betrieblichen Informationssystems.

Unter Informationssystem versteht BERTHEL ein geordnetes Beziehungsgefüge von Elementen und ihren jeweiligen Relationen untereinander, wobei vier Elementgruppen unterschieden werden [BERT75, S. 17]:

- die INFORMATION selbst,
- die an und mit Informationen vollzogenen PROZESSE mit ihren Methoden, Formen, Mitteln und Regelungen über die Durchführung,
- die AKTIONSTRÄGER und
- die AUFGABEN und ZWECKE, für die Informationssysteme existieren.

INFORMATION ist zweckorientiertes Wissen. Wissen ist die begründete und begründbare Erkenntnis, die aus Informationen gewonnen wurde. Wissen wird durch weitere Informationen oder eine neuartige Vernetzung der vorhandenen Informationen aktualisiert und erweitert. Das Besondere ist, daß Wissen nicht nur den Input der Mitarbeiter in diesen Prozeß darstellt, sondern auch dessen Output. Informationen erweitern den Erkenntnis- und Wissensstand des Verwenders. Somit wird die Unsicherheit von Entscheidungen signifikant verringert [PECK89, S. 105; REY98, S. 30, BÜRG98, S. 59; HERZ91, S. 142].

INFORMATIONSPROZESSE sind in Raum und Zeit fortschreitende Abläufe, in deren Mittelpunkt mentale Handlungen stehen. Ein Informationsprozeß besteht aus den Phasen [ERB96, S. 54]:

- INFORMATIONSGEWINNUNG UND -SPEICHERUNG:
  Beschaffung bzw. Empfang von Informationen durch Kommunikation
- INFORMATIONSVERARBEITUNG:
  Umwandlung, Verwertung und Einsatz von Informationen
- INFORMATIONSÜBERMITTLUNG:
  Transfer bzw. Austausch von Informationen (Kommunikation)

Die AKTIONSTRÄGER müssen im Zusammenhang mit dem Innovationsprozeß unterschieden werden. Unterschiedliche Akteure innerhalb eines Informationsprozesses beschaffen, verarbeiten, speichern und übermitteln Informationen vor dem Hintergrund ihrer zum Teil unterschiedlichen Zielsetzungen.

Je nach AUFGABE bzw. ZWECK werden Informationssysteme in Entscheidungsunterstützungssysteme, Auswertungs- und interpretative Systeme, Berichts- und Abfragesysteme sowie Administrations- und Dispositionssysteme unterschieden [BIET94, S. 27]. Zur Einordnung der vorliegenden Arbeit können diese Elementgruppen herangezogen werden. Ziel ist es, für die Informationen, die für die Generierung, Bewertung und Umsetzung von Innovationen von zentraler Bedeutung sind, ein geeignetes Informationssystem zu konzipieren. Aufgrund der Zielsetzung, die Effizienz und Effektivität des Innovationsprozesses durch eine entscheidungsbezogene Informationsbereitstellung zu steigern, ist das geplante Informationssystem der Kategorie der Berichts- und Abfragesysteme zuzuordnen, wobei auch Funktionen von Administrations- und Dispositionssystemen integriert werden (Bild 9).

Informationssysteme i.e.S.
- Entscheidungsunterstützungssysteme
- Auswertungsysteme und interpretative Systeme
- Berichts- und Abfragesysteme
- Administrations- und Dispositionssysteme

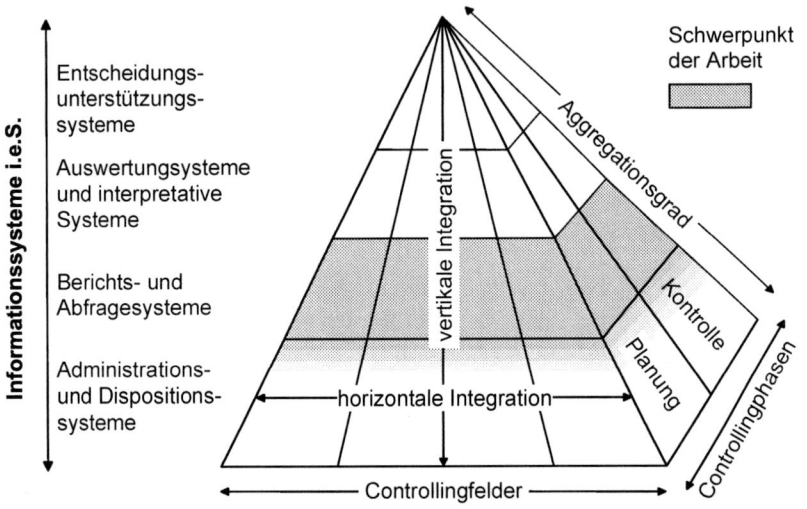

Bild 9   Struktur von Informationssystemen [BIET94, S. 27]

Die Phasen Informationsgewinnung, -speicherung und -übermittlung des Informationsprozesses stehen hierbei im Vordergrund. Die Phase der Informationsverarbeitung selbst ist aufgrund der Kreativität und Flexibilität des Innovationsprozesses nur bedingt mit einem DV-System zu unterstützen. Um dennoch einen durchgängigen Informationsfluß zu erhalten, sind geeignete Schnittstellen zu konzipieren. Als Aktionsträger sollen alle am Innovationsprozeß beteiligten Mitarbeiter integriert werden. Im Mittelpunkt des Informationssystems steht der für den Innovationsprozeß verantwortliche Mitarbeiter.

2.4 ELEMENTE DES WISSENSMANAGEMENT

Der Zusammenhang zwischen Informationen und Wissen wurde bereits in Kap. 2.3 beschrieben. Aufgrund der strategischen Bedeutung für das Innovationsmanagement wird im folgenden auf das Wissensmanagement als weiterführende Form des Informationsmanagement eingegangen.

Als wichtigstes Ziel des Wissensmanagement ist die WISSENSNUTZUNG anzusehen [REY98, S. 30 ff.]. Das Wissen muß aktiv in Wettbewerbsvorteile umgesetzt werden. Der Zusammenhang zwischen Wettbewerbsvorteilen und Wissensmanagement kann gemäß Bild 10 hergestellt werden [PROB98, S. 134].

Grundlagen und Erkenntnisstand 23

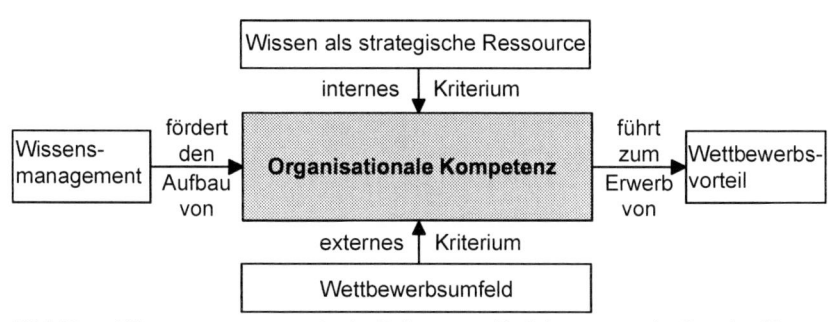

Bild 10 *Wissensmanagement als Beitrag zur Erzielung organisationaler Kompetenz nach PROBST [PROB98, S. 134]*

Demnach fördert das Wissensmanagement den Aufbau von organisationaler Kompetenz, die ihrerseits wiederum zu Wettbewerbsvorteilen führt. Organisationale Kompetenzen entstehen EXTERN dadurch, daß ein Unternehmen Aktivitäten besser als seine Wettbewerber beherrscht. Kompetenzen können aber auch INTERN auf der Grundlage von organisationaler Strukturen entstehen: Die Akkumulation von Wissen, in Form der Ressourcen und Individuen eines Unternehmens, die in verschiedenen Funktionsbereichen und Hierarchieebenen verteilt sind, stellt einen potentiellen Wettbewerbsvorteil dar, der von anderen Unternehmen schwer zu imitieren ist.

Für Wissensmanagement sind zahlreiche Modelle entwickelt worden, die sich insbesondere in ihrer Zielsetzung und Aktivitätenaufteilung unterscheiden. PROBST nennt die aufeinanderfolgenden Aktivitäten Wissensziele, Wissensidentifikation, Wissenserwerb und -entwicklung, Wissensverteilung, Wissensnutzung und -bewahrung sowie Wissensbewertung [vgl. Probst 1998, S. 135 ff.]. REY hält für die Einführung eines Wissensmanagement den mehrfachen Durchlauf der Phasen Wissensextraktion, Wissensstrukturierung, Wissensdokumentation, Wissensverteilung und Wissensentwicklung für erforderlich [vgl. REY 1998, S. 31 ff.]. Im folgenden werden die Aktivitäten des Wissensmanagement nach KROGH vorgestellt, da er die verschiedenen Aktivitätenmodelle zusammenführt [KROG95, S.425 ff.]:

1. Wissensidentifikation
2. Wissensentwicklung
3. Kompetenzbildung
4. Innovationsgenerierung

Zur WISSENSIDENTIFIKATION wird zunächst eine Wissenslandkarte erstellt, die eine Dokumentation der bestehenden Wissensstrukturen im Zusammenhang mit dem eigenen Unternehmen zum Ziel hat. Dadurch soll strategisches Wissen über individuelles Wissen gewonnen werden. Durch Informationstechnologien wird in Projekten gewonnenes Wissen kodiert und für jedermann in Form von Produktkatalogen, Richtlinien, Erfahrungs- und Reiseberichten, Datenbanken über Wettbewerber, Kunden und Mitarbeiter usw. gespeichert [KROG95, S. 427]. Dieses strategische Wissen schafft das Potential für Wissensentwicklung durch das Aufzeigen von Verbindungen mit Wissensträgern (z.B. Individuen, Informationsdiensten) innerhalb und außerhalb der Unternehmung [ILOI97, S. 19f.; AWK99a, S. 90]. Das Erkenntnisziel dieses ersten Schrittes ist die Aufdeckung von Stärken und Schwächen in der vorhandenen Wissensbasis.

Die WISSENSENTWICKLUNG kann in individueller Form oder in Gesprächen vorgenommen werden. Ziel ist es, individuelles Wissen in eine kodierte Form umzuwandeln und Wissenslücken zu schließen, d.h. das individuelle Wissen in Form von Datenbanken, Richtlinien usw. zu speichern. Betrachtet man das individuelle Wissen als Humankapital, so stellt das entstehende strukturelle Kapital das Wissen dar, welches unabhängig von Individuen im Unternehmen existiert. Dieses Wissen wird auch als Systemwissen bezeichnet [KROG95, S. 427f.].

In einem ersten Teilschritt der KOMPETENZBILDUNG werden zunächst die Kernkompetenzen des Unternehmens identifiziert. Dies geschieht durch eine Verbindung des ermittelten unternehmensspezifischen Wissens unabhängig von den aktuellen Aufgaben des operativen Geschäfts. Das Resultat dieses ersten Teilschrittes ist die Formulierung einer Kompetenzkonfiguration, die das aktuelle Potential eines Unternehmens darstellt, eine Marktleistung zu erbringen.

In einem zweiten Teilschritt wird die zuvor ermittelte Kompetenzkonfiguration erweitert. Hier wird eine Antwort auf die Frage gesucht, wie neue Kompetenzen durch eine Veränderung des Aufgabensystems mit dem vorhandenen Wissen geschaffen werden könnten. Unter Umständen wird nach der Beantwortung dieser Frage eine Erweiterung des Wissens erforderlich [KROG95, S. 429].

Im abschließenden Schritt der INNOVATIONSGENERIERUNG besteht die Aufgabe, unter Beachtung der Kompetenzkonfigurationen Produkt- und Prozeßinnovationen zu entwickeln. Zur Realisierung dieses Potentials werden zielgerichtet die Kompetenzen der Organisation unter Verwendung der Instrumente zur Ideengenerierung (Kap. 2.1.2) mit anderen Ressourcen kombiniert [KROG95, S. 430].

Die Beschreibung des Wissensmanagement verdeutlicht, daß das wissensbasierte Innovationsmanagement ebenfalls eine spezielle Herausforderung an die Organisation und die Informationstechnologien darstellt. Aufgrund der Potentiale, die sich somit aus dem Einsatz neuer IuK-Technologien für das Innovationsmanagement ergeben, werden im folgenden bestehende Ansätze hinsichtlich ihrer Übertragbarkeit und Eignung untersucht.

2.5 ANALYSE BESTEHENDER ANSÄTZE ZUR INFORMATORISCHEN UNTERSTÜTZUNG DES INNOVATIONSMANAGEMENT

Die zentrale Bedeutung der informatorischen Unterstützung des Innovationsprozesses wurde im vorangegangenen Kapitel aufgezeigt. Erfolgsfaktoren für eine wirkungsvolle Unterstützung des Informationsprozesses sind die Berücksichtigung sowohl interner als auch externer Informationen, die komfortable Informationsakquisition an den Stellen der Informations- bzw. Wissensgenerierung sowie die flexible entscheidungsbezogene Informationsbereitstellung. Voraussetzung hierfür ist die systematische Kopplung von Information und Innovationsprozeß. Die Informationsunterstützung des Innovations- bzw. Entwicklungsprozesses ist Inhalt zahlreicher betriebswirtschaftlicher und ingenieurwissenschaftlicher Arbeiten. Entlang der Phasen des Innovationsprozesses werden die Ansätze zur DV-technischen Unterstützung vorgestellt und diskutiert.

Die Werkzeuge der Ideenfindung lassen sich in die Ideensammlung, die Ideenermittlung und die Ideengenerierung klassifizieren [KOPP93, S. 91, CRAW92, S. 102ff.]. Hilfsmittel für die IDEENSAMMLUNG in Form des betrieblichen Vorschlagswesens sind bereits Stand der Technik. Auf Basis von datenbankgestützten DV-Systemen werden Ideen erfaßt und verfolgt. Der Schwerpunkt dieser Systeme liegt im Bereich der organisatorischen Abwicklung von Vorschlägen und deren statistischen Auswertung. Eine systematische Kopplung zum Innovationsprozeß, zur Informationsbereitstellung und zur Implementierung von Produktideen existiert jedoch nicht [HALL97a, S. 26.; GASS97, S. 7; HOET99, S. 170; KRIS95, S. 161ff.]. Die IDEENERMITTLUNG erfolgt mit den Methoden Früherkennung, Befragung, Beobachtung und Experiment. Die informatorische Unterstützung konzentriert sich auf die Beobachtung und dort auf Datenbankabfragen und Internetrecherchen (Patente, Literatur, Marktentwicklungen, Technologien, Konkurrenten etc.). Eine Unterstützung geht über eine systematische Ergebnisdokumentation nicht hinaus [BOUT98, S. 89; ORTH98, S. 66ff.; BRAN71, S. 49f.; GRAB96, S. 16]. Die IDEENGENERIERUNG erfolgt in der Regel mittels Kreativitätstechniken. Diese Techniken sind meist auf die Anwendung im interdisziplinären Team ausgerichtet. Eine informatorische Unterstützung wurde in einigen Fällen realisiert. Diese Werkzeuge unterstützen den Anwender bei Ideengenerierung durch Assoziation, Denkanstöße sowie systematischer Problembeschreibung und -lösung [HIGG96, S. 89; FORK94, S. 161; GRAB96, S. 12]. Eine weitreichende informatorische Unterstützung der Ideengenerierung wurde durch den TechOptimizer realisiert, der die TRIZ Methodik unterstützt. Die TRIZ Methodik basiert hierbei auf Erkenntnissen aus ursprünglich 200.000 von ALTSCHULLER analysierten Patenten. Mit Fragen zur systematischen Problemdefinition sowie umfassenden Datenbanken mit technologischen Problemen, physikalischen Effekten und Beispielen zu innovativen Erfindungen wird der Anwender bei der Ideengenerierung unterstützt [ALTS84; TERN98, S. 18 u. S. 41; HIGG96, S. 89]. Die bereits entwickelten informatorischen Unterstützungen beschränken sich auf den

Bereich der Ideengenerierung. Eine weitere Unterstützung des Innovationsprozesses ist nicht realisiert.

Die Phase der IDEENBEWERTUNG und -AUSWAHL umfaßt die Ausarbeitung von Realisierungsplänen, deren stufenweise Bewertung und die Auswahl der aussichtsreichsten Ideen. Für die Erstellung von Realisierungsplänen ist eine umfangreiche Beschaffung von Markt-, Technologie- und Unternehmensinformationen besonders wichtig [FRIE75, S.15ff.; VDI2220, S. 12; HUXO90, S. 233ff.]. Zur informatorischen Unterstützung werden Datenbanken, Dokumentenverwaltung, Groupware-Lösungen und das Internet eingesetzt [BULL96, S. 62; WAGN95, S. 86; LIND98, S. 9; HERZ91, S 161f.]. Der Prozeß der situationsabhängigen Ermittlung des Informationsbedarfs sowie der Informationsbeschaffung, -aufbereitung und -bereitstellung in den frühen Phasen des Innovationsprozesses wird aufgrund seiner Individualität derzeit nicht unterstützt. Zur IDEENBEWERTUNG wurden bereits zahlreiche qualitative, quantitative und multikriterielle Ansätze entwickelt und DV-technisch realisiert, die auch den Randbedingungen der Unsicherheit Rechnung tragen [KEHR72; HERO78; MÜLL97, S. 54ff.; SHAR98, S. 94].

Die IDEENREALISIERUNG beinhaltet die konkrete Umsetzung der Problemlösung sowie deren Absatz. Für diese Phase existieren insbesondere im Rahmen der Produktentwicklung diverse DV-Hilfsmittel. Die hier eingesetzten Hilfsmittel sind Systeme [FRIC97, S. 169]:

– zur Produktdatenerstellung, -analyse und -verarbeitung,
– zum Projektmanagement sowie
– zur Methodenunterstützung.

Die verbreiteten DV-Hilfsmittel für die Produktdatenerstellung sind CAD-, CAE- und CAM-Systeme, sie unterstützen die operativen produktorientierten Entwicklungstätigkeiten [FRIC97, S. 169]. Mit STEP (Standard for Exchange of Product Data Modell) und anderen Standard-Datenformaten wird eine Integration dieser Werkzeuge auf Basis eines einheitlichen Produkt- und Prozeßmodells verfolgt [LIND98, S. 386, METZ95, S. 55, AWK96a, S. 3-15; HÜNG98, S. 426]. Ein weiterer Ansatz der informatorischen Kopplung und Unterstützung sind Systeme des Engineering Data Management (EDM) bzw. Product Data Management (PDM). Sie verwalten systematisch Dokumente der Produktentwicklung; insbesondere sind dies Projektinformationen, Stammdaten-/Stücklisten, Konstruktionsdaten/-unterlagen und Sachmerkmalsleisten [LIND98, S. 386; CRUZ95, S. 70; WECK98, S. 72]. Zur Unterstützung von Änderungsprozeduren und des Projektmanagement werden EDM-Systeme vermehrt durch Funktionalitäten des Workflowmanagement (WFM) ergänzt [GAUS98b, S. 323; EVER94b, S. 79; EVER98, S. 431].

Vor dem Hintergrund der Globalisierung und des SIMULTANEOUS ENGINEERING wurden Hilfsmittel für das unternehmensübergreifende Management von Entwicklungspro-

Grundlagen und Erkenntnisstand 27

jekten entwickelt und in den Unternehmen eingeführt. Hier sind insbesondere Telekooperationssysteme zu nennen, die mit Datenübertragung, Whiteboard, Application Sharing, Email und den bereits vorgestellten EDM- und WFM-Funktionalitäten den global verteilten Kommunikationsprozeß unterstützen [NUMA96, S. 281ff.; FOLT98, S. 24; WEST97, S. 579; KOPP98, S. 18f.; ABRA98, S. 20ff.]. Darüber hinaus existieren Lösungen zum Management und Controlling von Entwicklungsprojekten [LIND93, KORN95, KÜMP96, BOCH96, MATT93, S. 143ff.; BEIT90, S. 184]. Allen Ansätzen ist jedoch gemein, daß die informatorische Unterstützung erst nach der Ideenakzeptierung beginnt. Der Schwerpunkt liegt im Bereich der Produktrealisierung.

Neben der methodischen Unterstützung des Entwicklungsprozesses mit Werkzeugen zur QFD, FMEA, Morphologie etc. werden vermehrt Systeme zur Entscheidungsunterstützung entwickelt [FRIC97, S. 169; KORN95, S. 19ff.]. Zentrales Ziel dieser Systeme ist die Erfassung, Speicherung und Bereitstellung von Entwicklungswissen und -informationen. Dieses wird durch Know-how-Datenbanken oder wissensbasierte Systeme wie dem SCHEMEBUILDER realisiert [BRAC96, S. 333ff.; KORN95, S. 19ff.; ADAM91, S. 35ff.; GÖBL92, S. 49ff.].

Know-how-Datenbanken unterstützen das strukturierte Sammeln von Erfahrungswissen. Sie erlauben die Definition von unterschiedlichen Sichtweisen auf das Knowhow und stellen Werkzeuge zur Verfügung, um die Datenbank nach Ergebnissen zu durchsuchen. Der Schwerpunkt der bestehenden Systeme liegt im Bereich der Wiederverwendung von Produktdaten, der Dokumentation von Erfahrungen bei der Projektbearbeitung (Laufzeit, Kapazität, Risiken etc.) und der Unterstützung von Verbesserungsprozessen. Erste Ansätze für die frühen Phasen der Produktentstehung existieren zur Ideenverwaltung [HOET99, S. 170; HALL97a S. 26]. Kennzeichen solcher Datenbanken ist, daß das Wissen strukturiert abgelegt werden muß, um ein gezieltes Wiederfinden zu ermöglichen. Das Erschließen nicht strukturierten Wissens läßt sich bisher nur partiell automatisieren [KORN95, S. 19ff.]. Einen neuen Ansatz hierfür bieten die für das Internet entwickelten Suchmaschinen und Data-Mining-Lösungen [BALD98, S. 16; ROTH98, S. 61; SOCK98, S. 18].

Wissensbasierte Systeme repräsentieren und verarbeiten bereichsspezifisches Wissen, so daß sie in der Lage sind, Aufgaben zu automatisieren, die aufgrund der Größe des Suchraumes und der Unsicherheit des Wissens bisher Experten vorbehalten waren [MERT90, S. 64]. Diese Systeme werden entsprechend der Abbildung des Entwicklungswissens in regelbasierte, fallbasierte und neuronale Systeme differenziert. Für den Bereich der Ideenrealisierung wurden diverse wissensbasierte Systeme entwickelt [ABEL97, S. 49; GÖBL92; KOMM93; GANG93; ADAM91]. Der Einsatz dieser Systeme ist jedoch auf wenige Anwendungen beschränkt, bei denen die erforderliche Modellierung des Wissens überschaubar und möglich ist [GÖBL92, S. 34]. Der Einsatz von wissensbasierten Systemen eignet sich insbesondere für die Unterstützung von Entscheidungen, die auf Basis von Regeln und Erfahrungen

(Wenn-Dann-Beziehungen) getroffen werden. Aufgrund der impliziten Neuartigkeit von Innovationen ist der Einsatz für innovative Problemstellungen nicht geeignet [LIND98, S. 387].

Neben den vorgestellten Ansätzen zur Unterstützung einzelner Phasen des Innovationsprozesses existieren einige phasenübergreifende Ansätze. Im Rahmen diverser Forschungsprojekte wurden Lösungen (z.B. das RAPID PRODUCT DEVELOPMENT von BULLINGER) erarbeitet, die Wissen in Form von SEMANTISCHEN NETZEN abbilden [LIND98, S. 387; BULL96b, S. 67ff.; SPEC98, S. 390ff.]. Im Gegensatz zu statischen Systemen ist es durch die Abbildung kausaler Abhängigkeiten von Funktionen und Komponenten in Form von Ursache-Wirkungs-Ketten und aktiven ungebundenen Objekten möglich, dezentrale Objekte bzw. Prozesse effektiv zu koordinieren [BULL96a, S. 69]. Mit diesen Systemen ist eine Dokumentation von Produkt- und Prozeßwissen möglich. Eine aktive Bereitstellung und Wiederverwendung von Informationen in Abhängigkeit vom Prozeßfortschritt ist bislang jedoch nicht möglich. Aufgrund der Konzentration auf die Abbildung der Ist-Situation unterstützen die Systeme keine Vorausplanung des Innovationsprozesses.

Von HERZHOFF wurden mögliche Gestaltungsansätze zur informatorischen Unterstützung des Innovationsprozesses umfassend analysiert und beschrieben. Hierauf aufbauend wurden allgemeine Gestaltungsmuster für das Innovationsmanagement entwickelt [HERZ 91]. Die Umsetzung dieser Muster sowie die Potentiale neuer IuK-Technologien wurde jedoch nicht ausreichend behandelt.

Eine umfassende Ausweitung der CAD-Funktionalitäten hinsichtlich einer durchgängigen Unterstützung des Entwicklungsprozesses und einer verteilten parallelen Produktentwicklung wurde im BMBF-Projekt „CAD-Referenzmodell" vorgenommen. Die Untersuchungen konzentrieren sich auf die Konstruktion. Die frühen Phasen des Innovationsprozesses wurden nicht ausreichend betrachtet [ABEL97, S. 44].

Zur durchgehenden informatorischen Unterstützung von Entwicklungsvorhaben hat KORN ein Informationssystem zur Planung, Überwachung und Steuerung von Projekten sowie zur Vor- und Nachkalkulation von Produkt- und Produktentstehungskosten konzipiert. Dieser Ansatz baut auf einer Ähnlichkeitsbetrachtung zurückliegender Projekte auf. Eine über die Kalkulation hinausgehende Erfassung, Dokumentation und Bereitstellung von Informationen entlang des Innovationsprozesses wird jedoch nicht berücksichtigt [KORN95, S. 30f.].

Eine ganzheitliche Darstellung aller Forschungsansätze ist aufgrund der Vielfalt nicht möglich. Dennoch wurden die bedeutendsten Forschungsarbeiten zu diesem Themenbereich in Bild 11 zusammengefaßt und verglichen. Diese Abbildung verdeutlicht, daß die Forderung nach einer phasenübergreifenden informatorischen Unterstützung des Innovationsprozesses von keinem der vorgestellten Ansätze erfüllt wird.

Grundlagen und Erkenntnisstand

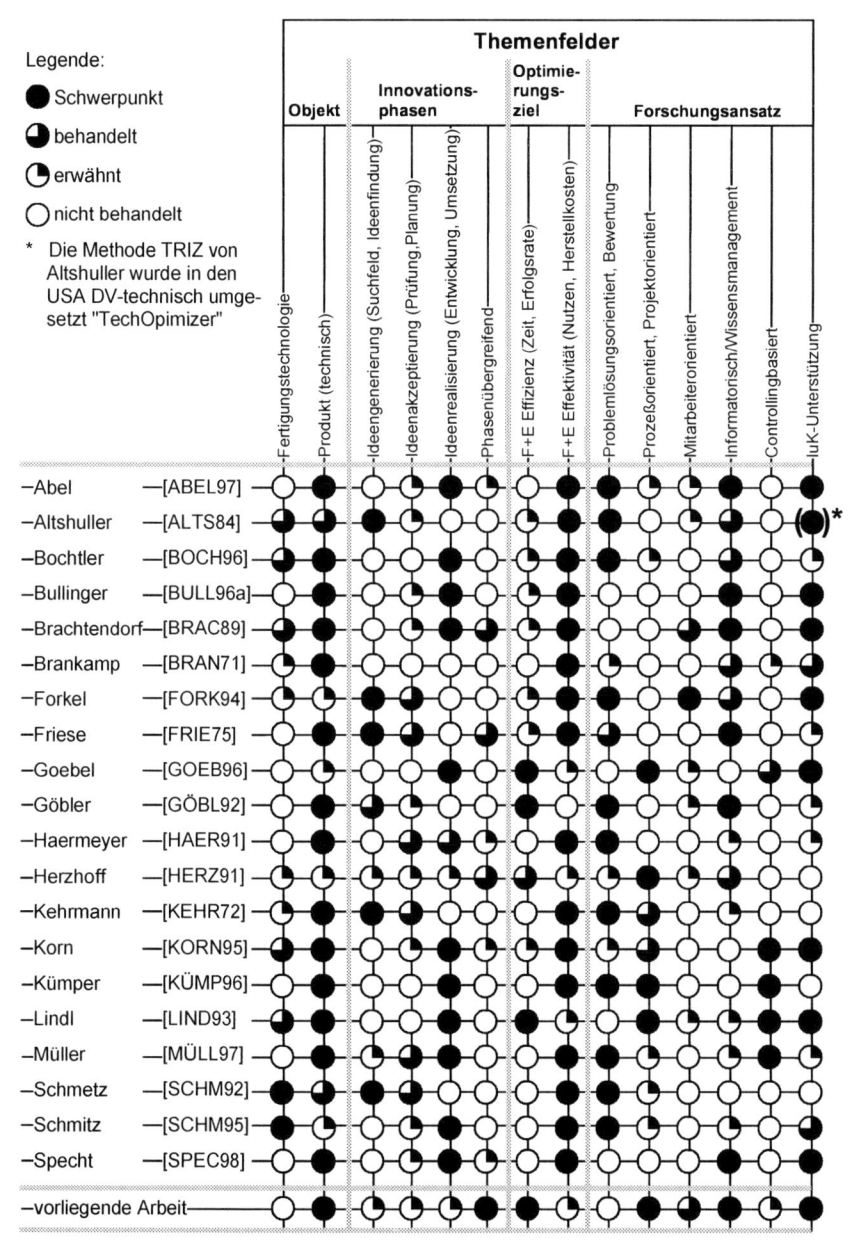

Legende:
- ● Schwerpunkt
- ◐ behandelt
- ◓ erwähnt
- ○ nicht behandelt

* Die Methode TRIZ von Altshuller wurde in den USA DV-technisch umgesetzt "TechOpimizer"

Bild 11 Analyse bestehender Forschungsarbeiten

2.6 ZWISCHENFAZIT: FORSCHUNGSBEDARF

Zu Beginn des Kapitels wurden die relevanten Grundlagen zum weitreichenden Themenfeld des Innovationsmanagement vorgestellt. Hierauf aufbauend wurden das Betrachtungsobjekt der Arbeit spezifiziert sowie die Aufgaben des Innovationsmanagement definiert. Zentrales Untersuchungsobjekt ist der Innovationsprozeß bzw. das Innovationsprojekt technischer Markt- und Betriebsneuheiten (Kap. 2.1).

Anschließend wurde die zentrale Bedeutung von Informationen für die Unterstützung von Innovationen und Innovationsprozessen herausgestellt. Hierbei konnte festgestellt werden, daß derzeit in den Unternehmen ein Mangel an entsprechender informatorischer Unterstützung des Innovationsprozesses besteht. Dieses Informationsdefizit führt zu Fehl- und Doppelentwicklungen sowie zur Verzögerung und zum Scheitern von Innovationsprojekten (Kap. 2.2). Anschließend wurden Informationssysteme als ein geeignetes Unterstützungshilfsmittel beschrieben und klassifiziert (Kap. 2.3). Weiterhin wurde ein Ausblick hinsichtlich der Ausweitung des Informationsmanagement in Richtung des Wissensmanagement gegeben (Kap. 2.4).

Die vergleichende Analyse bestehender Forschungsansätze ergab, daß keine der Arbeiten das Problem der integrierten informatorischen Unterstützung von Innovationsprozessen behandelt. Die meisten Autoren konzentrieren sich entweder auf eine prozeßunabhängige Wissens- bzw. Informationsverarbeitung oder beschränken sich auf die Unterstützung des Innovationsprozesses in den späteren Phasen (Ideenakzeptierung und -ausarbeitung). Die Nutzung neuer IuK-Technologien wurden in den frühen Phasen der Produktplanung nicht umfassend untersucht, obwohl sie das identifizierte Informationsdefizit zumindest teilweise beheben können.

Vor diesem Hintergrund läßt sich feststellen, daß signifikanter Forschungsbedarf hinsichtlich der Entwicklung eines Informationssystems besteht, welches den Innovationsprozeß insbesondere in den frühen Phasen durchgängig und flexibel unterstützt. Die Informations- und Wissensakquisition sollte hierbei interne und externe Informationen gleichermaßen berücksichtigen. Ziel sollte es weiterhin sein, möglichst viel implizites Wissen in explizites Wissen zu transformieren, ohne den Anwender des Informationssystems unnötig zu belasten. Hierzu ist die Verarbeitung unterschiedlichster Informationsträger erforderlich.

Im Rahmen dieser Arbeit werden erstmals neue IuK-Technologien hinsichtlich ihrer Einsatzpotentiale bezüglich des Innovationsmanagement analysiert und zu einem Gesamtkonzept zur informatorischen Unterstützung des Innovationsprozesses zusammengeführt. Zur Kopplung von Informationsfluß und Projektverlauf wird ein objektorientiertes integriertes Informations- und Prozeßmodell dem Informationssystem zugrunde gelegt. Dieses Informationssystem soll somit helfen, die Informations- und Kommunikationsdefizite im Rahmen von Innovationsprojekten zu bewältigen.

3 GROBKONZEPTION DES INFORMATIONSSYSTEMS ZUM INNOVATIONSMANAGEMENT

Vor dem Hintergrund des aufgezeigten Forschungsbedarfs und des inhaltlichen Kontextes sowie der Zielsetzung der Arbeit wird das Grobkonzept für eine DV-Unterstützung des Innovationsprozesses erarbeitet. Es werden entsprechend der Vorgehensweise zum Entwurf von Informationssystemen nach ZIEGLER [ZIEG96, S. 89] zunächst die Systemziele und -grenzen definiert. Hierauf aufbauend werden die essentiellen Anforderungen ermittelt. Anschließend werden die Anwendungs- und die Benutzungssicht in Form eines Grobkonzeptes spezifiziert.

3.1 ZIELSETZUNG DES INFORMATIONSSYSTEMS

Zur Definition der Zielsetzung des Informationssystem bietet sich eine kombiniert deduktiv-induktive Vorgehensweise an [PATZ82, S. 171]. Zielsysteme stellen als abstraktes System das angestrebte Ziel, d.h. das Handlungsergebnis als Endzustand in Form einer Zielhierarchie sowie unter Umständen als zeitliche Folge von Teilzielen dar [PATZ82, S. 31]. Für eine systematische Zieldefinition muß das Oberziel des Systems in Unterziele operationalisiert werden [WÖHE96, S. 126]. Das Oberziel des gewählten Ansatzes läßt sich hierbei in Ziele des Systemeinsatzes und in Ziele der Systemgestaltung detaillieren.

Das Oberziel wurde bereits im Kapitel 1 vor dem Hintergrund des Informationsdefizits bei Innovationsprozessen deduktiv hergeleitet. Ziel der vorliegenden Arbeit ist es, ein projektspezifisch konfigurierbares Informationssystem zu entwickeln, welches den Innovationsprozeß technischer Produkte durchgängig unterstützt. Im Zentrum steht hierbei die zielgerichtete Informationsbereitstellung und -gewinnung entlang des Innovationsprozesses.

Hinter diesem Oberziel stehen Ziele, die bei der Anwendung des zu entwickelnden Systems angestrebt werden. Diese Systemziele werden in Effektivitäts- und Effizienzziele des Innovationsprozesses unterschieden. Die Effizienz von Innovationsprozessen bedeutet sowohl einen verkürzten Zeitraum von der Invention bis zur Markteinführung als auch reduzierte Aufwände bei der Projektbearbeitung. Die Effektivität spiegelt den Erfolg einer Innovation am Markt wider (Bild 12).

Die Effizienzsteigerung durch den Systemeinsatz wird durch zwei Effekte erzielt. Zum einen wird der Aufwand für die Informationsbeschaffung und -dokumentation reduziert und ein Zeitvorteil durch deren Parallelisierung geschaffen. Zum anderen wird durch die erhöhte Transparenz die Verwendung von bereits akquirierten

Informationen unterstützt. Doppel- und Fehlentwicklungen werden vermieden bzw. rechtzeitig abgebrochen.

Oberziel System zur informatorischen Unterstützung von Innovationsprozessen	
Systemziele	
Effizienzsteigerung (Aufwand↓) - verkürzte Innovationsprozesse - Parallelisierung der Informationsbeschaffung - Aufwandsreduktion für die Informationsbeschaffung - Reduktion von Doppelentwicklungen	**Effektivitätssteigerung** (Erfolg↑) - Steigerung des Innovationsgrades - Rückgriff auf Erfahrungswissen - Erhöhung der Innovationsrate
Gestaltungsziele - durchgängige Unterstützung des Innovationsprozesses - projekt-, unternehmensspezifisch - flexibel anpaßbar (laufende Projekte) - anwenderfreundlich	

Bild 12   Zielsetzung des Informationssystems

Die Effektivität von Innovationsentscheidungen ist direkt abhängig von der Qualität der zur Verfügung stehenden Informationen [HUXO90, S. 108]. Durch die Verbesserung der Informationsbasis und den gezielten Zugriff auf Erfahrungswissen trägt somit das Informationssystem direkt zur Effektivitätssteigerung von Innovationsprojekten bei. Die verbesserte Vernetzung von Informationen zu neuem Wissen führt zu einer gesteigerten Innovationsrate und einem erhöhten Innovationsgrad [TEBB90, S. 46; WAGN98, S. 41; DÖRN76, S. 103ff.].

Neben den Systemzielen müssen Gestaltungsziele berücksichtigt werden, um den angestrebten Nutzen zu erzielen. Die Gestaltungsziele umfassen die Anforderungen, die sich aus den Aufgaben des Innovationsmanagement ableiten, die aus dem Bereich der betriebswirtschaftlichen Praxis stammen und die ein Nutzer an das Informationssystem stellt. Diese Anforderungen werden im folgenden Kapitel ermittelt.

Zur Definition des Informationssystems müssen zusätzlich die Systemgrenzen eindeutig definiert werden. Dieses umfaßt eine Abgrenzung des zu betrachtenden Ausschnitts von seiner Umwelt durch Angabe der Systemgrenzen. Hierzu werden die Schnittstellen des Systems definiert, indem Eingangs- und Ausgangsgrößen (Material, Energie und/oder Informationen) des Systems festgelegt werden. Die Definition der Systemgrenze ist bestimmt durch Problemstellung und Zweckmäßigkeit [PATZ82, S. 25f.]. Bezogen auf das Informationssystem zum Innovationsmanagement bedeutet dies, daß als Ein- und Ausgangsgrößen nur Informationen ausgetauscht werden (Bild 13).

Grobkonzeption des Informationssystems zum Innovationsmanagement 33

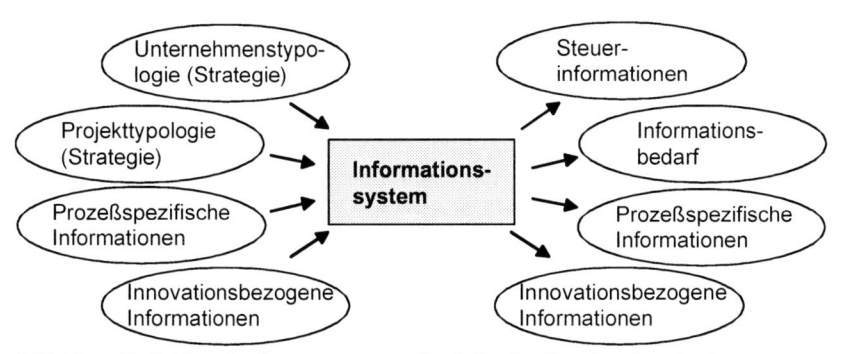

Bild 13 *Definition der Systemgrenzen durch Systeminput und -output*

Als Eingangsinformation des Informationssystems sind zunächst die Projekt- und Unternehmenstypologie zu nennen, die die strategischen Vorgaben und operativen Randbedingungen des Innovationsprojektes determinieren. Die Informationen zur aktuellen Projektlage werden benötigt, um die Projektplanung und -steuerung geeignet anzupassen. Als wesentliche Eingangsgrößen werden zum einen innovationsbezogenen Informationen (interne und externe) und zum anderen prozeßspezifische Informationen vom Informationssystem erfaßt. Ausgangsgrößen sind die in Abhängigkeit des Innovationsprojektes bereitgestellten Informationen. Diese Informationen beziehen sich sowohl auf die inhaltliche Projektarbeit als auch auf die Projektplanung bzw. -steuerung. Diese Ein- und Ausgangsinformationen können sich durch ihre Eigenschaften (Aktualität und Unsicherheiten) unterscheiden. Bei der Identifikation von Informationsdefiziten muß der spezifische Informationsbedarf gemeldet werden, um Informationsbeschaffungsvorgänge zu initiieren.

3.2 ANFORDERUNGEN AN EIN INFORMATIONSSYSTEM

Voraussetzung für eine zielorientierte Konzeption eines Informationssystems zur Unterstützung des Innovationsprozesses ist die Ableitung eines detaillierten Anforderungsprofils. Die Anforderungen an das Informationssystem lassen sich zum einen deduktiv aus der zuvor definierten Zielsetzung und den Aufgaben des Innovationsmanagement ableiten. Zum anderen werden weitere Anforderungen empirisch-induktiv aus den Defiziten der betrieblichen Praxis ermittelt. Hierbei wird neben den formalen Anforderungen (Konsistenz, Vollständigkeit und Ordnung) in inhaltliche Anforderungen, Nutzeranforderungen und Anforderungen aus der betrieblichen Praxis unterschieden (Bild 14).

34 Grobkonzeption des Informationssystems zum Innovationsmanagement

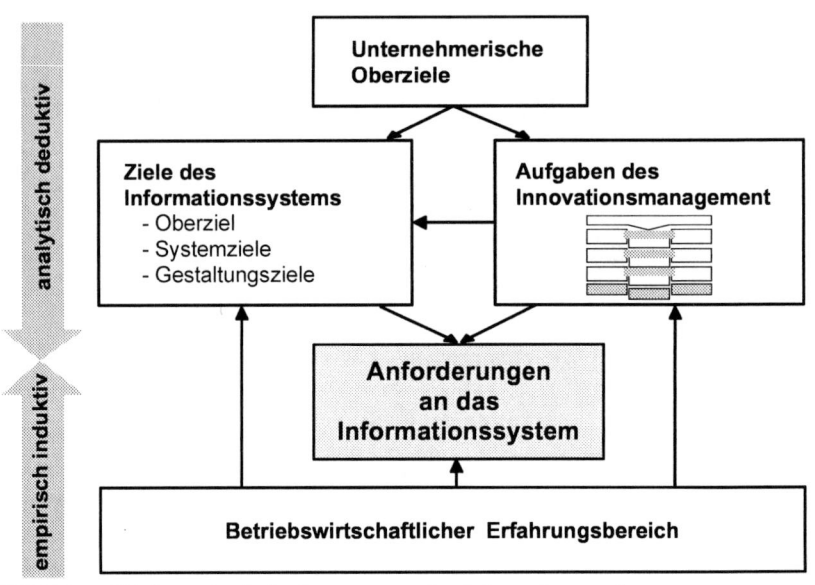

Bild 14 Ableitung der Anforderungen an das Informationssystem

3.2.1 INHALTLICHE ANFORDERUNGEN

Die Aufgaben des Innovationsmanagement wurden bereits in Kap. 2.1.3 in Anlehnung an das St. Galler Managementkonzept detailliert dargestellt. Die Vielfalt und die Divergenz der Aufgaben des Innovationsmanagement machen deutlich, daß eine ganzheitliche Unterstützung des Innovationsmanagement durch ein Informationssystem nicht möglich und sinnvoll ist. Vor dem Hintergrund der Zielsetzung der Arbeit wird für das Informationssystem eine Beschränkung auf den Innovationsprozeß technischer Produkte vorgenommen. Somit wird das Informationssystem auf der Ebene des operativen Innovationsmanagement die Strukturen und Aktivitäten geeignet unterstützen; dieses sind der Innovationsprozeß im allgemeinen und Innovationsprojekte im speziellen.

Bei Problemlösungsprozessen, zu denen auch der Innovationsprozeß zählt, werden interne und externe Informationen zu neuen Informationen und neuem Wissen verarbeitet. Hierdurch ergibt sich ein Bedarf an geeigneter informatorischer Unterstützung, der entlang des gesamten Innovationsprozesses identifiziert werden konnte. Ein Informationssystem muß somit diesen Innovationsprozeß durchgängig unterstützen, um die inter- und intra-prozessualen Informationsflüsse verwirklichen zu können. Intra-prozessual bezeichnet den Informationsfluß innerhalb eines Innovationsprozesses bzw. -projektes, während unter inter-prozessual der Austausch zwischen unterschiedlichen Innovationsprozessen verstanden wird (Bild 15). Als besondere Randbedingung muß hierbei berücksichtigt werden, daß Innovationspro-

Grobkonzeption des Informationssystems zum Innovationsmanagement 35

jekte häufig global verteilt ablaufen, somit müssen auch die Informationsflüsse global unterstützt werden. Weiterhin findet ein Großteil des Informationsaustauschs informell auf der interpersonellen Ebene statt. Diese informelle Kommunikation in einen expliziten Informationsaustausch zu überführen, ohne die Mitarbeiter zu beschränken, ist eine besondere Herausforderung. Die Nutzung flexibler IuK-Technologien wie Email und Konferenzsysteme bietet neue Ansatzpunkte.

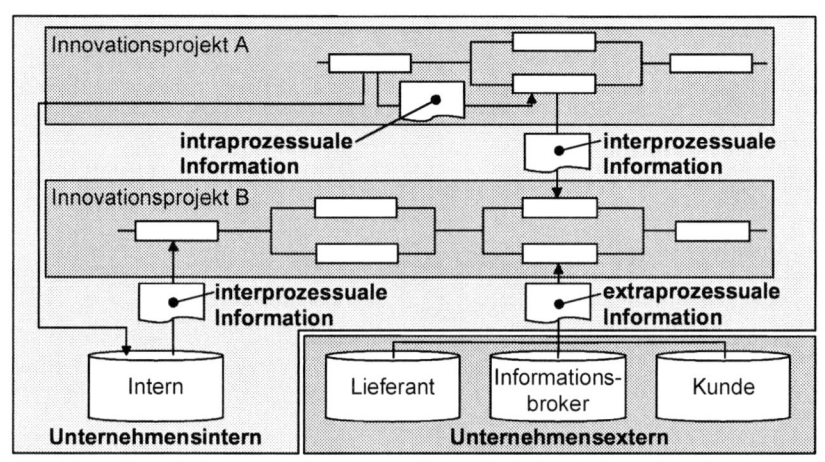

Bild 15   Klassifizierung des inner- und überbetrieblicher Informationsflusses

Um diese prozeßorientierte Informationsgewinnung, -speicherung und -übermittlung sicherstellen zu können, müssen Teilaspekte des Projektcontrolling unterstützt werden. Nur durch die Kenntnisse der Projektplanung und der aktuellen Projektsituation ist es möglich, rechtzeitig Informationsbeschaffungsvorgänge zu initiieren und Informationen bedarfsgerecht zur Verfügung zu stellen. Die häufigen Veränderungen des Projektplanes bedingen eine kontinuierliche Anpassung an die Realität. Das Informationssystem muß daher Grundfunktionalitäten zur Projektplanung und -steuerung besitzen.

Die abgeleiteten Inhalte des Informationssystems entsprechen somit den Grundfunktionalitäten des Controlling. Das CONTROLLING setzt sich aus den drei Bereichen Planung, Kontrolle und Informationsversorgung zusammen [HORV94, S. 108]. In diesem Zusammenhang steht die Informationsversorgung im Mittelpunkt der Betrachtung, die die zur Planung und Kontrolle benötigten Informationen mit dem notwendigen Genauigkeits- und Verdichtungsgrad am richtigen Ort zum richtigen Zeitpunkt bereitstellt. Hierbei werden nicht nur monetäre Größen quantitativ betrachtet, sondern es finden beim Controlling vermehrt qualitative und strategische Informationen Berücksichtigung [FRES98, S. 3-62ff.].

Die Unterstützung der spezifischen Aktivitäten des Innovationsprozesses konzentriert sich auf die Bereitstellung und Akquisition von relevanten Informationen. Eine funktionale Unterstützung der Prozeßschritte ist aufgrund deren Vielfalt im Rahmen des geplanten Informationssystems nicht realisierbar. Es werden die informatorischen Schnittstellen zu den einzelnen Elementen des Innovationsprozesses realisiert (Systeme zur Ideengenerierung, Bewertungssysteme, Beschreibungssysteme etc.) (Bild 16).

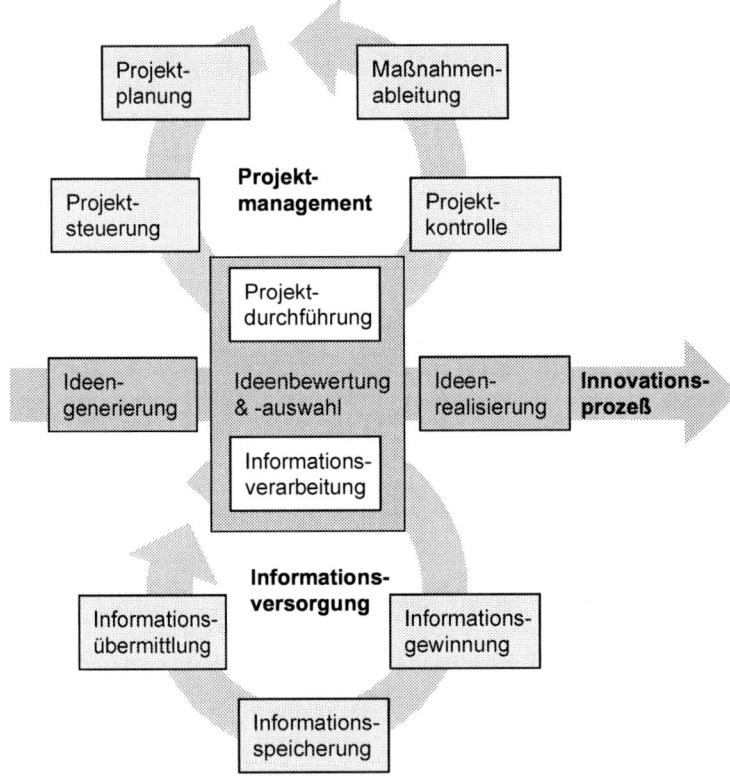

Bild 16   Inhaltliche Anforderungen an das Informationssystem

Eine weitere wichtige Anforderung an ein Informationssystem besteht in der Definition der zu verarbeitenden Informationen. Grundsätzlich ist es das Ziel des Informationssystems, möglichst viele relevante Informationen zum Innovationsprozeß zu akquirieren und zu verarbeiten. Aufgrund der bereits jetzt vorherrschenden Informationsflut im Unternehmen mit dem entsprechenden Aufwand für Speicherung, Dokumentation und Retrieval[1] von Informationen muß hier eine sinnvolle Abgren-

---

[1] Retrieval ist das gezielte Beschaffen, Identifizieren und Wiederfinden von gespeicherten Informationselementen, Dateien und Dokumenten [SCHN**99**, S. **44**].

Grobkonzeption des Informationssystems zum Innovationsmanagement 37

zung vorgenommen werden. Relevante Informationen zum Innovationsobjekt können grundsätzlich klassifiziert werden in (vgl. Kap. 2.2):

- Marktinformationen (Kundenanforderungen, Trends, Märkte etc.)
- Technologieinformationen (Produkt- und Produktionstechnologien)
- betriebswirtschaftliche Informationen (Budget, Zielkosten, Stückzahlen etc.)
- Strategieinformationen (Suchfelder, Zeitrahmen etc.)
- unternehmensspezifische Informationen (Ressourcen, Kompetenzen etc.)
- Projektinformationen (Projektplanung, Team, Entscheidungen, Stand, etc.)

Diese Klassen von Informationen enthalten sowohl unternehmensinterne als auch -externe Informationen. Im Rahmen der Arbeit werden diese Informationen weiter detailliert und in einem Datenmodell spezifiziert. Als wesentliche Anforderung ist in diesem Zusammenhang die Berücksichtigung von Metainformationen zu nennen, die über die Qualität/Unsicherheit, den Stand und die Quelle von Informationen Auskunft geben.

3.2.2 Nutzeranforderungen

Zunächst ist es für eine Anforderungsdefinition aus Nutzersicht erforderlich, die Anwender eines Informationssystems zu identifizieren. Anwender des Informationssystems zum Innovationsmanagement können grundsätzlich alle Mitarbeiter des Unternehmens sein. Diese sind müssen über eine win/win-Situation motiviert werden, interne und externe Ideen sowie relevantes Wissen zu sammeln.

Die Teammitglieder von Innovationsprojekten werden mit einer deutlich höheren Intensität ein solches System anwenden. Bezogen auf den Innovationsprozeß sind grundsätzlich drei Arten von Teammitgliedern zu unterscheiden, Fach-, Prozeß- und Machtpromotoren [HAUS93, S. 121]. Der FACHPROMOTOR ist der Träger des objektspezifischen Fachwissens. Es besteht somit ein originäres Interesse an seiner Einbindung, da er die Hauptquelle für Fachinformationen darstellt. Außerdem kann er seinerseits das Informationssystem nutzen, um von anderen Fachpromotoren Informationen zu erhalten, die er für die Detaillierung seiner Ideen benötigt. Der PROZEßPROMOTOR ist das verknüpfende Element zwischen den Fach- und den Machtpromotoren. Er setzt die Ideen in einen Aktionsplan um und sorgt für dessen Einbindung in die Unternehmensaktivitäten. Er muß Kenntnisse über verschiedene Innovationsprojekte besitzen, um Synergien zu nutzen. Der Prozeßpromotor stellt zudem eine wichtige Verbindung zum Marketing dar, wodurch die Kundenanforderungen in den Innovationsprozeß transferiert werden. Aufgrund seiner Koordinationsfunktion stellt das Informationssystem für ihn eine wichtige Informationsquelle dar. Weiterhin sind seine Überlegungen zum Projektmanagement wichtig für die Projektplanung. Im Gegenzug bietet ihm das System eine Unterstützung bei der Planung des Innovationsprojektes. Der MACHTPROMOTOR verfügt über die Ressourcen, um den Entscheidungs- und Durchsetzungsprozeß der Innovation zu ermöglichen. In bezug auf das Informationssystem ist seine Einbindung nicht zwingend erforderlich. Er partizipiert zwar an den bereitgestellten Informationen, die der Prozeßpromotor aufbereitet (beispielsweise in Form von Geschäftsplänen), interagiert aber nicht direkt mit dem System.

Die Bereitstellung von Informationen allein durch die Mitarbeiter im Unternehmen und die am Innovationsprozeß beteiligten Fach- und Prozeßpromotoren birgt das Risiko, daß eine stark von unternehmensinternen Erkenntnissen geprägte Informations- und Erfahrungsdatenbank aufgebaut wird. Das Risiko überwiegend inkrementeller Innovationen wird gesteigert. Um auch externe Informationen in das System zu integrieren, bietet sich der Einsatz von internen oder externen Informationsbrokern bzw. -agenten an. Diese sammeln laufend Technologie- und Marktinformationen, verdichten diese und stellen sie zur Verfügung. Diese Informationsakquisition ist in Abhängigkeit von Unternehmen und Markt sehr heterogen. Für die vorliegende Arbeit ist dies eine wichtige zu definierende Schnittstelle des Informationssystems. Folgende potentielle externe Informationsquellen müssen ggf. über definierte Schnittstellen an das System gekoppelt werden, mit dem Ziel, das relevante Wissen zu internalisieren [BOUT96, S. 290f.; BRAN71, S. 50]:

- Internet
- Wirtschaftsdatenbanken
- Patentdatenbanken
- Technologiedatenbanken
- Lieferanten, Kunden, Konkurrenten
- Marktforschungsinstitute
- Forschungseinrichtungen
- Literaturdatenbanken, Online-Bibliotheken
- Kongresse, Messen etc.

Besonders zu berücksichtigen sind Suchmaschinen, Internetagenten und Data-Mining-Systeme. Diese Systeme akquirieren automatisiert Daten und Informationen zu definierten Suchfeldern aus dem Internet bzw. Intranet. Herausforderung ist hierbei die Verarbeitung unstrukturierter Informationen [BALD98, S. 16; BAUE99, S. 5; SOCK98, S. 18; SCHN99, S. 44].

Systeme zum Informations- und Wissensmanagement leben von der aktiven Beteiligung der Anwender, die das System mit Informationen und Wissen versorgen [HÖNI99, S. 50f.]. Aufgrund der Bedeutung der eigenständigen Informationsverarbeitung durch das Projektteam ist soweit wie möglich eine Arbeitsteilung zwischen Informationsbeschaffung, -dokumentation und Informationsverarbeitung nicht vorzusehen [HAUS89, S. 394]. Die Eingabe von Informationen sollte weitgehend vom Anwender durchgeführt werden.

Vor diesem Hintergrund ergeben sich zwei wesentliche Anforderungen an das Informationssystem. Zum einen muß der Aufwand für die Informationserfassung/-dokumentation möglichst gering gehalten werden. Dieses kann beispielsweise durch automatisierte Erfassung erfolgen sowie durch die Kopplung der Informationseingabe mit den bereits jetzt erforderlichen Dokumentationstätigkeiten. Zum anderen muß der direkte Nutzen für den Anwender des Informationssystems signifikant gesteigert werden. Wesentliche Nutzenpotentiale liegen in einem verbesserten Retrieval von Informationen. Da aber dieser Nutzen nur indirekt mit der Eingabe von Informationen gekoppelt ist, ist es erforderlich, insbesondere die Eingabe mit entsprechenden Nutzenpotentialen zu koppeln. Das ist beispielsweise durch eine moderierte Projektdokumentation und Berichterstellung auf Basis der eingegeben projektbezogenen Informationen möglich. Weiterhin fördern Funktionalitäten zur Projektplanung und -steuerung die Akzeptanz beim Anwender.

3.2.3 ANFORDERUNGEN AUS DER BETRIEBLICHEN PRAXIS

Vor dem Hintergrund des betriebswirtschaftlichen Erfahrungsbereiches können weitere Forderungen an ein Informationssystem identifiziert werden.

Die Planung von Innovationsprojekten muß aufgrund des mit dem Projektfortschritt zunehmenden Erkenntnisgewinns laufend überprüft angepaßt werden. Häufige und kurzfristige Veränderungen der Planung sind zwischen den Projektmeilensteinen die Regel. Somit sind eine Initial- und eine Anpassungsplanung zu unterscheiden, die beide durch das System unterstützt werden müssen [HAUS93, S. 299f.].

Weiterhin ist bei der Konzeption des Informationssystems von einer weitgehenden Selbststeuerung des Projektteams auszugehen, da diese Form der Steuerung eine erhöhte Identifikation der Mitarbeiter mit dem Innovationsprojekt bewirkt und somit die Effektivität und Effizienz steigert [BULL96b, S. 67; SERV93, S. 201; HAUS93, S. 279ff.]. Das Team bzw. der Projektleiter führt vor dem Hintergrund der unternehmensspezifischen Zielsetzungen und Randbedingungen die Planung der erforderlichen Aktivitäten durch. Somit muß ein Informationssystem zum Innovationsmanagement geeignete Funktionalitäten zur Selbststeuerung des Projektteams bereitstellen.

Die Unternehmen weisen in Abhängigkeit ihrer Ausprägungen (Strategie, Organisation, Märkte, Mitarbeiter etc.) stark unterschiedliche Innovationsprozesse auf [TEBB90, S. 282ff.]. Eine Anpaßbarkeit und Flexibilität des Systems sind in bezug auf die unternehmensspezifischen Strukturen und deren Anwender erforderlich.

Der Informationsbedarf entlang des Innovationsprozesses kann anhand der geplanten Aktivitäten nur teilweise prospektiv ermittelt werden. Zusätzlicher Informationsbedarf entsteht spontan während der Projektbearbeitung. Aus diesem Grund muß es dem Projektteam ermöglicht werden, auch ungeplante Anfragen interaktiv an das

Informationssystem zu richten. Das Informationssystem muß nach einem Information-Push- und einem Information-Pull-Prinzip arbeiten. Information-Push ist die aktive Bereitstellung von Informationen durch das Informationssystems, der Informationsbedarf wird aufgrund der aktuellen Tätigkeit ermittelt. Information-Pull bedeutet dagegen der selbständige Abruf von Informationen durch den Anwender.

3.3 TECHNIKEN ZUR MODELLIERUNG DES INFORMATIONSSYSTEMS

Das Informationssystem wird aufbauend auf den Grundlagen der Systemtechnik in Form eines Modells abgebildet. Modelle weisen nach STACHOWIAK drei grundlegende Merkmale auf [STAC73, S. 131f.]:

1. Abbildungsmerkmal (Modelle sind stets Repräsentationen von Originalen)
2. Verkürzungsmerkmal (Modelle erfassen nur die relevanten Eigenschaften)
3. Pragmatisches Merkmal (Modelle erfüllen ihre Ersetzungsfunktion für bestimmte Subjekte unter Einschränkung auf gedankliche oder tatsächliche Operationen)

Das Modell des Informationssystems repräsentiert ein reales Informationssystem (ABBILDUNGSMERKMAL). Das wesentliche Ziel der Arbeit besteht in der Entwicklung eines Informationssystems, welches die realen Informationsflüsse unterstützt. Das Modell des Informationssystems stellt somit die Grundlage für die Entwicklung des Informationssystems dar (PRAGMATISCHES MERKMAL). Um die Komplexität bei der Erstellung des Modells beherrschen zu können, muß eine Beschränkung auf die wesentlichen Aspekte des Innovationsprozesses vorgenommen werden (VERKÜRZUNGSMERKMAL) [HANN96, S. 49].

Die gewählte Modellierungsmethode determiniert wesentlich die Gestaltung und Leistungsfähigkeit der informatorischen Unterstützung des Innovationsprozesses. Aufgrund der Vielfalt der bestehenden Modellierungsmethoden ist es erforderlich, vor dem Hintergrund der spezifischen Problemstellung eine geeignete Modellierungsmethode auszuwählen. Aufbauend auf den definierten Zielen und Anforderungen des Informationssystems wird im folgenden eine geeignete Modellierungsmethode ausgewählt.

3.3.1 GRUNDLAGEN DER MODELLIERUNG VON INFORMATIONSSYSTEMEN

Die Entwicklung und Gestaltung von interaktiven Softwaresystemen muß sich sowohl an den organisatorischen und funktionalen Anforderungen des zu unterstützenden Anwendungsbereiches als auch an den Fähigkeiten, Arbeitsweisen und Nutzungssituationen des Systembenutzers orientieren. Die Techniken zur Gestaltung von Informationssystemen werden in funktional-technische (Software-Engineering) und in Mensch-Rechner-Interaktion orientierte Ansätze unterschieden [ZIEG96, S. 22]. Informationssysteme besitzen komplexe und interdependente Strukturen. Um der

Forderung nach weitestgehender Konsistenz, Vollständigkeit und Transparenz des Informationssystems Rechnung zu tragen, müssen zur Konzeption des Systems geeignete Methoden und Hilfsmittel eingesetzt werden [SCHW95, S. 141; HACK96, S.41]. Die Auswahlkriterien können in ANWENDUNGSBEREICH, MODELLIERUNGSOBJEKT, MODELLIERUNGSOPERATOREN und BENUTZERFREUNDLICHKEIT klassifiziert werden [HANN96, S. 51; SPUR93, S. 28].

Der ANWENDUNGSBEREICH der Modellierungsmethode für das Informationssystem zum Innovationsmanagement muß insbesondere die Phasen Analyse und Design einschließen. Das Designergebnis sollte seinerseits eine geeignete Grundlage für die Implementierung des Informationssystems liefern. Bezüglich der verwendeten OBJEKTE müssen insbesondere Funktionen, Prozesse, Prozeßbeziehungen, Daten (statisch), Datenbeziehungen (statisch) und Informationsflüsse (dynamisch) modelliert werden können. Besonderer Schwerpunkt liegt bei einer kombiniert informations- und prozeßorientierten Modellierung sowie der Unterstützung von dynamischen/veränderlichen Prozessen. Darüber hinaus erfordert die Umsetzung des Modells die eindeutige, formale und strukturierte Darstellung. Hierzu sind OPERATOREN zur Klassifizierung, Generalisierung, Aggregation und Gruppierung erforderlich [HANN96, S. 51; SPUR93, S. 61f.; ERB96, S.76]. Weiterhin ist für die vorliegende Arbeit wichtig, daß ein Werkzeug zur Modellierung verfügbar ist und eine Anbindung zu Workflowmanagement-Systemen möglich ist.

3.3.2 MODELLIERUNGSMETHODEN ZUR GESTALTUNG VON INFORMATIONSSYSTEMEN

Seit Mitte der siebziger Jahre wurden zahlreiche Modellierungsmethoden entwickelt [ZIEG96, S. 22f.]. Aufgrund der Vielfalt an Methoden werden im folgenden die wichtigsten Grundtypen der Modellierungsmethoden vorgestellt[1], um sie anschließend in bezug auf die Anforderungserfüllung zu beurteilen.

Structured Analysis and Design Techniques (SADT)

Die SADT-Methode ist eine Weiterentwicklung der SA(Structured Analysis)-Methode. Sie unterstützt die System-Analyse (SA) und den System-Entwurf (DT). Die Methode basiert auf Datenflußdiagrammen und Data Dictionaries. Hiermit lassen sich Datenstrukturen und die Verarbeitung von Daten innerhalb von Prozessen darstellen. Über Tabellen können Entscheidungen abgebildet werden. Der einfache Aufbau von Hierarchien ermöglicht die Abbildung unterschiedlicher Detaillierungsebenen. Die IDEF-Methode baut wiederum auf der SADT-Methode auf, indem zusätzlich

---

[1] Auf eine Beschreibung von Methoden wie Programmablaufpläne, Struktogramme, HIPO, JSP, JSD, SA, SD muß an dieser Stelle verzichtet werden, da sie entweder von untergeordneter Bedeutung für diese Arbeit oder Bestandteil der im folgenden beschriebenen Methoden sind. Umfassende Untersuchungen und Vergleiche zu den Modellierungsmethoden können u.a. bei SPUR [SPUR 96], SCHWARZE [SCHW 95] und SÜSSENGUTH [SÜSS 94] nachgelesen werden.

Funktionsmodelle einbezogen werden, die die Darstellung ausgetauschter Informationen erlauben [HANN96, S. 141f.; ERB96, S. 78; SPUR93, S. 32f.]. Vorteil der Methode ist die Anwendungsunabhängigkeit und die einfache Modellierung. Nachteil ist die geringe Flexibilität bei nachträglichen Änderungen des Modells. SADT ist eine Methode zur Top-Down-Zerlegung. Die Bottom-Up-Synthese wird nicht unterstützt.

Petri-Netze

Petri-Netze werden für die Modellierung dynamischer Systeme mit statischer Grundstruktur eingesetzt. Ein Petri-Netz ist ein markierter, gerichteter Graph, der aus zwei verschieden Sorten von Knoten besteht: Stellen und Transitoren. Eine Stelle entspricht einer Zwischenablage für Daten, eine Transition beschreibt die Verarbeitung von Daten [DUDE93, S. 520]. Die Kanten zwischen den Knoten repräsentieren die ablauftechnischen Beziehungen zwischen den Prozessen. Die Dynamik von Petri-Netzen wird mittels Markierungen (sog. Token) abgebildet. Ein entscheidendes Merkmal ist die Fähigkeit, parallele Prozesse abzubilden [SCHE96, S.17-44]. Durch die Abbildung einer ablaufbezogenen, dynamischen Teilansicht der Realität ist eine statische Datenstrukturierung mit Hilfe der Petri-Netz-Methode nur schwer möglich [ERB96, S. 78; SPUR93, S. 38].

Entity-Relationship-Modell

Das Entity-Relationship-Modell ist ein Modell zur allgemeinen, programmunabhängigen Beschreibung von Datenmodellen. Es basiert auf der Annahme, daß das zu modellierende System aus genau abgrenzbaren individuellen Objekten (Entities) besteht, die untereinander in Beziehung stehen (Relation). Zusätzlich werden die Entities und Relationen durch Attribute spezifiziert. Somit können auch Funktionszusammenhänge dargestellt werden. Die Stärke dieser Methode liegt bei der Datenmodellierung von statischen Systemen [DUDE93, S.231; SPUR93; S. 37f.]. Eine Modellierung von Funktionen und Prozessen wird jedoch nicht unterstützt.

Objektorientierte Modellierungsmethoden

Der Begriff der Objektorientierung läßt sich anhand von drei Eigenschaften definieren, die aufeinander aufbauen [ZIEG96, S. 34f.].

- Objektbasierte Konzepte verwenden das Prinzip der Kapselung, d.h. auf die Attribute eines Projektes kann nur mittels der definierten Methoden und Operationen zugegriffen werden.
- Klassenbasierte Konzepte sind objektorientiert und verwenden zusätzlich den Mechanismus der Klassenbildung durch Mengenabstraktion.
- Objektorientierte Konzepte sind klassenbasiert und verwenden zusätzlich das Prinzip der Vererbung, d.h. Attribute und Operationen können an abgeleitete Klassen weitergegeben werden.

Im Unterschied zu anderen Ansätzen der Systemanalyse wird die Trennung in die Analyse der Daten einerseits und der Funktionen andererseits aufgegeben. Statt dessen wird das sowohl aus Attributen als auch aus Operationen bestehende Objekt in den Mittelpunkt der Analyse gestellt [ZIEG96, S. 34f.].

Die wesentlichen Methodenkomponenten der objektorientierten Modellierungsmethoden werden im folgenden kurz dargestellt [ZIEG96, S. 132]:

- Das OBJEKTMODELL beschreibt Klassen von Objekten aus dem Anwendungsbereich und deren semantischen Relationen. Die Klassen und Relationen können mit Attributen und Operationen beschrieben werden.
- Im DYNAMISCHEN MODELL werden das zeitliche Verhalten des Systems und die damit verbundenen Ereignisse in Zustandsübergangsdiagrammen abgebildet.
- Das FUNKTIONALE MODELL wird in Form von Datenflußdiagrammen dargestellt und beschreibt die Eingangs- und Ausgangswerte von Berechnungen.

Für die Entwicklung flexibler und erweiterungsfähiger Informationssysteme bietet die Objektorientierung die besten Voraussetzungen. Aufgrund dieser Vorteile setzen sich vermehrt objektorientierte Analyse- und Designmethodiken für die Modellierung von Organisationsstrukturen und Geschäftsprozessen durch [WAGN95, S. 63].

Nachteile dieser Methode sind der hohe Einarbeitungsaufwand und die geringere Übersichtlichkeit des Modells. Weiterhin ist die Vorgehensweise zur Erstellung der objektorientierten Modelle nicht eindeutig definiert, somit ermöglichen die Werkzeuge die Wahl unterschiedlicher Lösungswege. Die richtige Wahl hängt von dem Geschick und der Erfahrung des Anwenders ab [HANN96, S. 54].

CIM-OSA

Ziel von CIM-OSA ist die Entwicklung eines umfassenden Rahmens für den Aufbau und die Gestaltung einer integrierten Architektur für CIM-Systeme. Über eine Integrated Infrastructure soll die Steuerung der modellierten Geschäftsprozesse unter Einbeziehung der steuernden Informationssysteme des Unternehmens modellbasiert erfolgen. Hierzu werden bei der Modellierung vier verschiedenen Sichtweisen (Views) verwendet: Funktionen, Informationen, Ressourcen und Organisation (Bild 17). Durch die Verwendung von Referenzmodellen soll die Modellierung vereinfacht und die Standardisierung unterstützt werden [KLIT94, S.17ff.].

CIM-OSA ermöglicht neben der Modellierung von Unternehmensprozessen und Informationssystemen zusätzlich die Verwaltung laufender dynamischer Änderungen der Modelle sowie die Steuerung modellorientiert konzipierter und integrierter CIM-Systeme.

Prinzipiell ist CIM-OSA für die Modellierung der vorliegenden Problemstellung geeignet. Nachteilig ist jedoch, daß noch keine professionelles Werkzeug zur Modellierung in CIM-OSA existiert und Richtlinien zur Prozeßmodellierung fehlen. Eine zu CIM-OSA verwandte Modellierung wird durch ARIS (Architektur Integrierter Informationssysteme) unterstützt [ERB96, S. 82].

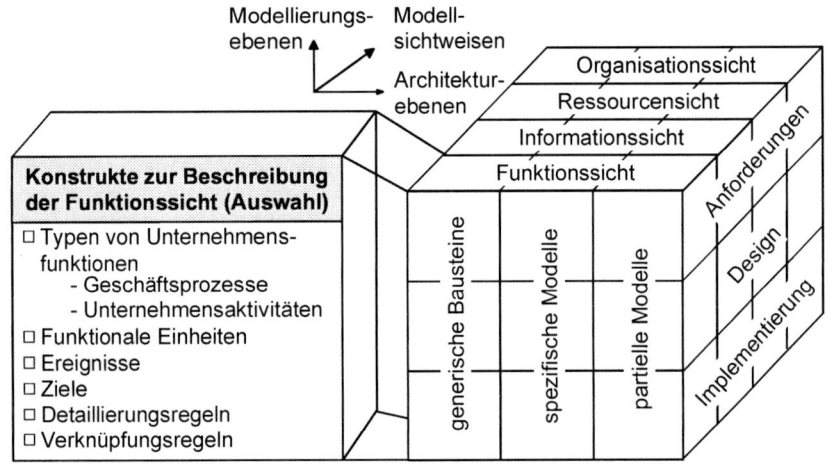

Bild 17 CIM-OSA Rahmenwerk der Unternehmensmodellierung [SPUR93, S. 44]

Integrierte Unternehmensmodellierung (IUM)

Für die einmalige und nachfolgend kontinuierliche Reorganisation von Produktionsunternehmen wurde das Konzept der integrierten Unternehmensmodellierung IUM entwickelt. Der Ansatz von CIM-OSA, unterschiedliche Sichten zur Komplexitätsreduktion zu modellieren, findet sich auch bei der IUM wieder. Das Unternehmensmodell besteht aus einem Funktionenmodell und einem Informationsmodell. Die Verknüpfung der beiden Sichtweisen wird durch einen objektorientierten Ansatz realisiert. Hierzu werden generische Objekte definiert, die mit einem generischen Aktivitätsmodell zur Ablaufbeschreibung in Beziehung gesetzt werden (Bild 18) [SPUR93, S.68].

Der Umfang und die Mächtigkeit der IUM zielt auf den Einsatz als System zur CIM-Planung und Einführung ab [ERB96, S. 85]. Wesentlicher Nachteil dieser Methode ist, daß derzeit keine DV-Unterstützung der Methode am Markt existiert.

Grobkonzeption des Informationssystems zum Innovationsmanagement 45

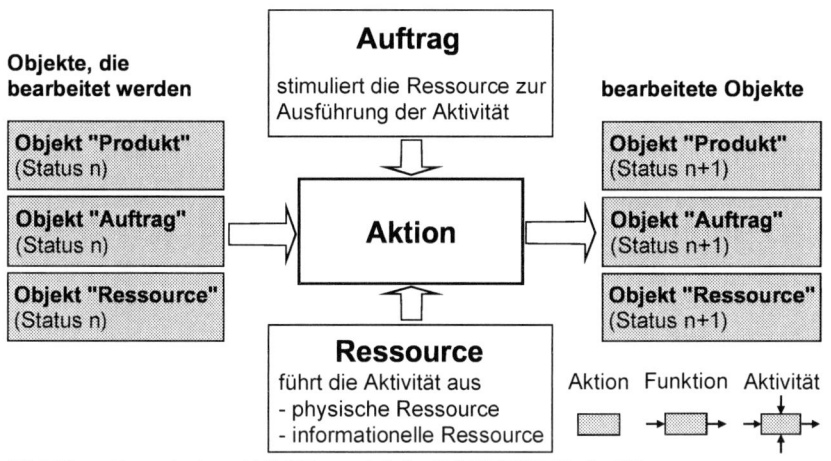

Bild 18   Generisches Aktivitätsmodell der IUM [SPUR93, S. 68]

ARIS

Die Architektur integrierter Informationssysteme (ARIS) ist eine DV-gestützte Modellierungsmethode, mit der komplexe Aufbau- und Ablaufsysteme wie ein Unternehmen mitsamt seiner Teilsysteme abgebildet werden können. Es wurde mit dem Ziel entwickelt, eine ganzheitliche Vorgehensweise zur Entwicklung, Optimierung und Realisierung von DV-gestützten Informationssystemen zu unterstützen.

Zur Reduktion der Komplexität basiert ARIS auf den von CIM-OSA definierten Sichtweisen, ohne jeweils die Zusammenhänge zu den anderen Sichten zu verlieren. Bei der Modellierung werden die drei originären Sichten Funktionen, Daten und Organisation unterschieden. Zusätzlich werden die Beziehungen der in den originären Sichten modellierten Elemente in der Steuerungssicht abgebildet, da aufgrund der Zerlegung des Geschäftsprozesses der Gesamtzusammenhang verloren gehen würde [SCHE96, S. 17-9f.]. In jeder Sicht werden die geeigneten Modellierungsmethoden unterstützt. Beispielsweise werden innerhalb der Daten-Sicht die Erstellung von Entity-Relationship-Modellen und in der Funktionssicht die Erstellung von Netzplänen unterstützt (Bild 19). Als ARIS-spezifische Modellierungsmethode für die Steuerungsebene hat sich die ERWEITERTE EREIGNISGESTEUERTE PROZEßKETTE (eEPK) durchgesetzt (Anhang 8-1).

Eine Zerlegung des ARIS-Modells in die unterschiedlichen Sichten setzt voraus, daß die Beziehungen innerhalb der Sichten stark ausgeprägt sind und die Beziehungen zwischen den Sichten einfach und lose gekoppelt sind [SCHE94, S. 12]. Die Datensicht repräsentiert die Zustandsdaten und die Ereignisse innerhalb von Geschäftsprozessen. Die Funktionssicht beschreibt die auszuführenden Funktionen und deren Beziehungen untereinander. Die Organisationssicht führt die Struktur und die Beziehungen von Bearbeitern und Organisationseinheiten zusammen. Die

46 Grobkonzeption des Informationssystems zum Innovationsmanagement

Bestandteile der Informationstechnik werden u.a. in der Steuerungssicht beschrieben [REIT97, S. 5ff.].

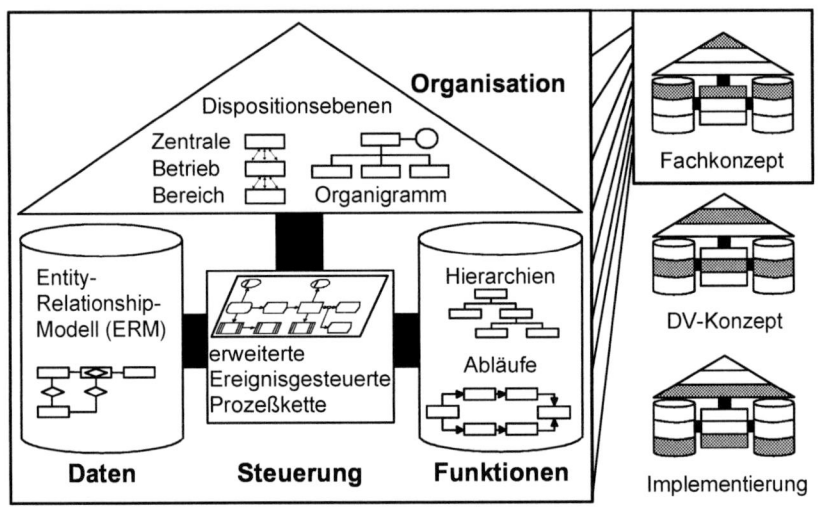

Bild 19   Das ARIS Konzept [SCHE94]

Um den Lebenszyklus eines Modells von der Analyse der betriebswirtschaftlichen Problemstellung bis zur Implementierung des Informationssystems geeignet unterstützen zu können, unterscheidet ARIS zusätzlich drei Beschreibungsebenen:

– Fachkonzept
– DV-Konzept und
– Implementierung

Die Änderungsfrequenz nimmt von der Implementierungsebene zur Fachkonzeptebene tendenziell zu. Aus diesem Grund kommt der Fachkonzeptebene die höchste Bedeutung zu, da sie die grundsätzlichen betriebswirtschaftlichen Konzepte beinhaltet. Auf Ebene des Fachkonzeptes wird das Systemkonzept vor dem Hintergrund der technisch-organisatorischen Problemstellung abgebildet [SCHE96, S. 17-11].

3.3.3 AUSWAHL DER MODELLIERUNGSMETHODE

Ein umfassender Vergleich der Modellierungsmethoden wird im Anhang 8-2 aufgeführt. Diese Gegenüberstellung verdeutlicht, daß keine Methode alle in Kap. 3.3.1 Auswahlkriterien für das ISIM erfüllt. Vor diesem Hintergrund wird eine Methode gewählt, die eine weitgehende Erfüllung der Kriterien ermöglicht. Gleichzeitig muß die Methode offen genug sein, um die zusätzlich geforderten Aspekte erweitern zu können. Außerdem ist die Verfügbarkeit eines mächtigen Modellierungswerkzeuges ein weiteres wichtiges Entscheidungskriterium. Für die Modellierung des Informationssystems wird ARIS ausgewählt, da es die beschriebene Kriterien und Randbedingungen erfüllt. Aufgrund der Verwandtschaft zwischen der ARIS-Modellierung und der Objektorientierung ist es möglich, die Modellierung des integrierten Informations- und Prozeßmodells an diese objektorientierte Modellierung anzulehnen. Hierzu werden die Elemente der Klassenbildung, der Aggregation und der Generalisierung verwendet [SCHE94, S. 55; RAAS93, S. 426].

3.4 ANALYSE UND AUSWAHL GEEIGNETER INFORMATIONS- UND KOMMUNIKATIONSTECHNOLOGIEN

Bei der Gestaltung eines Informationssystems zur Unterstützung des Innovationsprozesses spielt die Gestaltung der Informations- und Kommunikationsprozesse eine zentrale Rolle. Durch den Einsatz neuer IuK-Technologien können weitere Potentiale im Bereich des Innovationsmanagement erschlossen werden [AWK99a, S. 77; BULL98, S. 22; SCHW94, S. 20; BOUT96, S. 291; HASL96, S. 163].

Aufgrund der Anforderungen an die unternehmensweite und unternehmensübergreifende Kommunikation sowie an die Projektarbeit im Team werden im folgenden insbesondere die GROUPWARETECHNOLOGIEN hinsichtlich ihrer Eignung analysiert. Große Teile der innovationsbezogenen Kommunikation beziehen sich nicht nur auf den Austausch einfacher Informationen, sondern auf den Transfer von oftmals komplexem Erfahrungswissen, spontanen Gedankenskizzen und zahlreichen Verweisen auf andere Wissenquellen. Dieses unstrukturierte Wissen ist nicht in einer konventionellen Datenbank abbildbar. Groupware, als ein dokumentenorientiertes System, sammelt alle Wissenselemente und macht sie dem Anwenderkreis zugänglich [HASL96, S. 163]. Die einzelnen Groupwaretechnologien werden hinsichtlich der Häufigkeit und des Strukturierungsgrades der unterstützten Prozesse bzw. Aktivitäten unterschieden. Es ist hierbei anzumerken, daß eine zunehmende Integration der Einzelsysteme zu verzeichnen ist. Somit ist Bild 20 nur als prinzipielle Einordnung der Groupwarefunktionen zu interpretieren [DIN50, S. 8; WAGN95S. 73ff.; BOUT99, S. 192].

WORKFLOWMANAGEMENTSYSTEME (WFM) sind flexibel gestaltbare, nach einem organisatorischen Regelwerk arbeitende, aktiv einwirkende Softwareprogramme, die einen über mehrere Arbeitsplätze gehenden Vorgang steuern und bestehende technische Basiskomponenten einbinden [ROLL98, S. 111]. Der Einsatzbereich von WFM-Systemen liegt aufgrund der aufwendigen Prozeßdefinition derzeit bei stark strukturierten häufiger ablaufenden Prozessen [EVER94b, S. 79]. Durch neuere Ansätze wie Ad-Hoc-Planungen werden neue Einsatzfelder für teilstrukturierte Prozesse ermöglicht [KAMP99, S. 25; ROLL98, S. 122]. Bezogen auf die Unterstützung des Innovationsprozesses ist festzustellen, daß sich repetitive Teilfunktionen und -prozesse wie das Vorschlagswesen, die Projektdokumentation oder die

Grobkonzeption des Informationssystems zum Innovationsmanagement

Durchführung von Standardmethoden durch entsprechende Systeme unterstützen lassen.

	Zyklisch	Azyklisch	Einmalig
Strukturiert	Workflowmanagementsysteme		Projektmanagementsysteme
Teilstrukturiert		Innovationsprozesse	
Unstrukturiert	Bürokommunikation		Groupwaresysteme

Bild 20 *Groupwarefunktionen und deren Einsatzbereiche [DIN50, S. 8]*

Die Funktionen des INFORMATION SHARING umfassen die Verteilung von Informationen von einem oder mehreren zentralen Punkten aus, die Aggregierung von verteilt vorliegenden Detailinformationen oder auch die ungerichtete Sammlung und Weitergabe zweckgebundener Informationen. Die Basis für die gemeinsame Nutzung der Informationen ist eine einheitliche Struktur. Diese kann von einer einfachen Kategorisierung von Dokumenten bis hin zu gemeinsamen Datenmodellen reichen [WAGN95, S. 86]. Die Funktionen des Information Sharing spielen für die Unterstützung des Innovationsprozesses eine zentrale Rolle.

Das Spektrum der KONFERENZSYSTEME reicht von einfachen Mail-Systemen über themenorientierte asynchrone sowie synchrone Diskussionssysteme (Newsgroups, Video-/Teleconferencing) mit softwaretechnischer Stimmabgabe und -auswertung bis hin zu speziellen Group Decision Support Systemen [WAGN95, S. 86; ADAM95, S. 490]. Aufgrund der erforderlichen hohen Kommunikationsintensität entlang des Innovationsprozesses bieten Konferenzsysteme eine geeignete Unterstützung insbesondere bei einer verteilten Projektbearbeitung [BOUT99, S. 196f.].

DOKUMENTENMANAGEMENTSYSTEME sind Lösungen zum gemeinsamen Editieren von Dokumenten und ermöglichen durch ein Konflikt- und Versionsmanagement die Bearbeitung von Dokumenten im Team. Sie ermöglichen die Vereinheitlichung von Ablagesystematiken und eine zentrale Verwaltung der unternehmensweiten Dokumentenbestände. Aufgrund der Ähnlichkeit sind diese Funktionalitäten meist auch Bestandteil von Groupware-Systemen.

Das SCREEN SHARING bzw. SHARED WHITEBOARD ist die Projektion eines Bildschirminhaltes auf alle Partner, so daß eine gemeinsame Diskussion oder Bearbeitung von Aufgaben ermöglicht wird [WAGN95, S. 90f.]. Da in den frühen Phasen des Innovationsprozesses in der Regel noch keine Produkt- oder Prozeßmodelle vorliegen, eignet sich beispielsweise für die Diskussion von Prinzipskizzen eher der Einsatz des Shared Whiteboard. In den späteren Phasen des Innovationsprozesses kommen die stärker strukturierten Kommunikationsmittel zum Tragen.

Das ZEIT- UND AUFGABENMANAGEMENT ist eine weitere zentrale Groupwarefunktion. Die Vorgaben aus dem Projektmanagement werden mittels dieser Systeme umgesetzt, die Aufgaben werden terminiert und im Team verteilt [WAGN95, S. 90f.]. Diese Systeme unterstützen die Koordination des Projektteams. Somit werden innerhalb dieser Systeme im wesentlichen Steuerinformationen ausgetauscht, die für den Aufbau einer Erfahrungsdatenbank zum Innovationsmanagement jedoch von untergeordneter Rolle sind.

Neben den diskutierten Groupwaretechnologien sind für die Konzeption des Informationssystems insbesondere Technologien zur Informationsgewinnung und -speicherung von besonderem Interesse. An erster Stelle ist hier das INTERNET[1] zu nennen. Mittels dieser Technologien können Unternehmen und Privatpersonen weltweit miteinander kommunizieren und Dateien, Grafiken, Bilder, Audio- und Videosequenzen austauschen bzw. bereitstellen [ORTH98, S. 67]. Darüber hinaus ermöglicht die Programmiersprache JAVA die Entwicklung von Datenbankanwendungen im Netz. In Abhängigkeit von den jeweiligen Benutzergruppen werden das Internet (globaler Netzzugang), das Intranet (unternehmensweiter Netzzugang) und das Extranet (unternehmensübergreifender Netzzugang) unterschieden [HÜNG98, S. 426; HALL97b, S. 11]. Schätzungen besagen, daß derzeit ca. 150 Millionen Internet-Seiten auf 600.000 Servern bereitgestellt werden. Um aus dieser Informationsbasis geeignete Informationen zu identifizieren, werden SUCHMASCHINEN und AGENTEN eingesetzt [ROTH98, S. 61]. Zusätzlich bieten Dienste wie Newsgroups und Newsletters Diskussionen und Informationen zu vordefinierten Schwerpunkten an. Datenbanken und Kataloge im Internet ermöglichen die strukturierte Suche zu diversen Themenbereichen [ORTH98, S.70ff.]. Aufgrund der weltweiten Akzeptanz bietet das Internet eine breite Basis von Informationen, die für den Innovationsprozeß von Bedeutung sein können. Neben der Nutzung als Datenquelle ist es insbesondere im Intranet möglich, Informationen zu Innovationsaktivitäten einem definierten Mitarbeiterkreis zur Verfügung zu stellen.

Neben den Internetlösungen bieten DATA WAREHOUSE Konzepte eine Unterstützung bei der Informationsgewinnung und -speicherung. Mittels dieser Systeme werden entscheidungsrelevante Daten geordnet zusammengeführt, um dann durch Auswertungen (Data Mining) Informationen zu generieren. Die Datensammlung ist themenorientiert und zeitlich veränderlich [BALD98, S. 14]. Dieses Konzept eignet sich insbesondere für Unternehmen, die mit strukturiertem Wissen umgehen und dieses Wissen den Mitarbeitern zur Verfügung stellen wollen [HASL96, S. 162]. Aktuelle Forschungen zum „Document Information Mining" konzentrieren sich auf die Verarbeitung von dokumentenbasiertem und weniger strukturiertem Wissen

---

[1] Die Begriffe World Wide Web und Internet werden häufig synonym verwendet. Genau genommen ist das WORLD WIDE WEB (WWW) eine globale Client-Server Architektur mit Hypertextstruktur, die auf dem Internet als Netzwerkinfrastruktur basiert [KURB98, S. 70].

[BULL97, S. 19f.]. Da diese Entwicklungen noch nicht ausreichend fortgeschritten sind, eignet sich das Data Warehousing nicht für eine Unterstützung des Innovationsprozesses. Für die Darstellung des Projektkontextes sind lediglich generelle Informationen aus solchen Konzepten zu Markt- und Unternehmensentwicklungen von Interesse.

Legende:
- ● geeignet
- ◕ überwiegend geeignet
- ◐ teilweise geeignet
- ◔ gering geeignet

	Innovationsmanagementaufgabe	WFM	Information-Sharing	Konferenzsystem	Zeit- und Aufgabenmanagement	Internet, Intranet	Data Warehouse	Dokumentenmanagement	Datenbankanwendungen
Projektcontrolling	Zieldefinition		◔	●	◕		◔		◕
	Projektplanung	◕	◐	◔	●	◐	◔		●
	Projektdurchführung	●	◕	◔	●	◔	◔	●	◔
	Projektsteuerung	●	◐	◐	●	◐		◔	◔
	Projektkontrolle	◕	◐		◕		◔	◔	◕
Informations- und Wissensmanagement	Definition von Wissensfeldern		◔	●		●	◐	●	◐
	Informationsbedarfsermittlung		●	◐	◐	●	◐	●	◐
	Informationsgewinnung		◔	●	◔	◔	●	◕	●	◐
	Informationssicherung		◔	◔			◕	◔	●	●
	Informationsaufbereitung			◔			◔	◔	◕	◕
	Informationsübermittlung		●	●	●	◔	●		◔	◔
	Informationsverarbeitung			◕			●			◕
	Dokumentation, Berichterstellung		●	◔	◔	●	●	◔	●	●
Innovationsprozeß	Ideengenerierung – Definition von Suchfeldern		◔	●		◔	◐	◐	
	– Ideensammlung		●	●	●		◔		◐	●
	– Ideengenerierung		◐	◐	●		◔			◔
	Ideenbewertung		◔		◔					●
	Ideenauswahl				◔					◔
	Ideenrealisierung		●	●	●	●	●	◐	●	●

Bild 21   Bewertung der IuK-Technologien und deren Eignung für das Innovationsmanagement

Ein detaillierter Vergleich der potentiell geeigneten IuK-Technologien ist in Bild 21 dargestellt [vgl. BOUT99, S. 192]. Dieser Vergleich verdeutlicht, daß eine Technologie alleine nicht sämtliche gestellten Anforderungen zur Unterstützung des Innovationsprozesses erfüllen kann. Somit ist es das Ziel, ein „hybrides" Informationssystem aufzubauen, welches die geeigneten IuK-Technologien jeweils optimal nutzt und an den Technologiegrenzen mittels definierter Schnittstellen geeignet verbindet.

3.5 KONZEPTION DES INFORMATIONSSYSTEMS ZUM INNOVATIONSMANAGEMENT

Für die Konzeption des Informationssystems zum Innovationsmanagement (ISIM) wird der Ansatz der Modularisierung gewählt. Hierbei werden hoch komplexe Strukturen in mehrere Teilstrukturen (Module) mit geringerer Komplexität einschließlich definierter Schnittstellen transformiert. Die Modularisierung bietet neben der Komplexitätsreduktion den Vorteil, daß die Teilmodule sowohl partiell angewendet als auch leicht erweitert werden können [SCHW95, S. 148f.].

Es gilt, eine umfassende informatorische Unterstützung des Innovationsprozesses zu realisieren, ohne die erforderliche Flexibilität und Dynamik zu beschränken. Um dieses umsetzen zu können, wurden bei der Anforderungsdefinition vier wesentliche Aufgabenbereiche bzw. Module identifiziert, die durch ein Informationssystem unterstützt werden müssen (Kap. 3.2). Es handelt sich dabei um das PROJEKTPLANUNGSMODUL (PPM), das PROJEKTUNTERSTÜTZUNGS- UND -CONTROLLINGMODUL (PCM), das INFORMATIONS- UND WISSENSMANAGEMENTMODUL (IWM) sowie das KOMMUNIKATIONSMODUL (KM). Nur durch die ganzheitliche Unterstützung dieser Aufgaben ist es möglich, eine situationsabhängige Informationsbereitstellung zu realisieren und sukzessive eine umfassende Erfahrungsdatenbank aufzubauen. Diese Module werden jeweils durch die optimal geeigneten IuK-Technologien unterstützt. Die Kopplung der Einzelmodule wird über ein INTEGRIERTES INFORMATIONS- UND PROZEßMODELL realisiert (Bild 22).

Das PROJEKTPLANUNGSMODUL unterstützt den Planer zum einen bei der INITIALPLANUNG und zum anderen bei der ADAPTIVEN PLANUNG. Für eine angemessene Detaillierung der Planung wird u.a. das Gates&Stages-Prinzip zugrunde gelegt [AWK99b, S. 122; BOUT97a, S. 72]. Bei der INITIALPLANUNG werden vor dem Hintergrund der strategischen Zielsetzung, der Projektzielsetzung sowie der unternehmensspezifischen Randbedingungen die erforderlichen PROZEßOBJEKTE[1]

---

[1] Unter Prozeßobjekt wird im Rahmen dieser Arbeit ein abgeschlossenes Element des Innovationsprozesses mit definierten informatorischen Schnittstellen verstanden (z.B. Ideenbewertung, Problemdefinition, Methoden, Kreativitätstechniken, Informationsakquisition, Marktanalyse, Machbarkeitsstudie, Grobkonzeption, Prototyping, Entscheidungen). Hierbei liegt die Annahme zugrunde, daß der Innovationsprozeß in eigenständige Aktivitäten und Elemente fragmentiert werden kann.

interaktiv ausgewählt. Hierzu bilden die UNTERNEHMENSTYPOLOGIE und die PROJEKTTYPOLOGIE die Grundlage für die Vorselektion der Prozeßobjekte. Da keine allgemeingültige Struktur für Innovationsprojekte existiert, werden die wesentlichen EINFLUẞPARAMETER auf die Gestalt von Innovationsprojekten identifiziert und in einer entsprechenden Typologie abgebildet.

Projektplanungsmodul (PPM)
- Definition der strategischen Planungsgrundlagen
- Strategische Innovationsplanung
- Ideenauswahl
- Informatorische Projektplanung
- Planänderungen

Informations- und Wissensmanagementmodul (IWM)
- Projektneutrale Informationsverwaltung
- Projektspezifische Informationsverwaltung

Kommunikationsmodul (KM)
- Kommunikationsplattform
- Ideenakquisition
- Dokumentations- und Berichtssystem

Projektunterstützungs- und Controllingmodul (PCM)
- Projektsteuerung
- Projektdatenerfassung
- Informationsbereitstellung
- Informationserfassung
- Unterstützungsfunktion
- Controlling

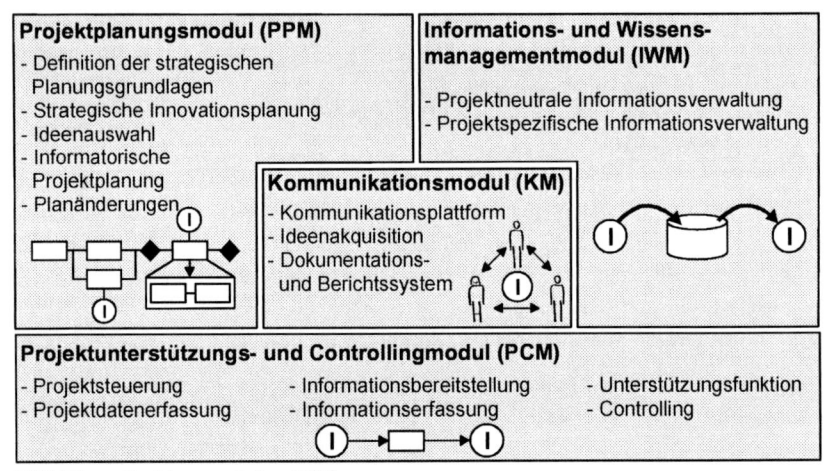

Bild 22   Grobkonzept des ISIM

Die Auswahl der PROZEẞOBJEKTE wird anschließend auf Basis des PROJEKTSPEZIFISCHEN INFORMATIONSSTANDES durchgeführt. Anhand eines REFERENZINFORMATIONSMODELLS und den MEILENSTEINBEZOGENEN INFORMATIONSSTÄNDEN (Gates) wird der jeweilige Projektstand ermittelt. Durch den Vergleich des projektspezifischen Informationsstandes mit den gatebezogenen Informationsständen wird für die einzelnen Phasen (Stages) der spezifische INFORMATIONSBEDARF ermittelt. Dieser Informationsbedarf bildet die Basis für die Prozeßobjektvorauswahl. Der Planer wählt auf Basis dieser Vorauswahl und seiner Erfahrung die geeigneten Prozeßobjekte aus. Innerhalb der Stages wird das Innovationsprojekt angemessen detailliert. Durch eine INFORMATORISCHE KONSISTENZPRÜFUNG auf Basis des Informationsflusses und der Informationsquellen und -senken wird ermittelt, ob alle für den meilensteinbezogenen Informationsstand erforderlichen Prozeßobjekte in richtiger Reihenfolge eingeplant wurden oder ob zusätzliche bzw. alternative Objekte eingeplant werden müssen.

Neben dieser INITIALPLANUNG ist es erforderlich, in Form einer ADAPTIVEN PLANUNG die Planung des Innovationsprojektes ständig den Erkenntnissen des Projektverlaufes anzupassen und gegebenenfalls zu detaillieren. Auslöser für eine Anpassung der Planung können zum einen Erkenntnisse sein, die eine Detaillierung der sich anschließenden Prozeßobjekte ermöglichen. Zum anderen muß eine Neuplanung vorgenommen werden, falls bspw. ein gewählter Ansatz verworfen wird. Weiterhin

Grobkonzeption des Informationssystems zum Innovationsmanagement

sollte es dem Projektteam jederzeit möglich sein, die Projektplanung flexibel anzupassen. Durch die sukzessive Detaillierung der Planung mit Hilfe der rekursiven Aktionsraummodellierung wird der Aufwand für die Initialplanung gering gehalten und es wird ein reales Bild der Projektbearbeitung festgehalten, das für ggf. erforderliche Rücksprünge in der Planung hilfreich ist [SCHU94, S. 51ff.]. Durch diese Form der Projektmodellierung wird es möglich, eine Erfahrungsdatenbank in Form eines PROJEKTLOGBUCHES aufzubauen, auf die bei neuen Planungen zurückgegriffen werden kann.

Innerhalb des PROJEKTUNTERSTÜTZUNGS- UND -CONTROLLINGMODULS wird die Projektbearbeitung durch die gezielte INFORMATIONSUNTERSTÜTZUNG und PROJEKTSTEUERUNG über die Workflowmanagement-Funktionalitäten unterstützt. Während im Rahmen des IWM das Information-Pull-Prinzip verfolgt wird, wird hier überwiegend das Prinzip des Information-Push verfolgt. Insbesondere werden die für die Durchführung des Prozeßobjektes erforderlichen Informationen in einer prozeßobjektspezifisch definierten Form aufbereitet und dem Projektteam bereitgestellt. Die Dokumentation der Ergebnisse nach Abschluß eines Prozeßobjektes erfolgt wiederum in Form prozeßobjektspezifischer Protokolle. Durch eine direkte Kopplung mit den entsprechenden Datenbankfeldern wird eine komfortable Informationsakquisition ermöglicht. Für umfangreiche und komplexe Informationen können auch komplette Dokumente verwaltet werden. Neben der prozeßobjektspezifischen Dokumentation wird der Mitarbeiter bei der Erstellung von Standardberichten unterstützt. Im Rahmen des PROJEKTCONTROLLING wird die Zielerreichung der Prozeßobjekte und der Meilensteine auf Basis des Informationsstandes und der Terminierung fortlaufend überprüft. Ergänzend hierzu ist es dem Projektteam jederzeit möglich, eine Aktualisierung der Planung aufgrund von identifizierten Fehlentwicklungen oder nicht realisierbaren Prozeßobjekten zu initiieren. Weiterhin werden in diesem Bereich benötigte Standardfunktionalitäten wie die Bewertung unterschiedlicher Konzepte bereitgestellt. Aufgrund der offenen und modularen Gestaltung kann das ISIM beliebig um Hilfsmittel erweitert werden, welche auf das Informationsmodell zugreifen.

Das INFORMATIONS- UND WISSENSMANAGEMENTMODUL stellt den Kern des ISIM dar. Das Modul bietet dem Mitarbeiter umfangreiche Recherchemöglichkeiten auf der Basis des Information-Pull-Prinzips. Die Grundlage für die effektive Informations- und Wissensbereitstellung ist das umfassende DATEN- bzw. INFORMATIONSMODELL[1] kombiniert mit mächtigen Suchfunktionen. Das Informationsmodell enthält für eine effektive Informationsverwaltung GENERISCHE INFORMATIONSKLASSEN. Ergänzend zu jeder Information können METAINFORMATIONEN verwaltet werden, die den Kontext der Informationsermittlung beschreiben. Durch diese Metainformationen wird eine

---

[1] Informationsmodell bedeutet in diesem Rahmen, daß umfangreiche Objekte und Dateien mit ihrem Verwendungskontext analog zum Groupware-Ansatz in einer Datenbank verwaltet werden. Dieses geht über die Definition des Datenmodells [vgl. SCHW95, S. 157] hinaus.

systematische Wiederverwendung von Informationen unterstützt. Anwender können sich so ein Bild über den Vertrauensbereich der Informationen verschaffen.

Um die erforderlichen Informationen bereitstellen zu können, muß eine der Innovationsstrategie angepaßte umfangreiche Akquisition von Informationen und Wissen stattfinden. Die Informationsbeschaffung kann aus zwei Richtungen initiiert werden. Zum einen werden vor dem Hintergrund der strategischen Vorgaben langfristige Wissens- und Suchfelder definiert, für die laufend spezifische Informationen gesammelt und dokumentiert werden. Zum anderen entsteht aus den Innovationsprojekten mittel- bis kurzfristiger Informationsbedarf. Die Informationsbeschaffung erfolgt fallweise über entsprechende Informationsbroker oder durch das Projektteam selbst. In Kombination mit der Unterstützung des Innovationsprojektes durch die Prozeßobjekte wird sichergestellt, daß alle relevanten Informationen während der Projektbearbeitung erfaßt und dokumentiert werden. Über den Zusatznutzen, den der Anwender durch das Informationssystem erfährt, ist es möglich, von ihm zusätzliche Informationen zu akquirieren, die ansonsten nicht erfaßt würden (z.B. verworfene Ideen inkl. Begründung). Somit wird sichergestellt, daß wesentliche Informationen für die nachgelagerten Projektschritte und die involvierten Unternehmensbereiche erfaßt werden.

Neben dieser strukturierten Informationsverarbeitung findet sowohl im Projektteam als auch übergreifend ein informeller Informations- und Wissensaustausch statt, der für Innovationsprojekte von großer Bedeutung ist. Diese informelle Kommunikation, die vermehrt über neue IuK-Technologien stattfindet, ist insbesondere bei diversifizierten Unternehmen häufig effektiver als die Kommunikation entlang der Organisationsstruktur, da Informationsbarrieren umgangen werden [EVAN98, S. 55; WAGN95, S. 175]. Um auch diese Informationsflüsse bei Bedarf zu erfassen wird mit dem KOMMUNIKATIONSMODUL eine geeignete Plattform bereitgestellt bzw. eingebunden, die es ermöglicht, relevante Dokumente, Emails, Konferenzen, Internet-Seiten oder Diskussionen dem Informationsmodell flexibel zuzuordnen. Zur Förderung der Kommunikation ist die Implementierung von Diskussionsplattformen im Intranet in Form von Newsgroups zu innovationsrelevanten Themen vorgesehen. Über ein elektronisches Ideendatenblatt ist es allen Mitarbeitern möglich, jederzeit entsprechende Ideen einzureichen.

Die Kopplung der zuvor beschriebenen Module des ISIM zu einem integrierten Informationssystem erfordert eine Verknüpfung von Prozeßschritten und Informationen. Dieses wird über das integrierte INFORMATIONS- UND PROZEßMODELL realisiert. Es basiert auf PROZEßOBJEKTEN und einem korrespondierenden INFORMATIONSMODELL. Die Kombination beider Modelle stellt die Synchronisation von Informations- und Prozeßfluß sicher (Bild 23). Den Prozeßobjekten werden die erforderlichen bzw. gewünschten Input/Output-Informationen im Zusammenhang mit der entsprechen-

Grobkonzeption des Informationssystems zum Innovationsmanagement

den Dokumentationsform zugeordnet. Zusätzlich können Vorgaben bezüglich der METAINFORMATIONEN[1] definiert werden, da die Prozeßobjekte Informationen in einer definierten Qualität benötigen bzw. erzeugen. Alle Input-/Outputinformationen besitzen einen definierten Bezug zum Informationsmodell. Zusätzlich zu den Informationsbezügen unterstützen ATTRIBUTE die Auswahl und Planung der Prozeßobjekte. Insbesondere werden Bezüge zu der Projekt- und Unternehmenstypologie abgebildet. Aufgrund der Vielfalt von möglichen Prozeßobjekten ist innerhalb der Projektplanung eine Modellierung neuer Objekte vorgesehen.

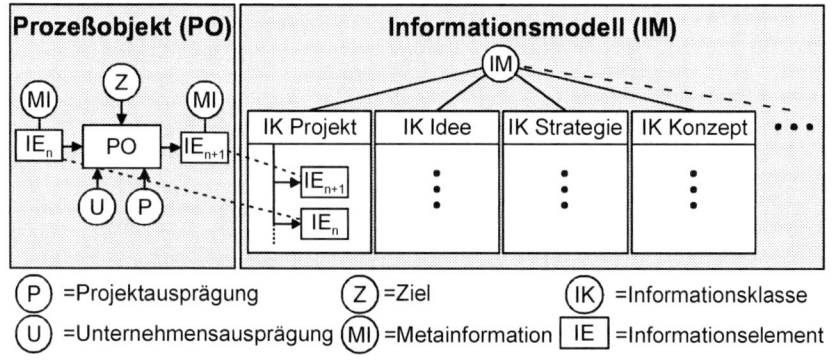

Bild 23   Konzept des integrierten Informations- und Prozeßmodells

Das Informationssystem zur Unterstützung des Innovationsmanagement (ISIM) wurde durch die zuvor beschriebenen Module vollständig beschrieben. Die Verknüpfung dieser Module erfolgt über definierte Schnittstellen und durch das integrierte Informations- und Prozeßmodell (Bild 24). Die Schnittstellen können in Datenfluß und Zielgrößen unterschieden werden.

Vom PPM zum IWM werden die projektbeschreibenden Zielgrößen übertragen, um auf deren Basis den spezifischen meilensteinbezogenen Informationsbedarf zu ermitteln, der wiederum die Grundlage für die Projektplanung darstellt. Zwischen dem PPM und dem PCM wird die Feinplanung des Innovationsprojektes übertragen. Im Gegenzug werden bei Planabweichungen bzw. neuen Erkenntnissen Meldungen zur Initiierung der Adaptiven Planung übertragen. Aus dem IWM wird der Vergleich der aktuellen Informationsstände mit den Referenzinformationsständen an das PCM übertragen. Weiterhin werden Informationsanfragen vom PCM an das IWM transferiert. Die Ermittlung projektspezifischer Informationen durch das IWM wird an das PCM gemeldet. Das KM besitzt spezifizierte Schnittstellen zum IWM und zum PCM.

---

[1] Mit METAINFORMATION werden im folgenden die Informationen bezeichnet, die eine Einschätzung der Qualität bzw. des Vertrauensbereiches ermöglichen [EVER 98, S. 432]. Da es nicht sinnvoll und möglich ist, alle Informationsklassen mit Metainformationen zu beschreiben, werden die spezifizierten Informationen im folgenden als QUALIFIZIERTE INFORMATION bezeichnet.

Hierdurch können zum einen Informationsanfragen an Dritte (z.B. Informationsbroker) gerichtet werden. Zum anderen werden Informationen von Dritten in das Informationsmodell übernommen. Weiterhin werden hierüber wichtige Erkenntnisse aus der informellen Kommunikation dem Datenmodell zugeordnet. Im Gegenzug werden wichtige Projektergebnisse und Berichte über das Kommunikationsmodul an Dritte weitergegeben.

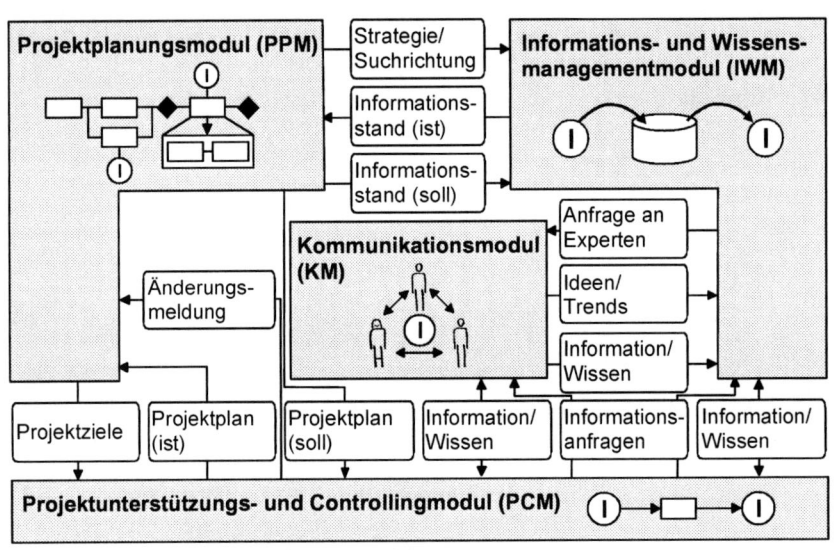

Bild 24   Verknüpfung der Systemmodule

3.6 ZWISCHENFAZIT: SYSTEMKONZEPT

Aufbauend auf einer Abgrenzung des Untersuchungsbereiches und einer Analyse der existierenden Lösungsansätze wurde als Forschungsbedarf die Entwicklung eines Informationssystems zur flexiblen Unterstützung des Innovationsprozesses technischer Produkte festgestellt (Kapitel 2). Aus diesem Oberziel wurden die spezifischen Anforderungen an ein entsprechendes Informationssystem abgeleitet.

Aufgrund des großen Einflusses der Modellierungsmethode auf die Leistungsfähigkeit des Informationssystems wurde diese systematisch ausgewählt. Vor dem Hintergrund der Anforderungen wurde ARIS als geeignete Methode identifiziert. Weiterhin wurden die bestehenden IuK-Technologien hinsichtlich ihrer Eignung für das Informationssystem analysiert, da sie als Befähiger für neue Organisationsformen dienen können. Es wurde hierbei festgestellt, daß es aufgrund der breiten Anforderungen sinnvoll ist, ein hybrides System auf der Basis unterschiedlicher IuK-Technologien aufzubauen.

Das anschließend entwickelte Grobkonzept setzt sich aus Modulen zur Projektplanung, zur Projektunterstützung und -controlling, zum Informations- und Wissensmanagement sowie zur Kommunikation zusammen. Diese Module sind weitgehend abgeschlossene Betrachtungsbereiche, die über Schnittstellen und ein integriertes Informations- und Prozeßmodell verbunden sind. Inhalt des nächsten Kapitels ist die Detaillierung des Informationssystems durch Dekomposition der definierten Module und Objekte sowie durch die Integration geeigneter IuK-Technologien.

4 Detaillierung des Informationssystems (ISIM)

Auf Basis des im Kapitel 3 entwickelten Grobkonzeptes des ISIM werden in diesem Kapitel das integrierte Informations- und Prozeßmodell sowie die definierten Module weiter detailliert. Zunächst wird das integrierte Informations- und Prozeßmodell entwickelt, da hier die zentralen Objekte des Informationssystems definiert werden. Anschließend wird die Anwendungssicht des Informationssystems im Form des Aufgabenmodells der Systemmodule entwickelt. Im Rahmen der Entwicklung der Module erfolgt simultan die Definition der Benutzungssicht einschließlich der Einbindung der IuK-Technologien. Abschließend folgt eine Integration in das Unternehmensumfeld [ZIEG96, S. 89].

4.1 Integriertes Informations- und Prozeßmodell

Ziel des INTEGRIERTEN INFORMATIONS- UND PROZEßMODELLS ist die Verknüpfung der zentralen Bestandteile eines Innovationsprojektes. Hierdurch soll eine Ordnung und Aggregation von innovationsrelevanten Informationen erreicht werden. Zur Entwicklung des Modells wird zunächst basierend auf einer Informationsbedarfsanalyse das Informationsmodell erstellt. Anschließend werden die Elemente zur Beschreibung des Innovationsprozesses ermittelt und in einem Prozeßmodell spezifiziert. Abschließend werden beide Modelle zu einem integrierten Modell zusammengeführt. Die Beschreibung des Modells erfolgt in Anlehnung an die Objektorientierung mit dem Modellierungstool ARIS.

4.1.1 Informationsmodell

Das Informationsmodell determiniert die Leistungsfähigkeit und Funktionalität des Informationssystems. Die Struktur eines Datenmodells ist weitgehend statisch, sie kann im Projektverlauf nicht an die jeweilige Projektsituation angepaßt werden. Aus diesem Grund müssen in einem Datenmodell bereits alle für den Innovationsprozeß relevanten Informationen Berücksichtigung finden bzw. Erweiterungsmöglichkeiten vorgesehen werden. Da nicht alle Informationen und Daten entlang des Innovationsprojektes im Vorfeld identifiziert und strukturiert werden können, wird ein Informationsmodell entwickelt, das zum einen auf einem statischem Datenmodell basiert und zum anderen eine dynamische dokumentenbasierte Informationsverwaltung ermöglicht. Somit wird eine maximale Flexibilität bei der Informationsverwaltung sichergestellt (Bild 25). Zusätzlich muß die Struktur des Informationsmodells an die Funktionalität des Informationssystems und an die realen Prozesse angepaßt werden, um die angestrebte Unterstützung zu gewährleisten und den Erfordernissen der Realität zu entsprechen [RAAS93, S. 269].

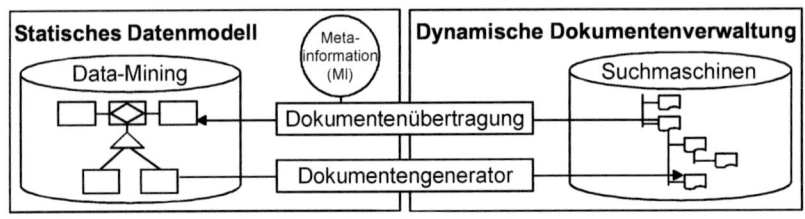

```
Statisches Datenmodell    Meta-      Dynamische Dokumentenverwaltung
   Data-Mining          information       Suchmaschinen
                           (MI)
                     Dokumentenübertragung
                     Dokumentengenerator
```

Bild 25 Konzept des flexiblen Informationsmodells

Für die fundierte Ermittlung relevanter Informationen werden zum einen aus den Aufgaben des Innovationsmanagement die benötigten Informationen analytisch-deduktiv hergeleitet und strukturiert (vgl. Kap. 2.2). Zum anderen werden in Interviews mit potentiellen Anwendern empirisch-induktiv weitere Informationen identifiziert.

Ziel der Strukturierung des Informationsmodells ist es, Objekte zu definieren, die in der Benutzerwelt existieren und somit dem Anwender ein leichtes Verständnis ermöglichen [SCHE94, S. 55]. Als zentraler Bestandteil steht das INNOVATIONSPROJEKT im Mittelpunkt des Informationsmodells, da die Projektorganisation im Innovationsmanagement vorherrscht. Die Struktur muß demnach alle wesentlichen Objekte des Innovationsprozesses abbilden.

Die Projekte werden basierend auf der UNTERNEHMENSSTRATEGIE initiiert, geplant und gesteuert. Die Grundlage des Innovationsprojektes bilden bereits vorhandene IDEEN und definierte SUCHFELDER, die die Strategie operationalisieren und den Betrachtungsraum spezifizieren. Während der Projektbearbeitung werden INFORMATIONEN zu neuen Ideen und unterschiedlichen KONZEPTEN zusammengeführt[1]. Die BEWERTUNG und Auswahl der Ideen und Konzepte wird auf Basis eines ZIELSYSTEMS durchgeführt. Das Ergebnis des Planungs- und Durchsetzungsprozesses stellt die im Markt eingeführte INNOVATION dar. Aus dieser Beschreibung leiten sich die generischen Informationsklassen des Informationsmodells ab (Bild 26).

Im nächsten Schritt werden diese Informationsklassen mit ihren Merkmalen, Operationen und Relationen näher spezifiziert. Zusätzlich werden die Stellen identifiziert, bei denen eine Flexibilisierung des Datenmodells mittels einer dokumentenbasierten Informationsverwaltung erforderlich ist.

Die STRATEGIE unterteilt sich in die Unternehmens-/Geschäftsbereichsstrategie und in die spezifische Projektstrategie. Diese Unterscheidung ist erforderlich, da ein Innovationsprojekt nur einen Teilbereich der Unternehmensstrategie abdeckt.

---

[1] Zur Detaillierung von Projekten wird im Rahmen der Arbeit eine dreistufige Gliederung in Projekt, Konzept und Idee vorgenommen, da diese Aufteilung dem betriebswirtschaftlichen Erfahrungsbereich entspricht und auf allen Ebenen von Unternehmen anwendbar ist. Zur Vereinfachung wird hier eine „eins zu eins"-Relation zwischen Projekt und Produktinnovation angenommen.

Detaillierung des Informationssystems 61

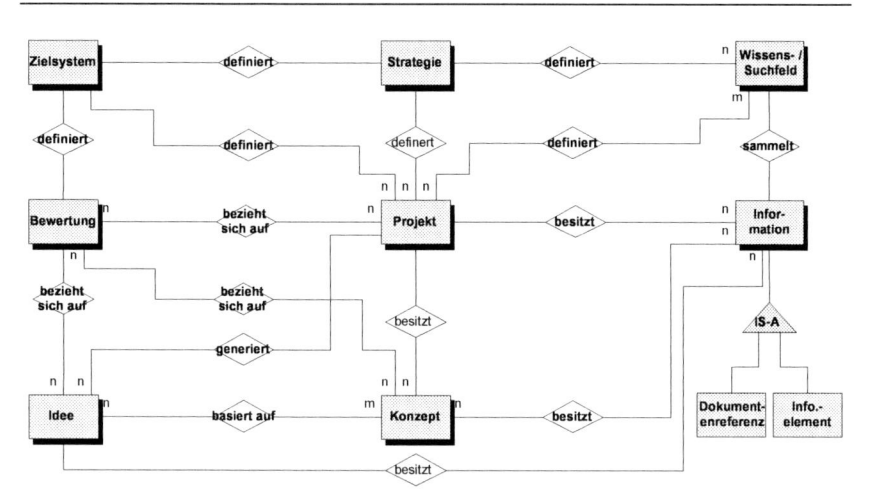

Bild 26 *Generische Informationsklassen des Informationsmodells*

Die Definition der Strategie für technische Produktinnovationen muß daher Zielsetzungen in bezug auf

- die Normstrategie (Differenzierung, Kostenführerschaft, Konzentration auf Schwerpunkte),
- die Zielgruppe (Markt, Branche, Kunden),
- die Produktpositionierung,
- den Aufbau und die Sicherung von Wissens-/Technologiepotentialen,
- den Produktabsatz und
- die Wettbewerbsstrategie

beinhalten [BROC94, S. 131 u. 251; PORT95, S. 62ff.].

Zur Formalisierung der Strategie wird ein entsprechendes Zielsystem definiert, das alle internen und externen Bewertungskriterien beinhaltet. Zusätzlich wird im Rahmen der Normstrategie die grundsätzliche Innovationsausrichtung festgelegt (Anhang 8-3). Weiterhin beschreiben die Wissens- und Suchfelder die vorgegebenen Aktionsbereiche (Funktionen, Abnehmer, Technologien), innerhalb derer die Informationen und Produktinnovationen ermittelt werden sollen [TEBB90, S. 20; VDI2220, S. 4]. Aufgrund der vielfältigen Definitionsmöglichkeiten von Suchfeldern ist hier eine dokumentenbasierte Verwaltung sinnvoll. Als Grundlage für die Auswahl geeigneter Prozeßobjekte werden Unternehmens- und Projektattribute spezifiziert, deren Ausprägungsdimensionen im Kapitel 4.3 ermittelt werden (Anhang 8-4).

Das INNOVATIONSPROJEKT als zentrales Ordnungselement des Innovationsmanagement führt alle relevanten Informationen zusammen. Unabhängig davon, auf welcher

Ebene ein Projekt im Unternehmen angesiedelt ist, kann davon ausgegangen werden, daß innerhalb eines PROJEKTES unterschiedliche KONZEPTE verfolgt werden, die ihrerseits auf diversen IDEEN basieren. Das Projekt wird vor dem Hintergrund des Zielsystems geführt und bewertet. Die Strategie und das Wissens- bzw. Suchfeld definieren die inhaltliche, finanzielle und zeitliche Ausrichtung des Projektes. Zusätzlich können ergänzende Dokumente dem Projekt zugeordnet werden (Anhang 8-5).

Die unterschiedlichen Lösungsalternativen, die während der Projektbearbeitung sowohl aus technologischer als auch aus marktorientierter Perspektive bestehen, werden in KONZEPTEN beschrieben (Anhang 8-6). Hierbei wird der Ansatz des integrierten Produktkonzeptes zugrunde gelegt [BULL95, S. 158]. Insbesondere wird auf dieser Ebene die Produktbeschreibung in Form der Produktstruktur determiniert. Falls verfügbar werden Kosteninformationen zu der jeweiligen Komponente erfaßt. Auf dieser Basis kann eine laufende Vorkalkulation durchgeführt werden, die das Target-Costing unterstützt. Für die spätere Interpretation von Kalkulationen und die systematische Nutzung von Erfahrungswissen wird grundsätzlich die Datenqualität dokumentiert. Weiterhin können auf der Konzeptebene unterschiedliche Projektpläne verwaltet werden. Dieses ist erforderlich, da technologische Alternativen meist auch andere Entwicklungszeiten und Aktivitäten erfordern. Beispielsweise können Konzepte mit unterschiedlichem Innovationsgrad parallel entwickelt und zu definierten Meilensteinen ausgewählt werden. Hierzu werden unterschiedliche Bewertungen durchgeführt. Für die späteren Phasen der Produktplanung wird auf der Konzeptebene die Referenz zu CAx-Dokumenten hergestellt. Aufgrund der weitreichenden Dokumentenverwaltung mittels EDM-Systemen ist eine Systemredundanz hier nicht sinnvoll [KRAUS96, S. E16].

Die Informationsklasse IDEE führt alle wesentlichen Informationen zu Lösungsansätzen zusammen, die vor oder während des Projektes entwickelt werden und auf eine technische Produktinnovation abzielen. Die Beschreibung einer Idee setzt sich im wesentlichen aus der Identifikation der Ideenquelle, der Definition des Innovationsobjektes, der Beschreibung und der Bewertung zusammen. Zusätzlich können erläuternde Dokumente ergänzt werden. Im Laufe der Projektbearbeitung und der Weiterentwicklung einer Idee werden die Beschreibung und Bewertung detailliert und angepaßt. Somit ist es erforderlich, die Stufen der Weiterentwicklung in dem Informationsmodell zu berücksichtigen (Anhang 8-7).

Das Informationsobjekt IDEENBESCHREIBUNG umfaßt die Darstellung der bearbeiteten Problemstellung, des vorgeschlagenen Lösungsansatzes, der verfolgten Zielsetzung, des technischen und marktseitigen Handlungsbedarfs, der Patentsituation sowie der ggf. vorhandenen oder vergleichbaren Wettbewerbslösung. Zusätzlich sind die von dem Ideengeber eingeschätzten Chancen und Risiken der Ideenumsetzung zu beschreiben [FRIE75, S. 85ff.].

Detaillierung des Informationssystems 63

Neben der Ideenbeschreibung kommt der BEWERTUNG eine zentrale Rolle für die Auswahl von Alternativen[1] zu. Zur Bewertung von Ideen, Konzepten und Projekten wurden diverse Bewertungsalgorithmen entwickelt (vgl. Kap. 2.1.2). Die Wahl des Bewertungsverfahrens hängt jedoch von den verfügbaren Informationen und der vorliegenden Problemstellung ab [KEHR72, S. 62ff.; HERO78, S. 11; BROC94, S. 253ff.; SHAR98, S. 93ff.; SCHM95; S 80ff.]. Da eine Implementierung aller potentiellen Bewertungsverfahren in das ISIM nicht möglich ist, muß ein Bewertungsverfahren gewählt werden, das praktikabel und weiträumig anwendbar ist. Ein solch allgemeingültiges Verfahren ist die Bewertung gemäß der VDI 2220, das auf dem Schema der Nutzwertanalyse aufbaut. Spezielle Formen der Bewertungen werden über die Prozeßobjekte eingebunden und deren Ergebnisse ggf. in Dokumentenform erfaßt und verwaltet. Die Informationsklasse Bewertung setzt sich aus den Objekten Grobbewertung, Detailbewertung und Sonderbewertung zusammen (Anhang 8-8).

Die Klasse METAINFORMATION muß alle wesentlichen Angaben besitzen, die für eine Wiederverwendung und Interpretation von innovationsbezogenen Informationen und Daten erforderlich sind. Aufgrund dessen werden zu QUALIFIZIERTEN INFORMATIONEN die in Bild 27 dargestellten METAINFORMATIONEN und Beziehungen definiert (vgl. Kap. 3.5). Von zentraler Bedeutung sind hierbei die Definition der Informationsquelle und -senke, der zeitliche Bezug und die Abschätzung der Informationsgenauigkeit bzw. -schärfe. Für eine effektive Informationsverwaltung ist ferner die Zuordnung zum Bezugsobjekt (Projekt, Produkt, Konzept etc.), zur inhaltlichen Aussage (Technologie, Markt, Kosten) und ggf. zu Suchkriterien möglich [BIET94, S. 36ff.]. Zur Identifikation QUALIFIZIERTER INFORMATIONEN werden diese neben den zugeordneten Metainformationen zusätzlich durch einen Schatten gekennzeichnet. DOKUMENTENBASIERTE INFORMATIONEN werden grundsätzlich analog zu den Qualifizierten Informationen behandelt und um Metainformationen ergänzt.

Die Struktur des Prozeßobjektes als Grundlage der Integration von Informations- und Prozeßmodell wird im folgenden ermittelt.

---

[1] An dieser Stelle ist anzumerken, daß sich eine Bewertung nicht nur auf Ideen anwenden läßt, sondern universell auf den unterschiedlichen Stufen des Innovationsobjektes eingesetzt werden kann. Die Stufen im Rahmen des Informationssystems sind im speziellen das Innovationsprojekt, die darin verfolgten Konzepte und die den Konzepten zugrundeliegenden Ideen.

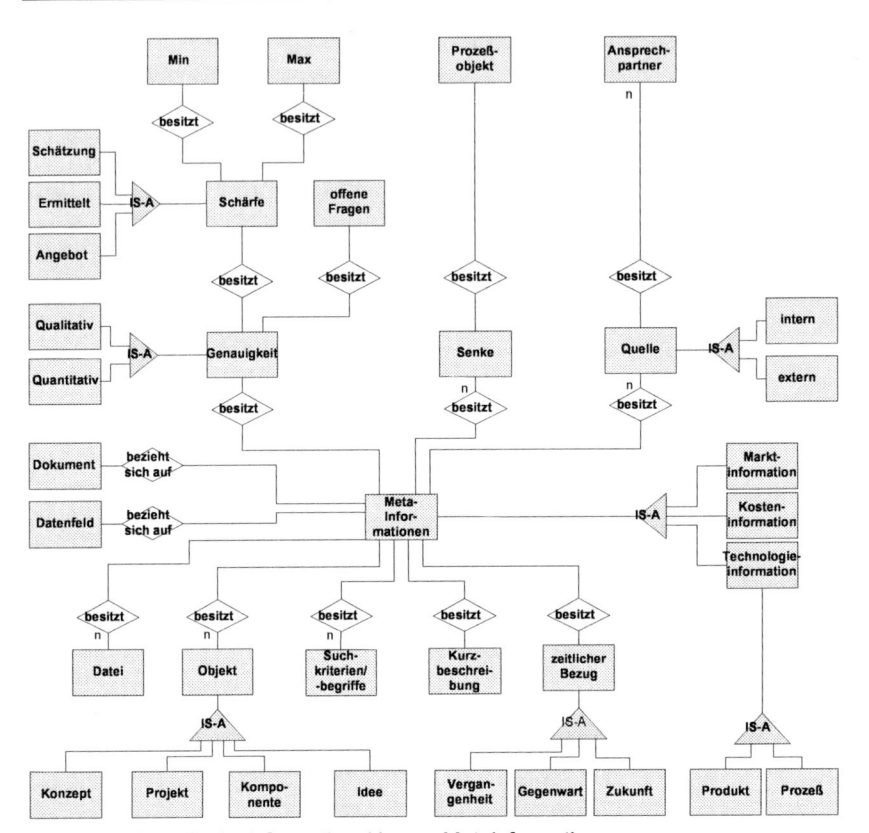

Bild 27 *Generische Informationsklasse: Metainformation*

4.1.2 PROZEßMODELL

Ziel des Prozeßmodells ist die flexible Planung, Modellierung, Unterstützung und Dokumentation von Innovationsprojekten. Ein besonderes Problem ist hierbei, daß entgegen der im Unternehmen vorherrschenden Geschäftsprozesse die prospektive Planung von Innovationsprojekten aufgrund der Variabilität nicht detailliert möglich ist.

Vor diesem Hintergrund muß nach einer geeigneten Lösung zur Beherrschung der Planungsunsicherheit von Innovationsprojekten gesucht werden. Zahlreiche Ansätze, wie beispielsweise das semantische Netz (vgl. Kap. 2.5), umgehen dieses Planungsproblem durch eine rein produktorientierte Informationsverwaltung. Eine systematische Projektverfolgung, wie sie im Rahmen der vorliegenden Arbeit angestrebt wird, ist mit diesen Ansätzen jedoch nicht möglich.

Die Gestaltung von Innovationsprojekten ist wesentlich vom Unternehmen, von der spezifischen Projektzielsetzung und -lage sowie von den gewonnenen Erkenntnissen während der Projektbearbeitung abhängig [BULL96a; S. 64]. Die in der Literatur entwickelten Phasenmodelle weisen alle einen idealtypischen Verlauf auf (vgl. Kap. 2.1.2), von dem in Abhängigkeit des Erkenntnisgewinns während der Projektbearbeitung abgewichen wird. Die Vielzahl von Gestaltungsmöglichkeiten dämpft die Erwartung, daß der Innovationsprozeß vorhersehbar ist. Der Innovationsprozeß ist zu komplex und bietet zu viele Freiheitsgrade in seinem Ablauf, als daß auf einen strengen Determinismus gebaut werden sollte [UHLM78, S. 16].

Trotz der aufgezeigten Variabilität des Innovationsprozesses kann festgestellt werden, daß sich die Grundbausteine des Innovationsprozesses wiederholen und eine definierte Struktur aufweisen. Beispielsweise werden entlang aller Innovationsprojekte quantitative und qualitative Bewertungen durchgeführt, diverse Kreativitätstechniken für die Ideengenerierung eingesetzt, Prototypen erstellt, Markttests und -analysen durchgeführt, die technologische Machbarkeit geklärt, Informationen akquiriert, Methoden der Produktplanung und -entwicklung eingesetzt, Auswahlentscheidungen an Meilensteinen getroffen etc. Diese Aufstellung verdeutlicht, daß eine prospektive Planung der Grundelemente des Innovationsprozesses möglich ist. Bei einer hierauf aufbauenden Projektplanung (vgl. Kap. 4.3) können einem „Baukasten" die geeigneten Prozeßobjekte ausgewählt und in einer Reihenfolge- sowie Detailplanung zum individuellen Innovationsprojekt zusammengeführt werden.

Wesentlicher Vorteil dieses Ansatzes ist es, daß jedem Prozeßobjekt[1] der spezifische Informationsbedarf und die generierten Informationen zugeordnet werden können. Dies ist die Grundlage, um das Ziel der situationsabhängigen Informationsbereitstellung und -akquisition zu erreichen. Aufgrund der zugeordneten Eingangs- und Ausgangsinformationen können geeignete Projektabläufe modelliert werden.

Um eine größtmögliche Unterstützung bei der Modellierung des Innovationsprozesses gewährleisten zu können, wird auf dem Konzept des generischen Aktivitätsmodells aufgebaut (Bild 18) [SPUR93, S. 66ff.]. Dieses Aktivitätsmodell wird im folgenden an die Erfordernisse des geplanten ISIM angepaßt. Die Anforderungen an die Gestaltung der Prozeßobjekte leiten sich aus der Planungsmethodik und aus dem definierten Informationsfluß ab. Für die Auswahl und Planung der geeigneten Prozeßobjekte sind folgende Eigenschaften des Prozeßobjektes zu definieren:

- Zielsetzung des Prozeßobjektes
- Einsatzeignung in bezug auf die Unternehmensausprägungen

---

[1] Eine wesentliche Eigenschaft von Objekten ist die Kapselung (vgl. Kap. 3.3.2), d.h. auf Attribute eines Objektes kann nur mittels der definierten Methoden und Operationen zugegriffen werden [ZIEG 96, S. 34]. Aufgrund des Black-Box-Ansatzes der Prozeßelemente mit definierten Schnittstellen und Eigenschaften werden diese als PROZEßOBJEKT definiert.

Detaillierung des Informationssystems

- Einsatzeignung in bezug auf die Projektausprägungen
- Zuordnung von Beginn und Ende zu möglichen Projektphasen
- Wechselwirkungen mit anderen Prozeßobjekten
- Potentieller Vorgänger
- Potentieller Nachfolger
- Muß- und Kann-Eingangsinformationen inkl. Metainformationen
- Muß- und Kann-Ausgangsinformationen inkl. Metainformationen
- Dokumentationsform [vgl. BULL95, S. 82; HAUS93, S. 312f.]
- Ressource

Diese Attribute determinieren die Gestaltung der Prozeßobjekte und damit den Aufbau des Prozeßmodells (Bild 28). Eine detailliertere Beschreibung der Attribute erfolgt während der Deduktion der einzelnen Systemmodule. Eine Auswahl von potentiellen Prozeßobjekten ist im Anhang D dargestellt.

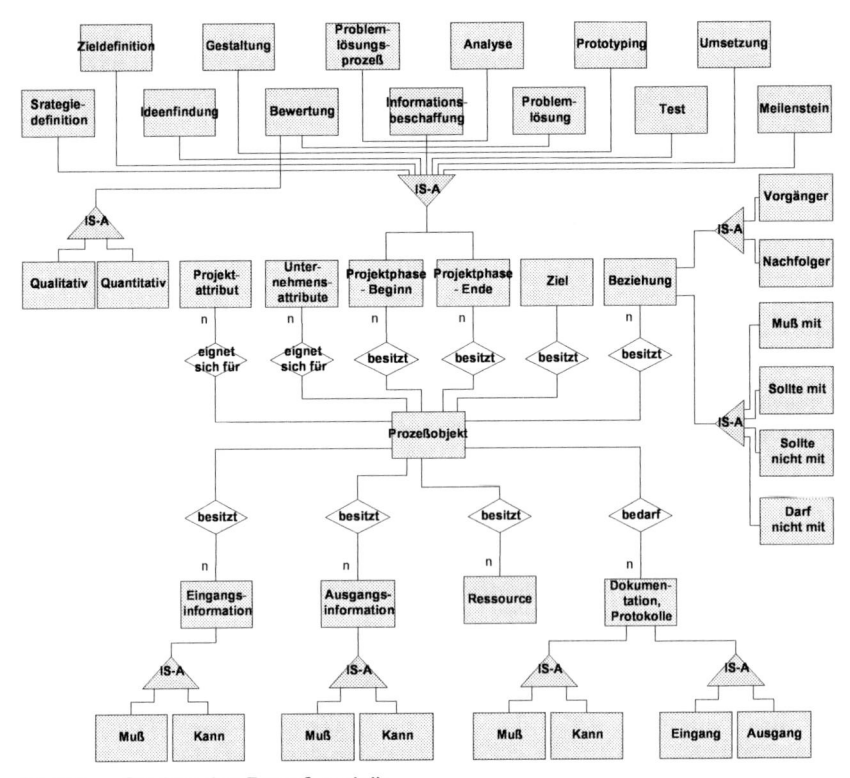

Bild 28   Struktur des Prozeßmodells

Detaillierung des Informationssystems 67

Um die Übersichtlichkeit des Prozeßmodells zu steigern, werden die Prozeßobjekte zusätzlich klassifiziert; dies erleichtert die Planung und unterstützt die Bildung von alternativen Prozeßketten. Die Klassen ZIELDEFINITION, INFORMATIONSBESCHAFFUNG, IDEENFINDUNG, ANALYSE, GESTALTUNG, BEWERTUNG, TEST, UMSETZUNG, MEILENSTEIN, PROBLEMLÖSUNGSPROZEß und SONSTIGE leiten sich aus einer Clusterung der Grundelemente der Innovationsprozesse ab [TEBB90, S. 73; BOOZ82; TROM90, S. 9; COOP83, S. 6ff.; BERT82, S. 314; SABI91, S. 16; GESC83, S. 824; VDI2220, S. 3; KOLL94, S. 84ff.]. Besonders hervorzuheben ist die Klasse PROBLEMLÖSUNGSPROZEß. Diese Klasse ermöglicht eine Hierarchisierung bei der Adaptiven Planung durch Initiierung frei definierbarer problembezogener Lösungsprozesse (vgl. Kap. 4.3).

4.1.3 INTEGRATION VON INFORMATIONS- UND PROZEßMODELL

Aufbauend auf den definierten Partialmodellen werden nun beide Modelle zu einem integrierten Modell zusammengeführt. Auf dieser Basis ist eine effiziente und effektive Informationsunterstützung möglich. Für die Planung des Informationsflusses müssen die Wechselwirkungen zwischen den Prozeßobjekten und dem Informationsmodell spezifiziert werden (Bild 23). Kernproblem der Integration beider Modelle ist die geeignete Abbildung der dem Prozeßobjekt zugeordneten Entitäten des Informationsmodells bei gleichzeitiger Sicherstellung der erforderlichen Transparenz.

Aus diesem Grund werden in Anlehnung an die Aktivitätsinformationsmatrix von BOCHTLER diese Wechselwirkungen über eine ERWEITERTE BEZIEHUNGSMATRIX definiert [BOCH96, S.59]. Jedem Prozeßobjekt ist eine Beziehungsmatrix zugeordnet, die einen Verweis auf die erforderlichen INPUT- und die erzeugten OUTPUT-Informationen beinhaltet. Der Wert des Elementes definiert, ob es sich um eine MUß- oder KANN-Information handelt. Zum Beispiel wird auf dieser Basis definiert, daß für die Durchführung einer Nutzwertanalyse die quantitative Gewichtung des Zielsystems vorliegen muß. Die Erweiterung der Matrix bezieht sich auf die zusätzliche Spezifikation der Metainformationen, auf die in Kapitel 4.2.1 detailliert eingegangen wird. Im Rahmen der Entwicklung des PPM (Kap. 4.3) wird ausgeführt, daß zusätzlich beim integrierten Informations- und Prozeßmodell in eine SOLL- und IST-Sicht unterschieden werden muß, um die Diskrepanz zwischen Planung und Realität abbilden zu können.

Eine Analyse der METAINFORMATIONEN verdeutlicht, daß nicht alle Merkmale für die Spezifikation jedes Prozeßobjektes relevant sind. Die Funktion und Wirkung der Prozeßobjekte wird unter anderem anhand der Metainformationen abgebildet, die sich zwischen der Input- und Output-Seite unterscheiden. Für die Beschreibung der Eingangsinformation werden qualitätsbeschreibende Merkmale bezüglich der Informationsgenauigkeit, des zeitlichen Bezuges und des Bezugsobjektes benötigt.

Bei den Ausgangsinformationen werden neben den qualitätsbeschreibenden Merkmalen Metainformationen erfaßt, die ein späteres Retrieval erleichtern.

Um die Komplexität des integrierten Informations- und Prozeßmodells zu beschränken und eine weitgehende Allgemeingültigkeit sicherzustellen, wird jedoch für die Definition der Eingangs- und Ausgangsinformationen die gleiche Informationsklasse verwendet. Bei der Spezifikation von Informationen werden nur die jeweils relevanten Merkmale definiert. Die Zusammenfassung des integrierten Modells mit der ERWEITERTEN BEZIEHUNGSMATRIX ist in Bild 29 dargestellt.

Meta-information	Merkmale	Attribute
Genauigkeit	Quantitativ	ja/nein
	Qualitativ	ja/nein
	Schärfe	±x%
Zeitlicher Bezug	Vergangenheit	ja/nein
	Gegenwart	ja/nein
	Zukunft	ja/nein
	Stand	Datum
	Gültigkeit	von/bis
Quelle	intern	Katalog
	extern	Katalog
Senke	Senke	Katalog
Objekt	Projekt	ja/nein
	Konzept	ja/nein
	Idee	ja/nein
	Komponente	ja/nein
Suchkriterium	Suchkriterium	Katalog
Dokument	Dokument	Adresse

M = Muß-Information
K = Kann-Information

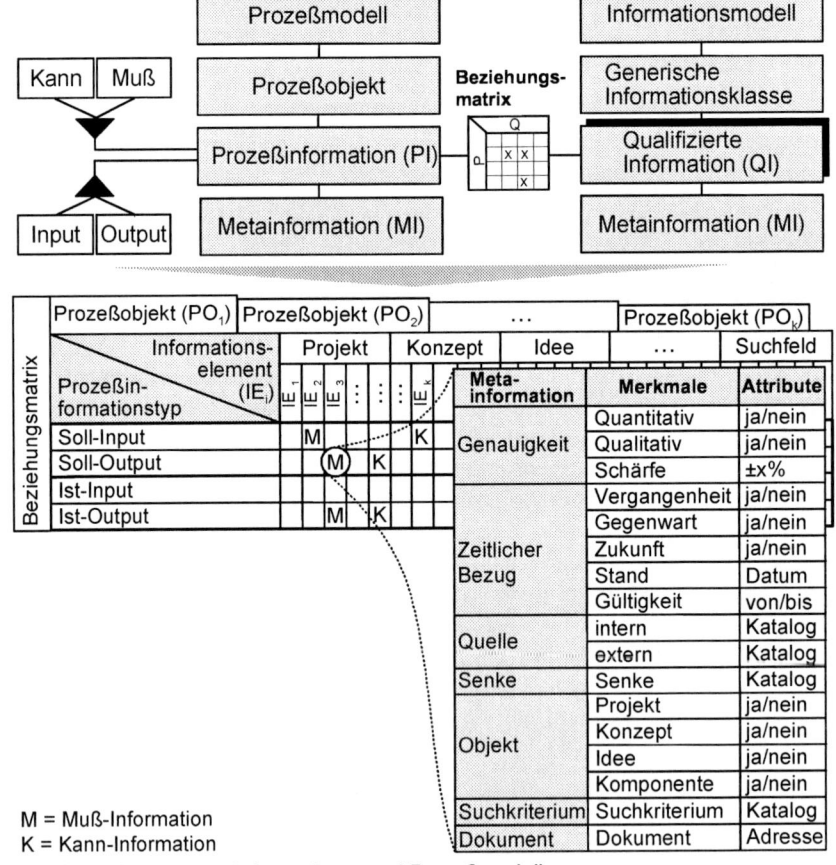

Bild 29   Integriertes Informations- und Prozeßmodell

Da der Zusammenhang zwischen Informationen und Prozeßobjekten definiert wurde, ist es nun möglich, die Planung und Durchführung von Innovationsprojekten auf

Detaillierung des Informationssystems 69

Basis des Informationsflusses zu unterstützen. Für die operative Umsetzung werden im folgenden die Module des ISIM weiter detailliert.

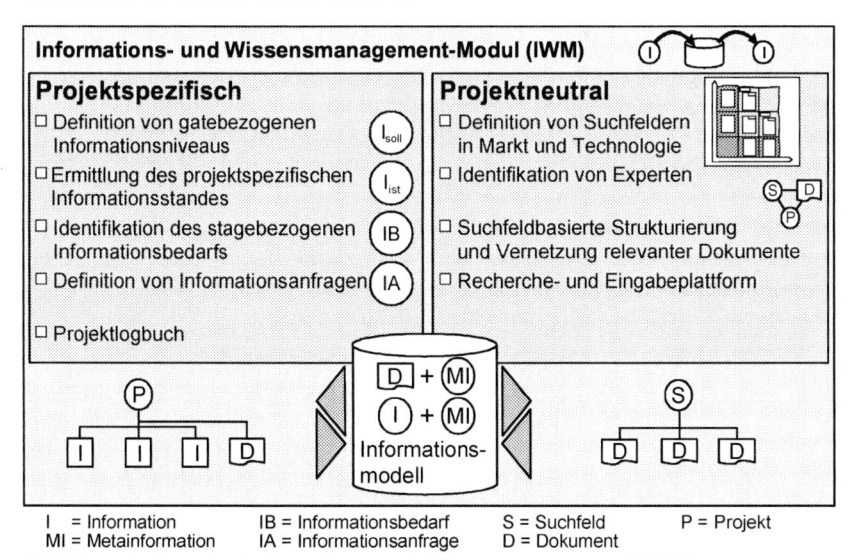

4.2 SYSTEMMODUL: INFORMATIONS- UND WISSENSMANAGEMENT (IWM)

Das INFORMATIONS- UND WISSENSMANAGEMENTMODUL (IWM) basiert auf dem entwickelten Informationsmodell und unterstützt im wesentlichen drei Aufgaben (Bild 30):

- Ermittlung des strategischen und projektspezifischen Informationsbedarfes
- Initiierung von Informationsbeschaffungsvorgängen
- Verwaltung von akquirierten und Bereitstellung von benötigten Informationen

Um den unterschiedlichen Anforderungen (Kapitel 3.2) gerecht zu werden, ist das IWM in zwei Bereiche aufgeteilt. Zum einen wird ein projektspezifisches Informations- und Wissensmanagement unterstützt, welches im Zentrum der Forschungsarbeit steht. Zum anderen wird ein projektneutrales Informations- und Wissensmanagement realisiert, um systematisch die strategisch bedeutenden Wissensfelder zu erschließen [FRIC97, S. 19]. Beide Bereiche unterscheiden sich in Aufbau und Vorgehensweisen signifikant voneinander, so daß sie im folgenden getrennt voneinander betrachtet werden müssen.

Informations- und Wissensmanagement-Modul (IWM)

Projektspezifisch
- Definition von gatebezogenen Informationsniveaus (I_{soll})
- Ermittlung des projektspezifischen Informationsstandes (I_{ist})
- Identifikation des stagebezogenen Informationsbedarfs (IB)
- Definition von Informationsanfragen (IA)
- Projektlogbuch

Projektneutral
- Definition von Suchfeldern in Markt und Technologie
- Identifikation von Experten
- Suchfeldbasierte Strukturierung und Vernetzung relevanter Dokumente
- Recherche- und Eingabeplattform

I = Information   IB = Informationsbedarf   S = Suchfeld   P = Projekt
MI = Metainformation   IA = Informationsanfrage   D = Dokument

Bild 30   Aufbau des Informations- und Wissensmanagement (IWM)

4.2.1 Projektspezifisches Informations- und Wissensmanagement

Das IWM hat die Aufgabe, auf Basis der im Informationsmodell abgelegten Projektinformationen den PROJEKTSPEZIFISCHEN INFORMATIONSSTAND (I_{ist}) zu ermitteln und vor dem Hintergrund vorgegebener INFORMATIONSNIVEAUS (I_{soll}) den spezifischen INFORMATIONSBEDARF (IB) abzuleiten. Darauf aufbauend werden über INFORMATIONSANFRAGEN Informationsbeschaffungsvorgänge initiiert. Weiterhin ist es das Ziel, den Projektverlauf systematisch in einem Projektlogbuch zu dokumentieren, um für vergleichbare Problemstellungen eine Erfahrungsdatenbank aufzubauen.

Das projektspezifische IWM steht in direkter Wechselwirkung mit der informationsbasierten Projektplanung (PPM), da die Projektplanung auf dem spezifischen Informationsbedarf aufbaut und im Gegenzug selber Informationsbedarfe definiert (Kap. 4.3). Die Projektplanung ist entsprechend dem Gates&Stages-Prinzip aufgebaut, da so die Planungskomplexität reduziert wird und die erforderlichen Freiräume für die Projektbearbeitung erhalten bleiben. Für das jeweilige Gate wird ein Informationsniveau definiert, welches erreicht werden muß, um den Übergang zum nächsten Stage zu ermöglichen[1] (Bild 31). Die Schwierigkeit bei dieser Planung besteht jedoch in einer adäquaten Definition des Informationsstandes und Informationsbedarfes, da das Informationsniveau direkt von der Metainformation abhängt.

Zusätzlich erfordert die objektorientierte Datenstruktur eine Definition der Informationsniveaus auf Objektebene. Im speziellen werden hierbei die projektspezifischen Objekte PROJEKT, KONZEPT, IDEE und BEWERTUNG berücksichtigt. Um eine eindeutige Definition und Ermittlung des Informationsniveaus durchführen zu können, muß ein Pfad innerhalb des Datenmodells definiert werden. Für die Arbeit wurde angenommen, daß innerhalb eines Projektes mehrere Konzepte verfolgt werden, zu denen jeweils unterschiedliche Bewertungen durchgeführt wurden und bei denen verschiedene Ideen umgesetzt wurden. Entlang der Relationen werden zusätzliche Randbedingungen für die Anzahl der Objekte definiert bzw. ermittelt. Auf Basis dieser Objekte werden zunächst einzelne Informationsniveaus ermittelt, die zu einem Informationsniveau des gesamten Projektes verdichtet werden.

Zu unterscheiden sind hierbei die EINFACHEN INFORMATIONEN (E) und die QUALIFIZIERTEN INFORMATIONEN (Q). Während der Informationsstand bei den Einfachen Informationen über die Abfrage der Existenz eines Eintrages ermittelt werden kann, so müssen bei Qualifizierten Informationen die Ausprägungen der Metainformationen berücksichtigt werden. Demnach ist die Einfache Information wie folgt definiert:

---

[1] Das Erreichen eines definierten Informationsniveaus bedeutet aber nicht, daß zwangsläufig das nächste Stage erreicht wurde. Es handelt sich hierbei nur um eine notwendige Bedingung. Die Informationsbasis bildet die Grundlage für die Definition und Präsentation des Projektes vor den Entscheidungsträgern, die über die weitere Vorgehensweise beschließen.

Detaillierung des Informationssystems 71

$$\overline{E} = \begin{pmatrix} 0 \\ \vdots \\ 0 \\ e_{n+1} \\ \vdots \\ e_{n+m} \end{pmatrix} \quad \text{mit } e_i \in \{0,1\} \text{ und } E \in \mathfrak{R}^{n+m}$$

Voraussetzung für die eindeutige Beschreibung der Qualifizierten Information bildet die Definition der Merkmale der Metainformation und deren Werte [BELK79, S. 17]. Die Merkmale der Metainformationen werden weiter in Klassifizierungsmerkmale (k), in Wertemerkmale (w) und in Statusmerkmale (s) unterschieden. Die Definition der Qualifizierten Information ergibt sich demnach:

$$Q = (\overline{S}, \overline{K}, \overline{W}) = \begin{pmatrix} s_1 \\ \vdots \\ s_n \\ 0 \\ \vdots \\ 0 \end{pmatrix}, \begin{pmatrix} \overline{k}_1 \\ \vdots \\ \overline{k}_n \\ 0 \\ \vdots \\ 0 \end{pmatrix}, \begin{pmatrix} \overline{w}_1 \\ \vdots \\ \overline{w}_n \\ 0 \\ \vdots \\ 0 \end{pmatrix} \quad \text{mit } Q \in \mathfrak{R}^{n+m}$$

Die Klassifizierungsmerkmale sind nominale Merkmale, sie ermöglichen eine genaue Definition bzw. Zuordnung der Information. Die Wertemerkmale sind metrische Merkmale, die die Ausprägung der Information beschreiben. Das Statusmerkmal ist für die Definition des Informationsniveaus von zentraler Bedeutung. Über dieses ordinale Merkmal wird der Stand und Vertrauensbereich der jeweiligen Information abgebildet.

Für die Ermittlung des Informationsstandes müssen die definierten Klassifizierungsmerkmale eine Übereinstimmung zeigen. Bei Existenz des Wertemerkmals wird über das Statusmerkmal ermittelt, ob das vorliegende Informationselement dem geforderten Informationsniveau entspricht, oder ob ein zusätzlicher Informationsbedarf besteht. Beim Statusmerkmal ist eine exakte Übereinstimmung der Merkmalswerte für die Erreichung des Informationsniveaus nicht erforderlich. Vielmehr ist eine „Übererfüllung" der Merkmalswerte zulässig.

Um solche Zustände identifizieren zu können, ist die Berücksichtigung einer Ordnungsreihenfolge erforderlich. Das ordinale Merkmal definiert die Rangfolge bzw. die Priorität der Merkmalswerte. Im Gegensatz zu metrischen Merkmalen ist jedoch eine Aussage über die Größe der Unterschiede nicht möglich. So kann den Werten GESCHÄTZT, BERECHNET, GEMESSEN eine Reihenfolge zugeordnet werden. Eine Aussage bezüglich der Abstände ist jedoch nicht möglich. Vor diesem Hintergrund gilt für Statusmerkmale folgende Zuordnung [BELK79, S. 37]:

$\forall (s_{ij}) : (s_{i1} \alpha \; s_{i2} \alpha \; s_{i3} \alpha \ldots s_{ij})$ mit α: Ordnungsrelation

Die Beschreibung von unterschiedlichen Informationsständen (I) ergibt sich demnach als:

$$I = \overline{IE} = \begin{pmatrix} ie_1 \\ \vdots \\ ie_{n+m} \end{pmatrix} = \overline{S} + \overline{E} = \begin{pmatrix} s_1 \\ \vdots \\ s_n \\ e_{n+1} \\ \vdots \\ e_{n+m} \end{pmatrix} \quad \text{mit } I \in \mathfrak{R}^{n+m}$$

Die im Rahmen der Arbeit zugrunde gelegte Beschreibung von QUALIFIZIERTEN INFORMATIONEN mittels METAINFORMATIONEN und die darauf aufbauende Ermittlung des Informationsbedarfes ist in Bild 31 dargestellt. Bei der Ermittlung des Informationsstandes bzw. -bedarfes werden als Informationselemente (IE) sowohl die EINFACHEN INFORMATIONEN als auch die QUALIFIZIERTEN INFORMATIONEN berücksichtigt. Nach Selektion der entsprechenden Informationselemente wird die Differenz aus Soll-Informationsstand (I_{soll}) und Ist-Informationsstand (I_{ist}) gebildet. Um den Informationsbedarf (IB) für jede generische Informationsklasse eindeutig abzubilden ist es erforderlich, immer den Ausgangszustand im Zusammenhang mit der Differenz abzubilden. Er stellt somit eine Kombination aus Ausgangspunkt und Weg dar.

$IB \equiv I_{ist} + \Delta I$

mit $\Delta I = I_{soll} - I_{ist}$ und für $s_{soll} - s_{ist} < 0 \Rightarrow \Delta s = 0$

$$IB = \begin{pmatrix} ie_{ist,1} \\ \vdots \\ \vdots \\ \vdots \\ ie_{ist,n+m} \end{pmatrix} + \begin{pmatrix} \Delta ie_1 \\ \vdots \\ \vdots \\ \vdots \\ \Delta ie_{n+m} \end{pmatrix} = \begin{pmatrix} s_{ist,1} \\ \vdots \\ s_{ist,n} \\ e_{ist,n+1} \\ \vdots \\ e_{ist,n+m} \end{pmatrix} + \begin{pmatrix} \Delta s_1 \\ \vdots \\ \Delta s_n \\ \Delta e_{n+1} \\ \vdots \\ \Delta e_{n+m} \end{pmatrix} \quad \text{mit } IB \in \mathfrak{R}^{n+m}$$

Interpretation: $\Delta ie_i = 0 \Rightarrow$ kein Informationsbedarf zu ie_i
$\Delta ie_i > 0 \Rightarrow$ Informationsbedarf ie_i

Die Struktur des Datenmodells ermöglicht die Ermittlung der Informationsstände in Abhängigkeit von den spezifischen Objekten des Innovationsprojektes. Optional werden über die Variablen α, β und γ die Anzahl der geforderten Varianten definiert (Bild 31). Beispielsweise kann hier festgelegt werden, daß nach einem bestimmten Gate maximal 3 ($\alpha \leq 3$) alternative Konzepte weiterverfolgt werden. Das geforderte Informationsniveau wird zwar für alle Objekte einheitlich definiert, die Informations-

Detaillierung des Informationssystems 73

stände unterscheiden sich aber bei den alternativen Objekten signifikant. Aus diesem Grund wird der Informationsbedarf für jedes Objekt getrennt ermittelt und ausgewiesen.

Informationsniveau $I_{soll,g}$ — Informationsniveau I_{ist}

Projekt Metainformation

$$I_{p,soll} = \left\{ Q = \begin{pmatrix} s_1 \\ \vdots \\ s_n \end{pmatrix} \begin{pmatrix} k_{11} & \cdots & k_{1m} \\ \vdots & & \vdots \\ k_{n1} & \cdots & k_{nm} \end{pmatrix} \begin{pmatrix} w_1 \\ \vdots \\ w_n \end{pmatrix}, \bar{E} = \begin{pmatrix} e_{n+1} \\ \vdots \\ e_{n+m} \end{pmatrix} \right\}$$

Bewertung Metainformation

$$I_{b,soll} = \left\{ Q = \begin{pmatrix} s_1 \\ \vdots \\ s_n \end{pmatrix} \begin{pmatrix} k_{11} & \cdots & k_{1m} \\ \vdots & & \vdots \\ k_{n1} & \cdots & k_{nm} \end{pmatrix} \begin{pmatrix} w_1 \\ \vdots \\ w_n \end{pmatrix}, \bar{E} = \begin{pmatrix} e_{n+1} \\ \vdots \\ e_{n+m} \end{pmatrix} \right\}$$

Konzept Metainformation

$$I_{k,soll} = \left\{ Q = \begin{pmatrix} s_1 \\ \vdots \\ s_n \end{pmatrix} \begin{pmatrix} k_{11} & \cdots & k_{1m} \\ \vdots & & \vdots \\ k_{n1} & \cdots & k_{nm} \end{pmatrix} \begin{pmatrix} w_1 \\ \vdots \\ w_n \end{pmatrix}, \bar{E} = \begin{pmatrix} e_{n+1} \\ \vdots \\ e_{n+m} \end{pmatrix} \right\}$$

Idee Metainformation

$$I_{i,soll} = \left\{ Q = \begin{pmatrix} s_1 \\ \vdots \\ s_n \end{pmatrix} \begin{pmatrix} k_{11} & \cdots & k_{1m} \\ \vdots & & \vdots \\ k_{n1} & \cdots & k_{nm} \end{pmatrix} \begin{pmatrix} w_1 \\ \vdots \\ w_n \end{pmatrix}, \bar{E} = \begin{pmatrix} e_{n+1} \\ \vdots \\ e_{n+m} \end{pmatrix} \right\}$$

$$I_{soll} = I_{p,soll} + \alpha I_{k,soll} + \alpha \beta I_{i,soll} + \alpha \gamma I_{b,soll}$$

$$\Delta I = I_{soll} - I_{ist}$$

Informationsbedarf IB_g

$$IB_g = I_{soll,g} - I_{ist} = \begin{pmatrix} ie_{ist,1} \\ \vdots \\ ie_{ist,a} \end{pmatrix} + \begin{pmatrix} \Delta ie_1 \\ \vdots \\ \Delta ie_a \end{pmatrix}$$

mit $a = (n+m)(1 + \alpha + \alpha \beta + \alpha \gamma)$

Kennzahl (Euklidische Distanz)

$$I_{soll,g} = 100\% \quad |IB| = \sqrt{\sum_{i=1}^{a} (ie_{i,soll} - ie_{i,ist})^2}$$

▨ Informationsbedarf Konzept 1
▧ Informationsbedarf Konzept n

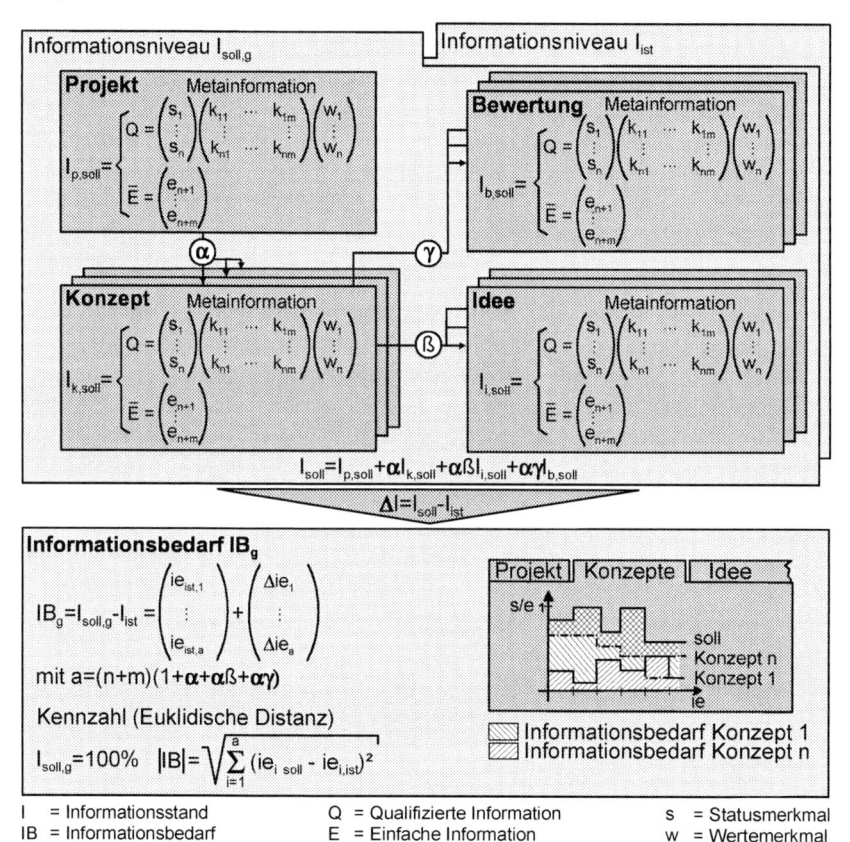

I = Informationsstand	Q = Qualifizierte Information	s = Statusmerkmal
IB = Informationsbedarf	E = Einfache Information	w = Wertemerkmal
ie = Informationselement	k = Klassifizierungsmerkmal	g = Gate

Bild 31   Qualifizierte Informationen und Ermittlung des Informationsbedarfes

Um den Informationsbedarf zu einer Kennzahl zu verdichten, wird die Ähnlichkeit von Soll- und Ist-Informationsstand über das euklidische Maß aller Informationselemente ermittelt. In diesem Zusammenhang ist zusätzlich eine der Bedeutung entsprechende Gewichtung der Informationen möglich. Aufgrund des reduzierten Aufwandes und einer erhöhten Praktikabilität wird bei der folgenden Projektplanung und -steuerung lediglich hinsichtlich Muß- und Kann-Informationen unterschieden [BELK79, S. 53].

$$|IB| = \sqrt{\sum_{i=1}^{n+m} (ie_{i,soll} - ie_{i,ist})^2} = \sqrt{\sum_{i=1}^{n+m} (\Delta ie_i)^2}$$

mit $ie_{i,soll} > ie_{i,ist}$

Der so ermittelte Informationsbedarf gilt zunächst für eine definierte Projektphase (Stage) und wird in Informationsanfragen transferiert, die intern oder extern an Experten, Informationsbroker bzw. an das Projektteam weitergeleitet werden. Beispielsweise müssen bis zum Erreichen des nächsten Gates die erarbeiteten Konzepte hinsichtlich ihrer technischen Machbarkeit geprüft werden. Der damit verbundene Informationsbedarf wird entweder vom Projektteam durch adäquate Aktivitäten gedeckt oder als Anfrage an einen externen Dienstleister formuliert. Informationsbeschaffungsvorgänge werden somit auf Basis von gatebezogenen Informationsniveaus angestoßen. In Abhängigkeit der spezifischen Planungssicherheit kann der Horizont der Informationsbeschaffung über mehrere Projektphasen ausgeweitet werden. Dies ist jedoch mit einem erhöhten Risiko der Initiierung von „Blindleistung" verbunden und muß im Einzelfall kritisch geprüft werden.

Neben dem beschriebenen Management von Informationen zum Innovationsprojekt ist die Verwaltung von Vergangenheitsdaten und Steuerinformationen für den Aufbau von Erfahrungswissen besonders relevant. Aufgrund der Unterstützung des Innovationsprojektes durch das PPM und das PCM ist es möglich, den tatsächlichen Projektverlauf in einem PROJEKTLOGBUCH zu dokumentieren. Insbesondere werden Informationen über Entscheidungssituationen und Ursachen für Planänderungen so archiviert, daß bei analogen Problemstellungen die Entscheidungen nachvollzogen und ggf. adaptiert werden können. Beispielsweise wird bei jeder Projektmodifikation die ÄNDERUNGSBEGRÜNDUNG des Projektteams im Zusammenhang mit dem aktuellen Projektstand bzw. Informationsstand protokolliert. Der grundsätzliche Aufbau des Projektlogbuches ist in Bild 32 dargestellt. Aufgrund der so archivierten Informationen ist jede Projektlage bei Planänderungen vollständig reproduzierbar.

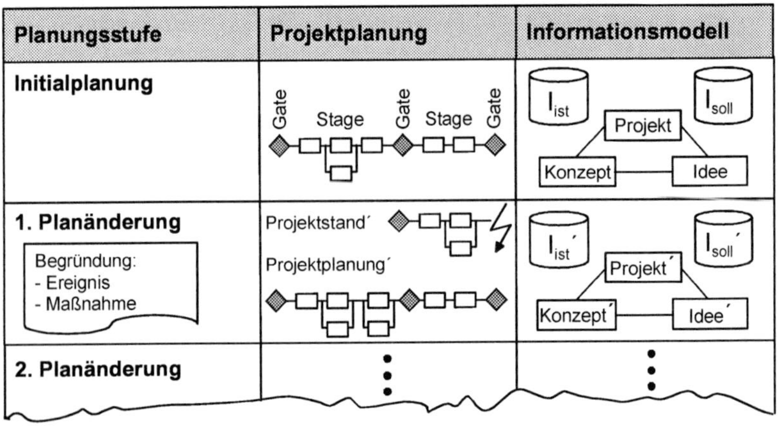

Planungsstufe	Projektplanung	Informationsmodell
Initialplanung	Gate Stage Gate Stage Gate	I_{ist} — Projekt — I_{soll} / Konzept — Idee
1. Planänderung Begründung: - Ereignis - Maßnahme	Projektstand´ Projektplanung´	$I_{ist}´$ — Projekt´ — $I_{soll}´$ / Konzept´ — Idee´
2. Planänderung	⋮	⋮

Bild 32   Aufbau des Projektlogbuches

4.2.2 Projektneutrales Informations- und Wissensmanagement

Neben der projektbezogenen Informationsverarbeitung besteht erheblicher Bedarf an einer strategischen unternehmensweiten Informations- und Wissensakquisition und Bereitstellung (Kap. 2.2). Die personellen und finanziellen Ressourcen für die Informations- und Wissensakquisition sind jedoch aufgrund des Wettbewerbsdrucks in den Unternehmen begrenzt. Diese Situation verschärft sich, wenn kein aktuelles Projekt den Informationsbeschaffungsvorgängen zugeordnet werden kann. Deswegen ist die gezielte und systematische Akquisition von Informationen Voraussetzung für ein funktionierendes IWM. Erfahrungen des Einsatzes von wissensbasierten Systemen bzw. Expertensystemen haben gezeigt, daß die Abbildung von Wissen beispielsweise durch WENN-DANN-Beziehungen sehr aufwendig ist und nur für eng begrenzte, klar determinierte Problemstellungen geeignet ist [LEHM93, S. 57; KORN95, S 22f.]. Für die vorliegende Problemstellung des Innovationsmanagement sind solche Systeme demnach nicht geeignet.

Da für die Generierung und Weiterentwicklung von Innovationen die Verknüpfung von unterschiedlichsten Informationen und das Zusammenbringen verschiedener Experten von zentraler Bedeutung sind [HERZ91, S. 142ff.], steht im Zentrum des ISIM die Bereitstellung von Anknüpfungspunkten zur Informationsbeschaffung und Kommunikation. Ein geeigneter Ansatz, strategische Wissenspotentiale aufzubauen, ist die Benennung und Identifikation von internen und externen Experten zu entsprechenden Themenfeldern, die als Ansprechpartner fungieren und für die systematische Internalisierung von Informationen und Wissen zuständig sind [BULL98, S. 35; ILOI97, S. 19f.]. Der Aufbau von entsprechenden informatorischen Lösungen wurde bereits erfolgreich realisiert. Diese Systeme bauen zum einen auf der dokumentenbasierten[1] Verwaltung von potentiell relevanten Informationen auf, zum anderen bieten sie in „Gelben bzw. Grünen Seiten[2]" Kontaktpersonen zu definierten Themengebieten [SEEG99, S. 10]. Dieser einfache aber erfolgreiche Ansatz soll an die Anforderungen des Innovationsprozesses angepaßt werden.

Zentrales Problem in diesem Zusammenhang ist die geeignete Definition und Systematisierung von Suchfeldern, die für die Generierung von Produktideen die strategischen „Leitplanken" bilden [BOUT97b, S. 18f.; SCHA90, S. 15f.]. Um dieses zu erreichen, wird innerhalb des Informationssystems der Aufbau von WISSENSLANDKARTEN unterstützt, die den strategischen Suchfeldern entsprechen [AWK99a, S.90; WWW99; ILOI97, S.19f.]. Eine korrespondierende Strukturierung

---

[1] Dokumentenbasierte Systeme reichen hierbei von Archivierungssystemen bis Intranetlösungen, die HTML-basiert Dokumente verwalten (vgl. Kap. 3.4).

[2] Die „Grünen Seiten" der Fraunhofer Gesellschaft dienen der internen Vernetzung der Institute und dem internen Wissensmanagement. Im Intranet kann sich jeder Mitarbeiter als Experte zu definierten Themen eintragen. Im Gegenzug stehen Suchalgorithmen für die bedarfsbezogene Identifikation dieser Experten zur Verfügung.

der Informationen bietet den Vorteil, daß einerseits die „Experten" zielorientiert Informationen akquirieren und dokumentieren. Andererseits unterstützt die Strukturierung den Anwender bei der gerichteten Ideengenerierung analog der Unternehmensstrategie.

Die Identifikation und Strukturierung von Suchfeldern sind unternehmensspezifisch durchzuführen, da sie sich direkt aus der Innovationsstrategie und dem Unternehmenspotential ableiten [FRIE75, S. 21ff.; VDI2220, S. 4; KOPP93, S. 83]. Grundsätzlich ist aber eine Unterscheidung in markt- und in technologieorientierte Suchfelder sinnvoll [SPEC88, S. 502ff.; PELZ99, S. 79ff.]. Diese Differenzierung trägt der Tatsache Rechnung, daß jeder Innovationsprozeß im Spannungsfeld zwischen Market-Pull und Technology-Push verläuft (Kap. 2.1.2). Erst eine einmalige Kombination beider Aspekte führt zu einer erfolgreichen Innovation [EHER94, S. 74f.]. Die marktorientierte Unterteilung der Suchfelder erfolgt in die Bereiche [KOPP93, S. 98ff.; HERZ91, S. 70ff.]:

- Kundenanforderungen und -bedürfnisse,
- Problemstellungen und Trends,
- Branchen und Kundengruppen
- Trends
- Politisch-rechtliche Randbedingungen und Veränderungen
- Wettbewerb
- Beschaffungsmarkt und
- Regionen.

Die technologieorientierten Suchfelder werden nach Friese [FRIE75, S. 21] unterteilt in:

- Funktionen,
- Arbeitsprinzipien (Produkttechnologien),
- Verfahren (Produktionstechnologien) und
- Werkstoffe.

Neben der Strukturierung nach Suchfeldern bietet eine Suchmaschine (vgl. Kap. 3.4) die Möglichkeit der ungerichteten Suche über alle Dokumente und deren Inhalte (Bild 33). Um identifizierte Informationen einem Projekt, Konzept oder einer Idee zuordnen zu können, besteht die Möglichkeit einer direkten Referenzierung von gefundenen Dokumenten zu den Objekten des Innovationsprozesses (vgl. Kap. 4.1.1). Im Gegenzug ist bei der projektneutralen Erfassung von Dokumenten eine Abbildung bekannter Zusammenhänge zu Objekten des Informationssystems möglich. Beispielsweise können hier Informationen Produkten oder Komponenten zugeordnet werden, die derzeit nicht im Rahmen eines Projektes betrachtet werden. Aufgrund

Detaillierung des Informationssystems

des so abgebildeten komplexen Netzwerkes zwischen den Objekten des Innovationsprozesses und den dokumentenbasierten Informationen wird sukzessive Erfahrungswissen aufgebaut, das für aktuelle und neue Innovationsprojekte genutzt werden kann.

Auf Basis der Informationsklasse WISSENS-/ SUCHFELD wird analog zum projektspezifischen Informations- und Wissensmanagement (Kap. 4.2.1) ein langfristig zu erreichendes Informationsniveau definiert. Vor dem Hintergrund des aktuellen Informationsstandes wird der strategische Informationsbedarf ermittelt.

Da Wissen durch eine sehr kurze „Halbwertszeit" gekennzeichnet ist, muß das ISIM über ein leistungsfähiges Feed-Back-System verfügen, um veraltete Erkenntnisse zu eliminieren bzw. neue Erkenntnisse zu ergänzen. Hierzu eignen sich themenspezifische Diskussionsforen (Newsgroups), innerhalb derer mit Experten und einem selbstdefinierten Interessentenkreis informelle Diskussionen zu Fragen, Erkenntnissen und Anmerkungen geführt werden [ORTH98, S. 70ff.]. Vor diesem Hintergrund werden über das KM entsprechende Diskussionsforen zu jedem Suchfeld eingerichtet (vgl. Kap. 4.5.1).

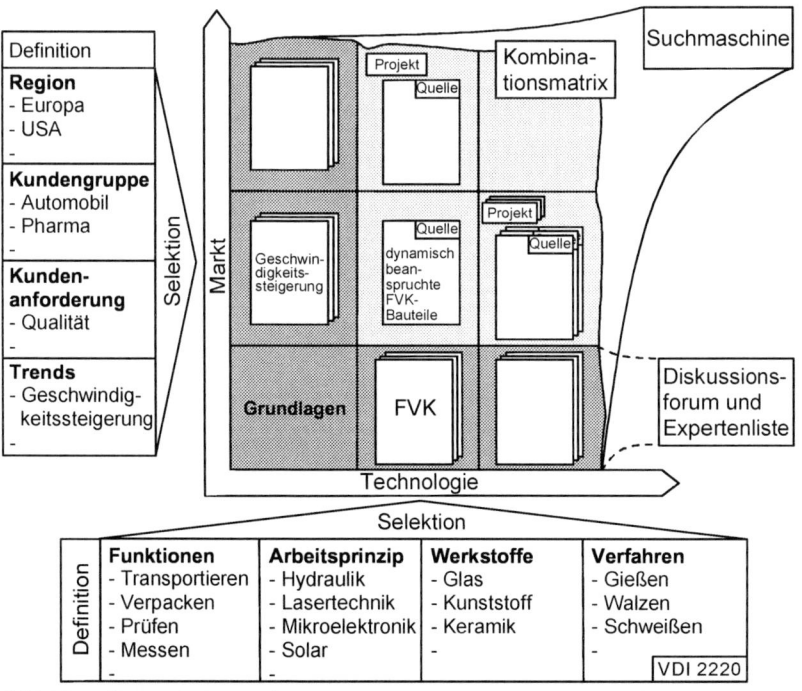

Bild 33   Strategisches Informationsmanagement mittels der SUCHFELDBASIERTEN WISSENSLANDKARTE

Das hier entwickelte Modul zum Informations- und Wissensmanagement unterstützt einerseits den strukturierten Informationsfluß von spezifischen Innovationsprojekten. Andererseits wird die flexible Abbildung von strategisch bedeutendem Erfahrungswissen durch das projektneutrale dokumentenbasierte Informationsmanagement unterstützt. Im nächsten Kapitel wird die für eine projektspezifische Informationsbereitstellung erforderliche Planung von Innovationsprojekten entwickelt.

4.3 SYSTEMMODUL: PROJEKTPLANUNG (PPM)

Es wurde bereits aufgezeigt, daß die Projektplanung die entscheidende Grundlage für eine situationsabhängige Informationsbereitstellung und -erfassung darstellt (vgl. Kap. 3.5). Da der Erfolgsfaktor von Innovationsprojekten die effektive Informationsverarbeitung darstellt, wird anders als bei temin- oder ressourcenorientierten Planungsmethoden [KORN96; BROC94; LIND93, COEN88, S. 199ff.] die Information in das Zentrum der Betrachtung gestellt. Aufgrund der Unsicherheit von Innovationsprojekten ergeben sich besondere Probleme bei der Projektplanung [HAUS93, S. 278f.]. Potentiell geeignete Lösungsansätze für das vorliegende Planungsproblem sind in Bild 34 dargestellt.

Die Berücksichtigung von Unsicherheiten inkl. aller Alternativen bei der Planung von Innovationsprojekten würde zu einem unverhältnismäßig hohen Aufwand führen. Insbesondere müßten Alternativen prospektiv geplant werden, die später nicht beschritten werden. Weiterhin sind nicht alle Eventualitäten des Projektverlaufs a priori zu ermitteln [BULL96a, S. 64].

Planung von Unsicherheiten und Alternativen
Retrospektive Dokumentation
Fragmentierung
Gates&Stages-Planung
Adaptive Planung

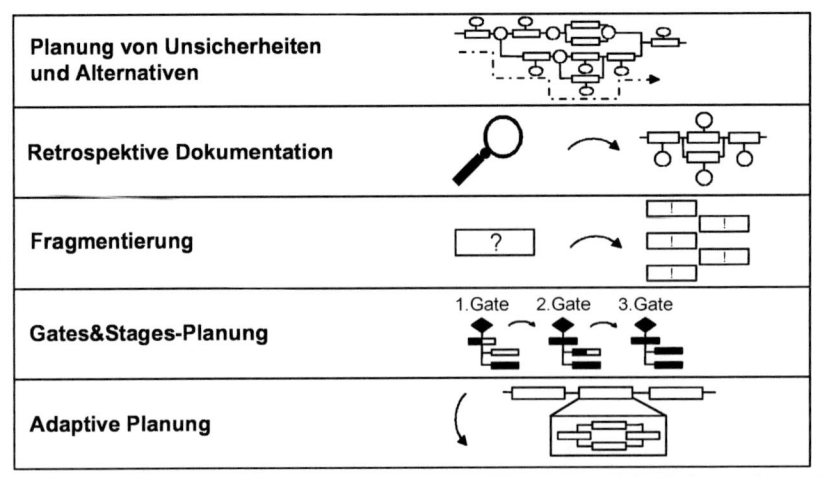

Bild 34   Lösungsansätze zur Bewältigung der Planungsunsicherheit von Innovationsprojekten

Die retrospektive Dokumentation des Projektverlaufes bedeutet für das Projektteam einen zusätzlichen Aufwand, der nicht mit einem direkten Nutzen verbunden ist. Eine solche Unterstützung des Innovationsprojektes würde an der Akzeptanz der Mitarbeiter scheitern. Außerdem ist eine situationsabhängige Informationsbereitstellung mit diesem Ansatz nicht zu realisieren.

Die Komplexität von Planungsproblemen kann durch Zerlegung des Planungsobjektes in bereits bekannte Bestandteile signifikant reduziert werden. Diese Fragmentierung des Innovationsprojektes wurde bereits im Rahmen der Definition der Prozeßobjekte als geeigneter Ansatz identifiziert und angewendet (vgl. Kap. 4.1.2).

Das Projektmanagement nach dem Gates&Stages-Prinzip ist durch die offene Führung speziell in den frühen Phasen des Innovationsprozesses gekennzeichnet. Die Aufteilung des Innovationsprozesses mit definierten Gates stellt die für Innovationen erforderlichen Freiräume innerhalb eines Stage sicher. An den Gates werden die entwickelten Ideen, Konzepte bzw. Projekte einer eingehenden Bewertung unterzogen und je nach Ergebnis in die nächste Phase transferiert oder verworfen [AWK99b, S. 131]. Dieser Planungsansatz ermöglicht somit eine partielle Planung und Reduktion der Komplexität. Eine entscheidungsbezogene Informationsbereitstellung kann jedoch nicht unterstützt werden.

Ein geeigneter Ansatz zur Unterstützung einer evolutionären Planung bei gleichzeitiger Wahrung von erforderlichen Flexibilitätsfreiräumen ist die ADAPTIVE PLANUNG. Hierbei werden soweit möglich kurz- bis mittelfristige Aktivitäten geplant. Bei einer unsicheren Informationslage oder umfassenden Planungsproblemen können eigenständige Problemlösungsprozesse initiiert werden. Diese Hierarchisierung ermöglicht eine flexible Anpassung des Planungshorizontes (Bild 35) [BOUT97a, S. 72; SCHU94, S. 51ff.].

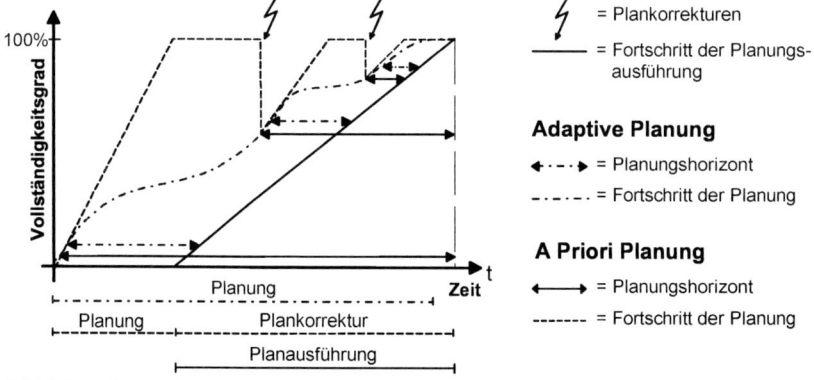

Bild 35   Dynamischer Planungshorizont bei Adaptiver Planung [SCHU94, S. 65]

Aufgrund der spezifischen Eignung des jeweiligen Ansatzes wird im folgenden eine problembezogene Weiterentwicklung dieser Ansätze verfolgt. Diese Kombination aus der Fragmentierung, dem Gates&Stages-Konzept und der Adaptiven Planung ermöglicht die informatorische Unterstützung des Innovationsprozesses bei gleichzeitiger Wahrung der erforderlichen Flexibilität. Vor diesem Hintergrund wurden bereits in Kapitel 3.5 die Phasen der Planung des Innovationsprojektes ermittelt:

- Projektneutrale Definition der Planungsgrundlagen
- Projektdefinition und Ermittlung des Informationsstandes
- Bestimmung des Informationsbedarfes und Auswahl von potentiell geeigneten Prozeßobjekten
- Feinplanung des Innovationsprojektes und informatorische Konsistenzprüfung
- Laufende Adaptive Planung

4.3.1 PROJEKTNEUTRALE DEFINITION DER PLANUNGSGRUNDLAGEN

Als Grundlage für die Projektplanung sind zunächst die strategischen Zielsetzungen und Randbedingungen des Unternehmens abzubilden. Dieses erfolgt in Form eines allgemeingültigen Gates&Stages-Schemas für Innovationsprojekte. Die Definition der gatebezogenen Informationsniveaus wird im Rahmen des IWM durchgeführt. Ein Informationsniveau ($I_{soll,g}$) zum Gate (g) setzt sich demnach aus der Menge aller relevanter Informationselemente und deren Merkmalsausprägungen zusammen (IE) (vgl. Kap. 4.2.1).

Neben der informatorischen Definition der Gates ist es möglich, in Abhängigkeit von den unternehmensspezifischen Randbedingungen Prozeßobjekte vorzugeben, die innerhalb eines definierten Stage durchzuführen sind. Dieses ist insbesondere für Unternehmen relevant, die spezifischen Kunden- oder Normforderungen unterliegen, wie beispielsweise der QS 9000 oder der GMP (Good Manufacturing Practice).

Aufgrund der Korrelation zwischen Unternehmensausprägungen und der Eignung von bestimmten Prozeßobjekten ist eine Vorselektion von Prozeßobjekten möglich. Um diese Selektion unterstutzen zu können, ist jedoch eine geeignete Klassifizierung von Unternehmensausprägungen erforderlich, die einen Rückschluß auf die Elemente des Innovationsprojektes zulassen. Im Rahmen der empirischen Analyse von Innovationsprozessen wurden bei diversen Forschungsarbeiten diese Ausprägungen bereits ermittelt [TEBB90, S. 290; EHER94, S. 177; DAMA99, S. 70; UHLM78, S. 18f.]. Somit ist eine Einordnung des Unternehmens bzw. der betrachteten Geschäftseinheit in die Unternehmenstypologie möglich. Die entwickelte Typologie ist im Anhang 8-9 dargestellt [vgl. GROS74, S. 36].

Die Modellierung der Prozeßobjekte erfolgt entsprechend der in Kapitel 4.1.2 hergeleiteten Struktur. Hierbei kann der Pool von standardisierten unternehmensneutralen Prozeßobjekten (vgl. Anhang D) flexibel um unternehmens- oder projektspezifische Prozeßobjekte ergänzt werden.

Detaillierung des Informationssystems

Die allgemeinen Planungsgrundlagen setzen sich somit aus dem informationsbasierten Gates&Stages-Schema, der Unternehmensklassifikation und den modellierten Prozeßobjekten zusammen. Auf Basis dieser Grundlagen wird im nächsten Schritt die Planung des Innovationsprojektes durchgeführt.

4.3.2 PROJEKTDEFINITION UND ERMITTLUNG DES INFORMATIONSSTANDES

Der Anstoß für ein Innovationsprojekt kann aus unterschiedlichen Richtungen erfolgen. Es können spontane Ideen (externe und interne Ideenquellen, vgl. Kap. 2.1.2) im Unternehmen akzeptiert werden und zu einem Projekt formuliert werden. Es kann ohne konkrete Produktidee ein strategisches Projekt auf Basis von definierten Suchfeldern angestoßen werden. Es kann aufgrund eines konkreten Kundenproblems bzw. einer Anforderung ein entsprechendes Projekt initiiert werden. Es können zu den bestehenden Produkten Ideen entwickelt und zu einem Projekt gebündelt werden. Es können neue Technologien (Produkt und Prozeß) hinsichtlich ihrer Anwendung für ein neues Produkt analysiert und weiterentwickelt werden [EHER94, S. 41].

Diese Aufstellung verdeutlicht, daß Projekte auf diversen Ebenen des Informationsniveaus initiiert werden können und vielfältige Ausprägungen bzw. Zielsetzungen besitzen. Für den Erfolg eines Projekts sind somit die präzise Standortbestimmung und Zieldefinition unbedingt erforderlich. Eine allgemeine Projektdefinition, die die unterschiedlichen Zielsetzungen des Projektes geeignet abbildet, umfaßt [BROC94, S. 341; BULL95, S. 82]:

- Die Definition des Betrachtungsobjektes (Neuprodukt, Produkt, Komponente)
- Die Zuordnung ggf. vorhandener Ideen
- Die strategische Projektzielsetzung (Suchfeld)
- Ein einheitliches Zielsystem zur Bewertung von Ideen und Konzepten (gewichtete Bewertungskriterien)
- Die Marketingzielsetzung (Zielgruppe, Kundenanforderungen, ggf. Zielpreis, Absatzmenge)
- Die technische Zielsetzung (Problemstellung, Innovationsgrad, ggf. Zielkosten)
- Ecktermine und Budgetierung
- Offene Fragen, Problemfelder
- Organisatorische Projektdaten (Titel, Projektnummer, Kurzbeschreibung, Teamzusammensetzung)

In Abhängigkeit vom Projekt können in der Startphase einzelne Aspekte noch nicht definiert werden. Sie werden erst sukzessive im Projektverlauf ermittelt und ergänzt.

Neben dieser Projektdefinition ist die Ermittlung des aktuellen Projektstatus für die weitere Vorgehensweise von besonderer Bedeutung. Hierzu müssen alle bereits vorhandenen Informationen inkl. der Metainformationen zum geplanten Innovationsprojekt zusammengetragen und im ISIM abgebildet werden. Die Informationsakquisition und die Verwendung von vorangegangenem Projektwissen wird über das IWM und das KM unterstützt. Identifizierte Informationen, die bereits im ISIM abgebildet sind, können ohne eine erneute Informationseingabe direkt mit dem neuen Projekt verknüpft werden. Externe Informationen werden in Form von Dokumenten eingebunden oder durch Dateneingabe dem Projekt zugeordnet.

Auf Basis der Eingabe aller verfügbaren Informationen kann über das IWM der aktuelle Informationsstand ermittelt werden (vgl. Kap. 4.2.1). Da die gatebezogenen Informationsniveaus bereits definiert wurden, ist eine erste Zuordnung zum aktuellen Stage möglich. In Abhängigkeit von der Erfüllung des nächsten Informationsniveaus und der unternehmensspezifischen Zielsetzung ist jedoch eine divergente Vorgabe des nächsten Gates möglich. Der Durchsetzungsprozeß von Innovationen ist durch das ständige Überwinden interner und externer Widerstände gekennzeichnet. Somit kann es beispielsweise sinnvoll sein, ausgereifte externe Inventionen einem vollständigen Innovationsprozeß zu unterziehen. Dieses fördert die Identifikation des Management und der Mitarbeiter mit der Invention. Geringere Widerstände aufgrund des „Not Invented Here"-Problems sind die Folge. Die Entscheidung, auf welcher Stufe ein Innovationsprojekt startet, muß fallspezifisch getroffen werden und liegt bei den Projektverantwortlichen.

Nachdem in den beiden vorangegangenen Kapiteln alle Grundlagen für eine informationsbasierte Projektplanung ermittelt wurden, wird im nächsten Kapitel die konkrete Umsetzung der Planungsunterstützung entwickelt.

4.3.3 AUSWAHL VON PROZEßOBJEKTEN UND BILDUNG VON TEILPROZEßKETTEN

Im Rahmen der Modellierung des Innovationsprojektes wird der Planer durch die Adaptive Planung im wesentlichen bei zwei Aufgaben entlastet. Zum einen wird er vor dem Hintergrund des Informationsbedarfs und den Randbedingungen des Projektes bei der Auswahl geeigneter Prozeßobjekte unterstützt. Zum anderen wird ihm bei der Reihenfolgeplanung der Prozeßobjekte interaktiv geholfen. Die Vorauswahl von Prozeßobjekten und deren Reihenfolgeplanung wird im folgenden beschrieben. Die mit der Feinplanung verbundene Initiierung von eigenständigen Problemlösungszyklen und Informationsbeschaffungsvorgängen wird im nächsten Kapitel behandelt.

Um die erforderlichen kausalen Verknüpfungen aufstellen zu können, ist eine erweiterte Aktionsrepräsentation notwendig. Die Prozeßobjekte werden durch ihre Ausführungsvoraussetzungen und Effekte definiert. Durch Ausführungsvoraussetzungen wird beschrieben, welche Bedingungen erfüllt sein müssen, bevor eine Aktion ausgeführt werden kann. Effekte definieren, welche Wirkungen mit der Ausführung der Aktion verbunden sind [SCHU94, S. 76].

Detaillierung des Informationssystems 83

Bezogen auf die Definition der Prozeßobjekte bedeutet dies, daß die Zuordnung zu den Unternehmens- bzw. Projektausprägungen, die Existenz definierter Eingangsinformationen und die Zuordnung zur Projektphase AUSFÜHRUNGSVORAUSSETZUNGEN sind. Zu den EFFEKTEN zählen die Transformation in eine neue Projektphase und das Erreichen eines neuen Informationsstandes. Dies sind die wesentlichen Planungsgrößen. Die weiteren in Kapitel 4.1.2. beschriebenen Attribute helfen den Planer bei der interaktiven Auswahl von alternativen Prozeßobjekten [SCHU94, S. 77].

Die Ausführungsvoraussetzungen Projektphase (P_{in}), Unternehmensausprägungen (UA) und Projektausprägungen (PA) werden als K.O.-Kriterien für die Prozeßobjektselektion zugrunde gelegt. Weiterhin müssen alle erforderlichen Input-Informationen für die potentiellen Prozeßobjekte bereits vorliegen und als Effekt mindestens eine Output-Information über dem geforderten Informationsniveau aufweisen. Somit müssen folgende Randbedingungen für die potentiellen Prozeßobjekte gelten (Bild 36):

$g \in P_{in}$ mit g = nächstes Gate

$UA \in UA_{po}$

$PA \in PA_{po}$

$ie_{in} \geq ie_{ist}$ (bzw. $ie_{in} \geq ie_{Plan}$)   für alle $ie \in PO$

$ie_{out} > ie_{soll}$ für mindestes ein $ie \in PO$

Neben diesen Randbedingungen gilt es, ein Maß für die Eignung der Prozeßobjekte zur Deckung des Informationsbedarfs zu finden. Da es sich bei der Beschreibung der Informationsqualität um ein ordinales Merkmale handelt, muß die Bewertung in eine quasimetrische Bewertung überführt werden, um durch das Informationssystem die Güte der Prozeßobjekte ermitteln zu können [BELK79, S. 39]. Die Überführung in eine quasimetrische Skalierung wird durch die Beschreibung der Zustandsänderung in Form von Stufen definiert. Auf dieser Basis ist es nun möglich, die Eignung eines Prozeßobjektes wie folgt zu definieren:

> Die informatorische Eignung eines Prozeßobjektes (PE) definiert sich über die Anzahl der Stufensprünge, die ein Prozeßobjekt im Vergleich zum aktuellen Informationsstand in Richtung des geforderten Informationsniveaus erreicht, ohne die oben definierten Randbedingungen zu verletzen.[1]

---

[1] Auf eine Unterscheidung der Informationselemente hinsichtlich ihrer Bedeutung in Form von Muß- und Kann-Informationen bzw. in Form einer Gewichtung wurde im Rahmen der Arbeit aus Transparenzgründen verzichtet. Die Einführung einer entsprechenden Gewichtung ist jedoch grundsätzlich möglich. Hierzu müssen insbesondere die informatorische Eignung und das Euklidische Maß zur Ähnlichkeitsbestimmung (Kap. 4.2.1) um eine Berücksichtigung der Gewichtungen ergänzt werden.

$$\Rightarrow PE \equiv \sum_{i=1} \Delta ie_i$$

mit $\Delta ie_i = \dfrac{\text{Anzahl der Stufesprünge in ie}}{\text{Gesamtanzahl der Abstufungen in ie}} = $ normierter Stufensprung

Bei dieser Definition ist anzumerken, daß ausschließlich die informatorische Eignung bewertet wird. Der Aufwand bzw. Zeitbedarf für die Durchführung eines Prozeßobjektes wird nicht berücksichtigt. Eine Beurteilung dieser Aspekte wird durch den Planer im Rahmen der Feinplanung übernommen. Entsprechend der Prozeßeignung (PE) der Prozeßobjekte wird eine Rangfolge gebildet.

Als weitere Unterstützung werden auf Basis der bewerteten Prozeßobjekte mögliche Teilprozeßketten gebildet. Entgegen der von SCHUMANN definierten Abbildung von Effekten in Form von logischen Aussagen [SCHU94, S. 135] werden hier für die Reihenfolgeplanung bekannte Wechselwirkungen (W) zwischen den Prozeßobjekten und die unterschiedlichen Eingangs- bzw. Ausgangsinformationen zugrunde gelegt. Hierdurch wird die kausale Verknüpfung KV (IB, W, $\overline{IE}_{in}$, $\overline{IE}_{out}$) zwischen dem Projektstand und den geeigneten Prozeßobjekten hergestellt.

Zur Bildung von potentiellen Teilprozeßketten wird in zwei Stufen vorgegangen, die den Koordinationsstrategien von SCHUMANN entsprechen [SCHU94, S. 135]. Zunächst werden auf Basis der bereits bekannten Wechselwirkungen (Bild 28) entsprechende Prozeßketten gebildet. Anschließend werden auf Basis der informatorischen Randbedingungen weitere Prozeßobjekte ergänzt.

Ausgehend von dem Prozeßobjekt (PO_{max}) mit der höchsten Eignungsbewertung werden jene Prozeßobjekte ausgewählt, die dieses Prozeßobjekt als Muß-Vorgänger bzw. Soll-Vorgänger identifiziert haben. Da die Kombination der Prozeßobjekte wiederum als Prozeßobjekt aufgefaßt werden kann, ist eine Neubewertung mittels des zuvor definierten Bewertungsschemas möglich. Um dieses durchführen zu können, muß eine neue Bilanz der Eingangs- ($\overline{IE}_{in}$) und Ausgangsinformationen ($\overline{IE}_{out}$) erstellt werden, da sich die informatorische Eignung aufgrund von Redundanzen nicht als Summe der Einzeleignungen berechnen läßt. Zur weiteren Unterstützung des Planers ist es zusätzlich möglich, durch das Informationssystem alle Kombinationen aus den potentiellen Prozeßobjekten berechnen zu lassen (Bild 36).

Ergebnis dieses Planungsschrittes sind die vor dem Hintergrund des angestrebten Informationsniveaus und des aktuellen Informationsstandes bewerteten Prozeßobjekte bzw. Teilprozeßketten. Die Bewertung bezieht sich hierbei auf die informatorische Eignung, die besagt, inwieweit das betrachtete Objekt zur Deckung des Informationsbedarfs beiträgt. Auf Basis dieser Bewertung kann der Planer interaktiv die bestgeeigneten Prozeßobjekte bzw. Teilprozeßketten auswählen und im Rahmen der Feinplanung zum spezifischen Innovationsprojekt zusammenführen.

Detaillierung des Informationssystems 85

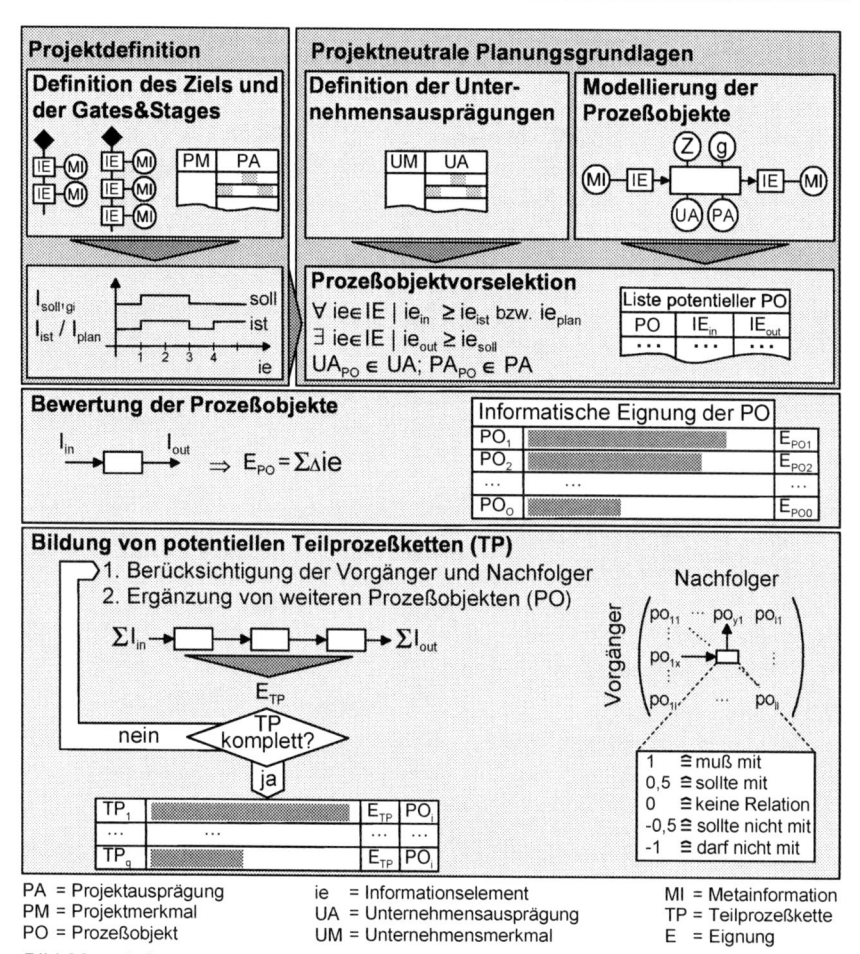

Bild 36 *Informatorische Bewertung der Eignung der Prozeßobjekte*

PA = Projektausprägung
PM = Projektmerkmal
PO = Prozeßobjekt
ie = Informationselement
UA = Unternehmensausprägung
UM = Unternehmensmerkmal
MI = Metainformation
TP = Teilprozeßkette
E = Eignung

4.3.4 FEINPLANUNG DES INNOVATIONSPROJEKTES UND INFORMATORISCHE KONSISTENZPRÜFUNG

Aufgrund der Individualität der Innovationsprojekte und der erforderlichen Projekterfahrung ist die Feinplanung nicht vollständig programmunterstützt durchführbar. Daher besteht im Rahmen dieses Planungsschrittes die Möglichkeit der flexiblen Modellierung des Innovationsprojektes. Der Planer kann mittels einer informatorischen Konsistenzprüfung das Ergebnis hinsichtlich eines geschlossenen Informationsflusses bewerten. Bei der Identifikation von Informationsdefiziten, die nicht mittels vorhandener Prozeßobjekte gedeckt werden können, ist es möglich, eigenständige Problemlösungszyklen oder Informationsbeschaffungsvorgänge zu initiieren.

Für eine effektive Feinplanung des Innovationsprojektes werden dem Planer geeignete Hilfsmittel zur Verfügung gestellt. Zunächst werden ihm die identifizierten Prozeßobjekte und Teilprozeßketten in einer Bibliothek entsprechend der informatorischen Eignung und den Projektphasen sortiert angeboten. Über „Drag&Drop" werden die Prozeßelemente interaktiv ausgewählt und zu einer Reihenfolge zusammengeführt. Bei Bedarf können logische Verknüpfungen, die ebenfalls in einer Bibliothek angeboten werden, in den Projektverlauf integriert werden. Die logischen Verknüpfungen sind für die spätere Unterstützung des Projektablaufes erforderlich.

Den Detaillierungsgrad bestimmt der Planer durch Hierarchisierung der Prozeßobjekte und durch die Wahl bzw. Modellierung unterschiedlich umfassender Prozeßobjekte. Somit ist diese Planungsmethodik frei an die unternehmens- und projektspezifischen Randbedingungen anpaßbar. Die Modellierung des Innovationsprojektes erfolgt in Anlehnung an die ARIS-Methodik (vgl. Kap. 3.3.2) [HERR98, S. 161ff.; DIN50, S. 18ff.].

Zur Unterstützung der Selektion der Prozeßelemente wird laufend eine INFORMATORISCHE BILANZ abgebildet. In Rahmen dieser Bilanz werden das Soll- und Ist-Profil der Informationsstände abgebildet. Weiterhin wird der bereits geplante theoretische Informationsstand in Form eines Planprofils dargestellt. Vor dem Hintergrund dieser Profile kann das in der Auswahl befindliche Prozeßobjekt hinsichtlich der Eignung visuell beurteilt werden.

Stehen dem Planer keine adäquaten Prozeßobjekte in der Bibliothek zur Verfügung, und wurde das angestrebte Informationsniveau noch nicht erreicht, so müssen zusätzliche Prozeßobjekte implementiert werden. Die in dieser Phase noch bestehenden Informationsdefizite sind im wesentlichen:

− Informationen, die bereits existieren, aber nicht dem Projektteam zur Verfügung stehen, und bei denen der Aufwand für die interne Generierung den Aufwand zur Informationsakquisition übersteigen würde.
− Informationen, deren Ermittlung bzw. Generierung noch unbekannt sind oder eine komplexe Problemlösung erfordern und ggf. erst geplant werden können, nachdem Ergebnisse anderer Prozeßobjekte vorliegen.

Im ersten Fall werden Prozeßobjekte zur Informationsbeschaffung initiiert. Das Informationsdefizit wird in Form einer INFORMATIONSANFRAGE formuliert, die im Rahmen der Projektsteuerung den internen und externen Verantwortlichen zugeordnet wird (vgl. Kap. 4.2.1). Im zweiten Fall wird mittels der Adaptiven Planung ein eigenständiger Problemlösungsprozeß initiiert, der bei ausreichender Informationslage geplant und umgesetzt wird.

Detaillierung des Informationssystems 87

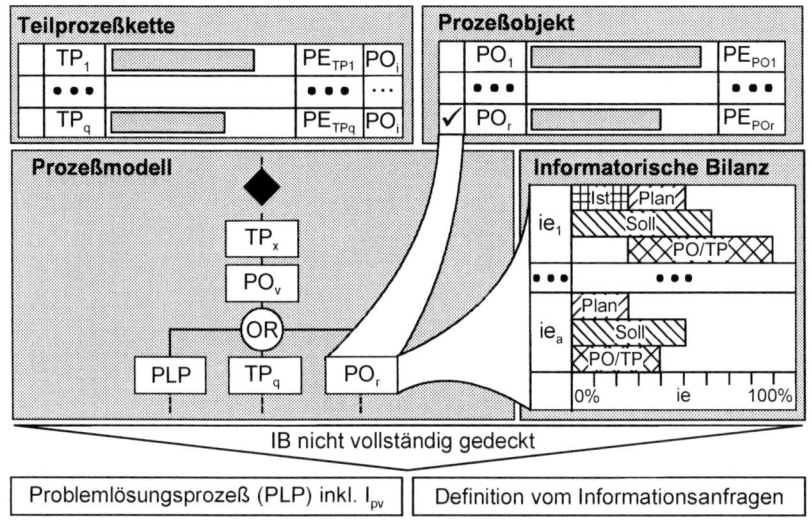

Bild 37 Interaktive Feinplanung der Prozeßobjekte

Das Prozeßobjekt „Problemlösungsprozeß" ist im Gegensatz zu den anderen Prozeßobjekten durch einen erweiterten Aufbau gekennzeichnet. Der Problemlösungsprozeß wird zusätzlich durch Planungsvoraussetzungen und eine Methode zur situationsabhängigen Definition von Planungsteilproblemen beschrieben. Planungsvoraussetzungen definieren, unter welchen Bedingungen die Planung einer komplexen Aktion stattfinden kann. Dadurch wird gewährleistet, daß eine Detaillierung der Aktion erst dann durchgeführt wird, wenn alle zu ihrer Planung notwendigen Informationen vorliegen. Die Definition der Planungsvoraussetzungen erfolgt analog zu den Ausführungsvoraussetzungen [SCHU94, S. 77]. Die Planungsvoraussetzungen (I_{pv}) beziehen sich auf das Erreichen eines festgelegten Informationsniveaus (I_{ist}):

$I_{ist} \geq I_{pv}$

Ist eine Modellierung des Problemlösungsprozesses aufgrund seiner Komplexität nicht sinnvoll, so ist die Planungsvoraussetzung als Ausführungsvoraussetzung zu interpretieren und der Planungsprozeß an das Projektteam zu delegieren. Die Methode zur situationsbezogenen Planungsteilproblemdefinition beinhaltet eine aktionstypische Vorgehensweise, die es erlaubt, das durch die Aktion repräsentierte Planungsproblem unter Berücksichtigung des bereits realisierten Anteils des Innovationsprozesses zu definieren (Vgl. 4.3.5) [SCHU94, S. 77].

Das Ergebnis der Feinplanung ist ein auf Basis informatorischer Randbedingungen modelliertes Innovationsprojekt[1]. Der Planungsabschnitt bezieht sich hierbei auf den Zeitraum zwischen zwei Projektgates. Eine weitergehende Planung ist prinzipiell möglich, aber nur im Einzelfall durchzuführen, da unvorhergesehene Ereignisse die Planung über ein Stage hinaus nachhaltig beeinflussen können (Bild 38). Auf Basis dieses Ergebnisses kann eine umfassende Unterstützung des Innovationsprojektes über das PCM realisiert werden. Die Vorgehensweise bei ggf. erforderlicher Planänderung wird im nächsten Kapitel beschrieben.

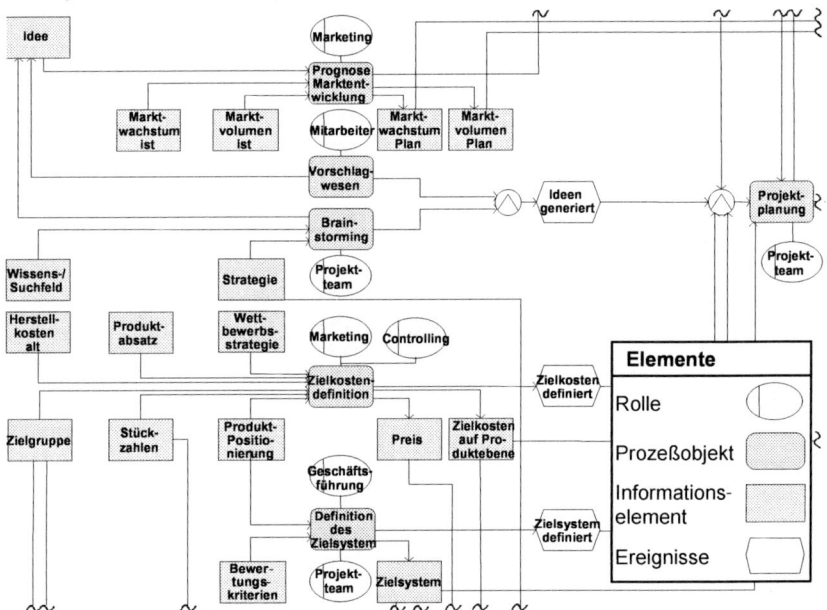

Bild 38   Ausschnitt eines geplanten Innovationsprojektes

4.3.5 LAUFENDE ADAPTIVE PLANUNG

Aufgabe der laufenden ADAPTIVEN PLANUNG ist es, Planänderungen unter Berücksichtigung bereits ermittelter Informationen und des bisherigen Projektverlaufs in den aktuellen Innovationsprozeß optimal zu integrieren. Wie bereits aufgezeigt, können zwei Ereignisse eine Planänderung erfordern (Bild 39). Zum einen können neue Erkenntnisse während der Projektbearbeitung eine Neuplanung erfordern, die durch das Projektteam angezeigt wird. Diese Form der Änderung wird im folgenden als

---

[1] Ergänzend zu der im Rahmen der Arbeit entwickelten Planungsmethodik ist es möglich, eine Terminierung und Ressourcenplanung für die Prozeßobjekte vorzunehmen. Da entsprechende Planungen den Stand der Technik darstellen [KORN 96; BROC 94; COEN 88, S. 199ff.], wird hierauf nicht im Detail eingegangen.

Detaillierung des Informationssystems

AUßERPLANMÄßIGE PLANÄNDERUNG bezeichnet. Zum anderen wird der aktuelle Informationsstand durch das ISIM ständig überprüft, um bei Erreichen der definierten Planungsvoraussetzung die Detaillierung der vorgesehenen Problemlösungsprozesse zu initiieren. Diese Form wird als PLANMÄßIGE PLANÄNDERUNG definiert.

Beide Formen der Planänderung unterscheiden sich darin, daß bei außerplanmäßigen Änderungen eine umfassende Überprüfung der bereits generierten Informationen erforderlich ist und Änderungen des Innovationsprojektes vorzunehmen sind. Planmäßige Änderungen führen lediglich zu einer Erweiterung des bestehenden Plans, ohne die Planung des Innovationsprojektes grundsätzlich in Frage zu stellen.

Demnach ist bei AUßERPLANMÄßIGEN ÄNDERUNGEN zunächst eine Analyse des Projektstandes vor dem Hintergrund des Änderungsgrundes vorzunehmen. Die Grundlage hierfür bildet die vom Projektteam formulierte ÄNDERUNGSBEGRÜNDUNG. Auf dieser Basis werden jene Prozeßobjekte ermittelt, die von der rückwirkenden Änderung betroffen sind. Über diese Prozeßobjekte werden jene Informationselemente identifiziert, die von der Änderung betroffen sind. Für spätere Analysen wird der Projektstand vor der Modifikation des Projektes im Projektlogbuch gesichert. Anschließend werden bei reaktiven Änderungen alle betroffenen Informationselemente zurückgesetzt bzw. angepaßt. Bei präventiven Änderungen (z.B. Streichung von geplanten Prozeßobjekten) ist dieses nicht erforderlich. Weiterhin werden die nicht mehr gültigen Prozeßobjekte aus dem Projektplan entfernt. Auf Basis des bereinigten Projekt- bzw. Informationsstandes ist nun eine Neuplanung des Innovationsprojektes analog zur Feinplanung möglich.

Außerplanmäßige Planänderung	Planmäßige Planänderung
Änderungsbegründung	Erreichung der Planungsvoraussetzung $I_{ist} \geq I_{pv}$
Analyse der Auswirkungen	Problemlösungsprozeß planbar? ja / nein
Archivierung des Projektstandes — Projektlogbuch + Änderungsbegründung	Prozeßmodellierung $I_{ist} \to I_{soll}$ / Delegation an das Projektteam
Bereinigung des Projektstandes	Randbedingungen: $I_{ist} \geq I_{in}$; $I_{soll} \geq I_{out}$
	Problemtransformation
Feinplanung	**Problemlösung**

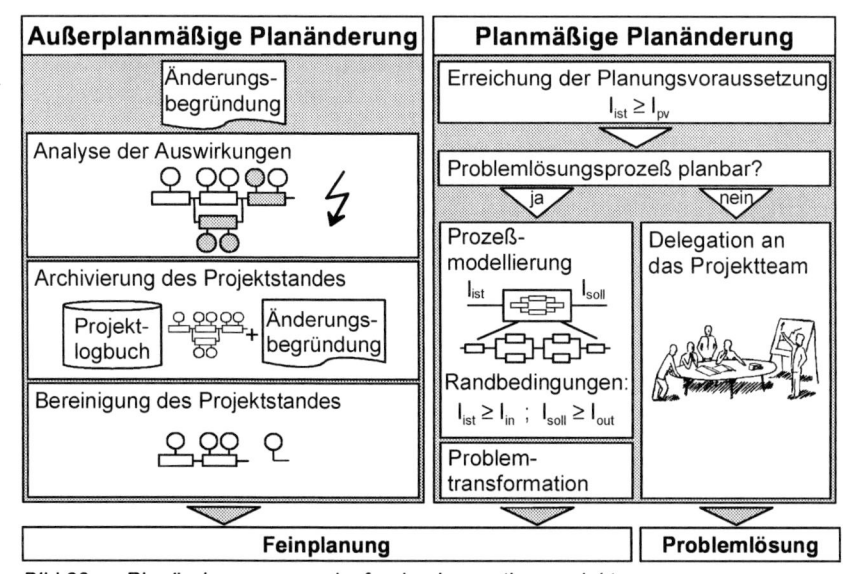

Bild 39   Planänderungen von laufenden Innovationsprojekten

Da die PLANMÄßIGE ÄNDERUNG des Innovationsprojektes keine Analyse der Auswirkungen erfordert, ist lediglich vom Planer die Entscheidung hinsichtlich der Detaillierung der Projektmodellierung zu treffen. Reicht die Beschreibung des Problemlösungsprozesses aus, um basierend auf den neuen Projektinformationen das Problem durch das Projektteam lösen zu lassen, oder ist aufgrund der Komplexität eine Modellierung des Problemlösungsprozesses nicht sinnvoll, so wird das Problem über die Problembeschreibung direkt an das Projektteam delegiert. Wird eine Modellierung des Problemlösungsprozesses als geeignet erachtet, so wird das Planungsproblem so transformiert, daß es über die Feinplanung verarbeitet werden kann. Die Transformation des Teilplanungsproblems erfolgt durch Gleichsetzen der Input-Information (I_{in}) mit dem Informationsstand (I_{ist}) bzw. der Output-Information (I_{out}) mit dem angestrebten Informationsniveau (I_{soll}). Dieses Planungsproblem kann wie in Kap. 4.3.3 beschrieben gelöst werden.

Im Rahmen dieses Kapitels wurde die Methodik zur DV-gestützten Planung von Innovationsprojekten vor dem Hintergrund eines optimalen Informationsflusses entwickelt. Hierdurch wurde die Grundlage für eine effiziente und effektive informatorische Unterstützung von Innovationsprozessen geschaffen, deren technische Umsetzung im nächsten Abschnitt ausgearbeitet wird.

4.4 SYSTEMMODUL: PROJEKTUNTERSTÜTZUNG UND CONTROLLING (PCM)

Aufgabe des PCM ist informatorische Unterstützung von Aktivitäten des Innovationsprojektes. Hieraus leiten sich die erforderlichen Funktionalitäten ab (Bild 16). Für eine effektive und effiziente Informationsverarbeitung ist eine geeignete PROJEKTSTEUERUNG UND -KONTROLLE, kombiniert mit der situationsabhängigen INFORMATIONSÜBERMITTLUNG UND -GEWINNUNG erforderlich (Bild 40).

Die damit verbundenen Systemelemente werden im folgenden detailliert. Grundlage für die Unterstützung des Innovationsprozesses bildet das zuvor modellierte Innovationsprojekt mit den definierten Informationsflüssen. Ergänzend zu diesen Funktionalitäten ist die operative Unterstützung repetitiver Aufgaben Garant für die Akzeptanz des ISIM bei den Mitarbeitern. Somit werden grundlegende Aufgaben durch OPERATIVE UNTERSTÜTZUNGSFUNKTIONEN in das Informationssystem implementiert.

Detaillierung des Informationssystems 91

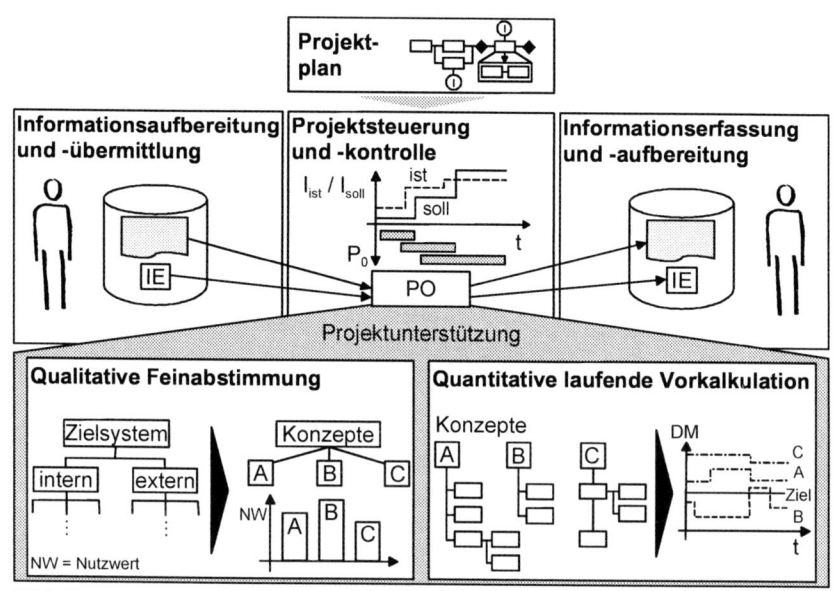

Bild 40   Aufbau des Projektunterstützung und Controlling Moduls (PCM)

4.4.1 Projektsteuerung und -kontrolle

Für die Projektsteuerung und -kontrolle werden in Abhängigkeit vom jeweiligen Unternehmen und vom Projektumfang unterschiedliche Instrumente eingesetzt. Prinzipiell sind diese Hilfsmittel gemäß der Partizipation der Mitarbeiter in aktive und passive Systeme zu unterscheiden. Passive Systeme bauen auf eine weitgehende Beteiligung des Mitarbeiters an der Projektsteuerung. Beispielsweise stellen Aktivitätenlisten in Groupware-Systemen eine passive Unterstützung des Innovationsprozesses dar. Aktive Hilfsmittel unterstützen die Projektkoordination und -umsetzung der Einzelaktivitäten. Durch die Repräsentation des Innovationsprojektes wird der Mitarbeiter von einer automatisierten Vorgangssteuerung unterstützt. Aktive Systeme, die Unternehmensprozesse steuern und den Informationsfluß im Unternehmen unterstützen, sind WFM-Systeme (vgl. Kap. 3.4).

Beide Formen der Unterstützung können prinzipiell mit der angestrebten situationsabhängigen Informationsverarbeitung kombiniert werden. Bei der passiven Unterstützung werden beim Aufrufen der geplanten Prozeßobjekte über eine definierte Kommunikationsschnittstelle die Informationen bereitgestellt bzw. erfaßt. Bei der aktiven Unterstützung werden dem Mitarbeiter die durchzuführenden Aktivitäten im Zusammenhang mit den benötigten Hintergrundinformationen automatisiert übermittelt.

Die Wahl der jeweiligen Unterstützungsform muß unternehmensspezifisch vor dem Hintergrund des Aufwandes für die Prozeßmodellierung und des erzielbaren Nutzens getroffen werden. Im folgenden wird auf die aktive Unterstützung des Innovationsprojektes eingegangen, da sich deren Umsetzung komplexer gestaltet und die passive Unterstützung direkt aus der aktiven Unterstützung abgeleitet werden kann.

Aufgrund der zunehmenden Flexibilisierung von WFM-Systemen (Kap. 3.4) eignet sich deren Einsatz auch für schwächer strukturierte Prozesse, wie sie im Rahmen des Innovationsmanagement vorzufinden sind. Insbesondere entspricht die Planungsform der Adaptiven Planung dem Basismechanismus „Late Modeling" zur flexiblen Bearbeitung von Sonderprozessen in WFM-Systemen. Hierbei werden die Prozesse auf der „build-time"-Ebene (Modellierungsebene) nachträglich vervollständigt [HERR99, S. 157f.; GOES98, S. 38; HAGE97, S. 181].

Das im PPM modellierte Innovationsprojekt wird als Prozeßmodell in das WFM-System transformiert. Dieses Grundmodell umfaßt das integrierte Informations- und Prozeßmodell sowie die definierten Ablaufregeln. Die jeweiligen Durchführungsverantwortlichen (Rollen) und ggf. eine Terminierung werden bei der Transformation ergänzt. Zur Unterstützung des Prozesses müssen im WFM-System zusätzlich Steuerinformationen in bezug auf die DV-Architektur und die anzusteuernden Applikationen ergänzt werden. Weiterhin werden in der „build-time"-Ebene des WFM-Systems die Rollen und die jeweilige DV-Umgebung des Mitarbeiters definiert. Durch die Zuordnung von Rollen zu den Prozeßobjekten bei der Transformation kann die benötigte Information später den Mitarbeitern automatisiert zur Verfügung gestellt werden. Weiterhin ist über eine Rollenverteilung die Organisation von Stellvertretungen und Personalfluktuation möglich (Bild 41).

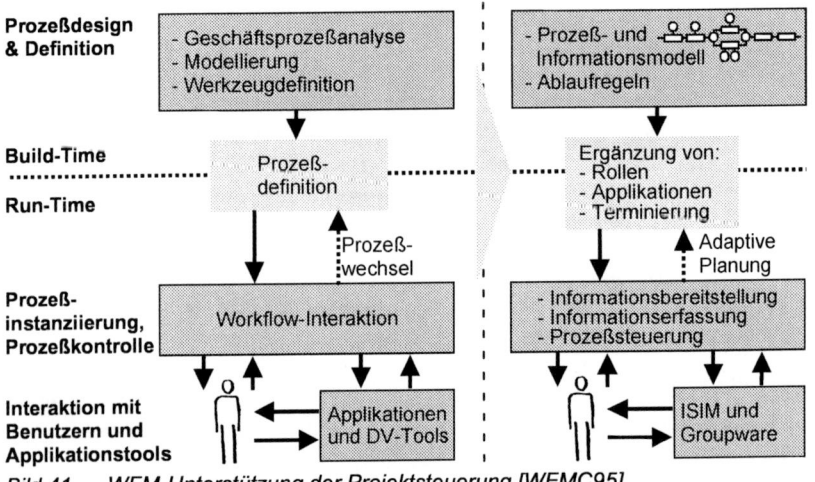

Bild 41   WFM-Unterstützung der Projektsteuerung [WFMC95]

Detaillierung des Informationssystems 93

Zur operativen Projektsteuerung wird aus dem zuvor definierten Prozeßmodell eine INSTANZ für die „run-time"-Ebene (Prozeßsteuerung) generiert. Auf Basis dieser Instanz werden die einzelnen Prozeßobjekte initiiert und deren Durchführung überwacht. Bei Erreichen der Durchführungsvoraussetzung eines Prozeßobjektes (Termin bzw. Abschluß des vorangegangenen Prozeßobjektes) erhält der verantwortliche Mitarbeiter bzw. das Projektteam eine NACHRICHT vom WFM-System über die auszuführende Aktivität inkl. der definierten Hintergrundinformationen.

Die Mitarbeiter bzw. das Team organisieren und starten die anstehenden Aktivitäten über persönliche EINGANGSBOXEN. Falls zuvor spezifiziert, werden zur Unterstützung der Aktivität Applikationen (bspw. Design- und Bewertungsprogramme) automatisch aufgerufen und die Daten an die Applikation übertragen. Neben den Aktivitäten, die DV-gestützt durchgeführt werden können, existieren insbesondere beim Innovationsmanagement viele Aktivitäten, die ohne DV-Unterstützung im Rahmen von Arbeitssitzungen oder kommunikativen Prozessen durchgeführt werden. Bei diesen Aktivitäten steht die Bereitstellung der erforderlichen Informationen am Anfang (z.B. Anforderungslisten, Problembeschreibungen) und das Protokollieren am Ende des Prozeßobjektes (z.B. generierte Ideen, Entscheidungen, Erkenntnisse) im Vordergrund (vgl. Kap. 4.4.2).

Der Abschluß einer Aktivität wird über die FERTIGMELDUNG an das WFM-System signalisiert. Erforderliche außerplanmäßige Änderungen der Projektplanungen werden ebenfalls über diese Fertigmeldung aufgezeigt. Die Fertigmeldung ist mit der definierten Dokumentation der gewonnenen Erkenntnisse verbunden.

Das PROJEKTCONTROLLING basiert auf den erfaßten Informationen und auf den bearbeiteten Prozeßobjekten. Zum einen wird wie in Kapitel 4.3.2 beschrieben anhand des Informationsstandes die Erfüllung des angestrebten Informationsniveaus und das Erreichen des nächsten Gates kontrolliert. In diesem Zusammenhang werden kontinuierlich die festgelegten Planungsvoraussetzungen überprüft, um ggf. eine Adaptive Planung zu initiieren. Zum anderen kann jederzeit über den Leitstand des WFM-Systems der Bearbeitungsstand und die Terminierung des Innovationsprojektes ermittelt werden.

Neben den planmäßigen Änderungen ist die Bearbeitung von außerplanmäßigen Änderungen beim Einsatz von WFM-Systemen gesondert zu betrachten. Ein besonderes Problem stellt hierbei die Entscheidung über die Fortführung einer laufenden Instanz dar. Aufgrund der Architektur von WFM-Systemen können aktuelle Prozeßinstanzen nachträglich nicht verändert werden. Änderungen müssen demnach unterschieden werden in Änderungen, die eine Veränderung einer laufenden Instanz erfordern, und Änderungen, die lediglich durch Ergänzung bzw. Hierarchisierung einer zusätzlichen Instanz umgesetzt werden können [HAGE97, S. 181]. Diese Entscheidung wird im Rahmen der Neuplanung auf Basis der Änderungsbegründung gefällt (vgl. Kap. 4.3.5). Im ersten Fall werden die laufende

Instanz gestoppt, die beteiligten Mitarbeiter informiert und die Neuplanung gemäß Kap. 4.3.5 durchgeführt. Im zweiten Fall wird die laufende Instanz nicht angehalten. Es reicht aus, im Rahmen des PPM zusätzliche Instanzen zu generieren. Diese Form der Planung wird auch als „Ad-Hoc-Workflow" bezeichnet.

4.4.2 INFORMATIONSÜBERMITTLUNG UND -GEWINNUNG

Die Informationsübermittlung und -gewinnung ist über das integrierte Informations- und Prozeßmodell eng mit der oben beschriebenen Projektsteuerung verbunden. Über eine grafisch-interaktive Benutzerschnittstelle werden den Mitarbeitern die relevanten Informationen zur Verfügung gestellt bzw. von ihnen abgefragt. Die Benutzerschnittstelle für die Ansteuerung und Abmeldung von Aktivitäten ist den Prozeßobjekten zugeordnet. WFM-Systeme unterstützen prinzipiell die spezifische Integration der Oberfläche für jedes Prozeßobjekt. Die Programmierung der Schnittstelle ist jedoch mit erheblichem Aufwand und Know-how verbunden. Um die notwendige Flexibilität sicherzustellen, werden für das Informationssystem Standardmasken definiert, die über eine Zuordnung von Dokumentenvorlagen an das jeweilige Prozeßobjekt flexibel adaptiert werden können (Bild 42) [vgl. ZIEG96, S. 69ff.].

Im Zusammenhang mit der Übertragung einer NACHRICHT werden die Informationen in der zuvor definierten Form zur Verfügung gestellt (vgl. Kap. 4.1.2). Bei der operativen Gestaltung der Informationsübertragung ist zum einen zu unterscheiden, ob es sich um Eingangs- oder Ausgangsinformationen handelt. Zum anderen spielt die Art der Information eine wesentliche Rolle. Informationen müssen dahingehend unterschieden werden, ob sie in dem DATENMODELL DES ISIM vorliegen, ob sie in dem DATENMODELL EINER ANDEREN APPLIKATION enthalten sind, oder ob sie als DOKUMENT bzw. DATEI vorliegen. In Abhängigkeit von der Informationsart bestehen grundsätzlich drei Möglichkeiten der Informationsrepräsentation:

1. Über die STANDARDMASKE werden die spezifizierten Informationen aus der Datenbank (ISIM oder Applikation) ausgelesen und in Form von Datenfeldern und -reihen dem Anwender zur Verfügung gestellt. Um eine solche Datenübertragung realisieren zu können, verfügen WFM-Systeme über API-Schnittstellen (Application Programming Interface), über die die Daten bereitgestellt werden können. Voraussetzung für diese Form der Kopplung ist die Offenheit der Applikation und die Kenntnis des Datenmodells [IBM97, S.3-3ff.].

2. STATISCHE DOKUMENTE bzw. DATEIEN werden aus der strukturierten Dateiablage ausgelesen und als „Attachment" bereitgestellt.

3. Informationen, die beispielsweise als Bericht aufbereitet werden müssen, können über Dokumentvorlagen mit aktiven Feldern definiert werden. Beim Auf-

rufen der Vorlage werden die Felder aus der aktuellen Datenbank gefüllt (DYNAMISCHES DOKUMENT).

Analog zu der Informationsbereitstellung werden die Informationen im Zusammenhang mit der FERTIGMELDUNG akquiriert. In Abhängigkeit von der vorgegebenen Dokumentationsform des Prozeßobjektes werden die Ergebnisse erfaßt. Hierbei ist zwischen Informationseinheiten zum Datenmodell und dokumentenbasierten Informationen zu unterscheiden. Informationseinheiten werden über die Benutzerschnittstelle direkt abgefragt und in die Datenbank übertragen. Dokumentenbasierte Informationen werden in Form eines ATTACHMENT erfaßt und mit den zugehörigen Metainformationen strukturiert abgelegt. Eine Erfassung von Informationen analog zum aktiven Dokument ist nicht sinnvoll, da relevante Datenfelder bereits im Rahmen der Fertigmeldung abgefragt wurden.

Weiterhin ist eine ÄNDERUNGSNACHRICHT für jene Mitarbeiter erforderlich, die von einer außerplanmäßigen Änderung betroffen sind, um rechtzeitig unnötige Aktivitäten abzubrechen zu können (Bild 42).

Wichtig ist hierbei, daß alle Informationen in der Datenbank des IWM gespeichert werden. Hierdurch wird sichergestellt, daß das Projektteam auf einen gemeinsamen Informationsstand zurückgreift. Weiterhin kann so jederzeit der aktuelle Informationsstand ermittelt werden kann (vgl. Kap. 4.3.2).

Startmeldung		Fertigmeldung	
Kopfdaten	**Informationselemente inkl. MI**	**Kopfdaten**	**Informationselemente inkl. MI**

- Aktivität
- Verantwortliche
- Terminierung
- Objektbezug
- Beschreibung
	- Daten-/
	  Formularfelder
	- Attachment von
	  - Dokumenten
	  - Dateien
	  - Links
	- Änderungs-
	  meldung
	- Kommentar
		- Aktivität
		- Verantwortliche
		- Terminierung
		- Objektbezug
			- Daten-/
			  Formularfelder
			- Attachment von
			  - Dokumenten
			  - Dateien
			  - Links
			- Änderungs-
			  meldung
			- Kommentar

Änderungsnachricht	
Kopfdaten	**Informationselemente inkl. MI**
- Aktivität - Verantwortliche - Projektbezug - Beschreibung	- Änderungs- meldung - Kommentar

Bild 42   Struktur der Benutzerschnittstelle zur Informationsbereitstellung und -erfassung

4.4.3 IMPLEMENTIERUNG VON OPERATIVEN UNTERSTÜTZUNGSFUNKTIONEN

Neben der beschriebenen Funktionalität zur flexiblen informatorischen Unterstützung des Innovationsprojektes werden im Rahmen des PCM vom Projektteam häufig verwendete Grundfunktionalitäten zum Controlling des Innovationsprozesses implementiert. Als wesentliche Grundfunktionalitäten werden insbesondere die Bewertung von Ideen bzw. Alternativen und die mitlaufende Vorkalkulation des Innovationsobjektes benötigt [HORV96, S. 6-52ff.].

Spezielle Bewertungsverfahren (z.B. Fuzzy-Bewertungen und Investitionsrechnungen) können bei Bedarf über die Prozeßobjekte zusätzlich eingebunden werden (vgl. Kap. 4.1.1). Als Standard wird eine Bewertung in Anlehnung an die VDI 2220 implementiert. Diese Bewertung ist durch eine breite Anwendung und einen einfachen Aufbau gekennzeichnet [VDI2220, S. 6ff.]. Die QUALITATIVE FEINBEWERTUNG wird somit in Form einer Nutzwertanalyse realisiert.

Zur QUANTITATIVEN BEWERTUNG technischer Produkte wird eine Vorkalkulation unterstützt. Hierzu wurde im Rahmen der Entwicklung der Informationsklasse KONZEPT die Produktstruktur eingeführt. Die Produktstruktur setzt sich flexibel aus frei definierbaren KOMPONENTEN zusammen, denen die jeweiligen Kostenarten systematisch zugeordnet werden können. Da mit Projektfortschritt die Detaillierung der Produktstruktur und die Sicherheit der Kosteninformationen zunimmt, muß die mitlaufende Vorkalkulation dieser Tatsache Rechnung tragen. Das Schema der mitlaufenden Vorkalkulation ist in Bild 43 dargestellt. Vor dem Hintergrund der definierten Gates und Zielkosten sowie der ermittelten Kosten ist ein integriertes Gate/Kostencontrolling möglich.

Das entwickelte PCM bietet somit eine durchgängige operative Unterstützung des Innovationsprojektes. Die anwenderorientierte Gestaltung stellt die Akzeptanz des ISIM beim Projektteam sicher. Neben der gerichteten Informationsverarbeitung des PCM besteht im Rahmen des Innovationsprojektes zusätzlich Bedarf an einer ungerichteten Kommunikation innerhalb und außerhalb des Projektteams. Auf die Unterstützung dieser Kommunikation wird im folgenden eingegangen.

Detaillierung des Informationssystems 97

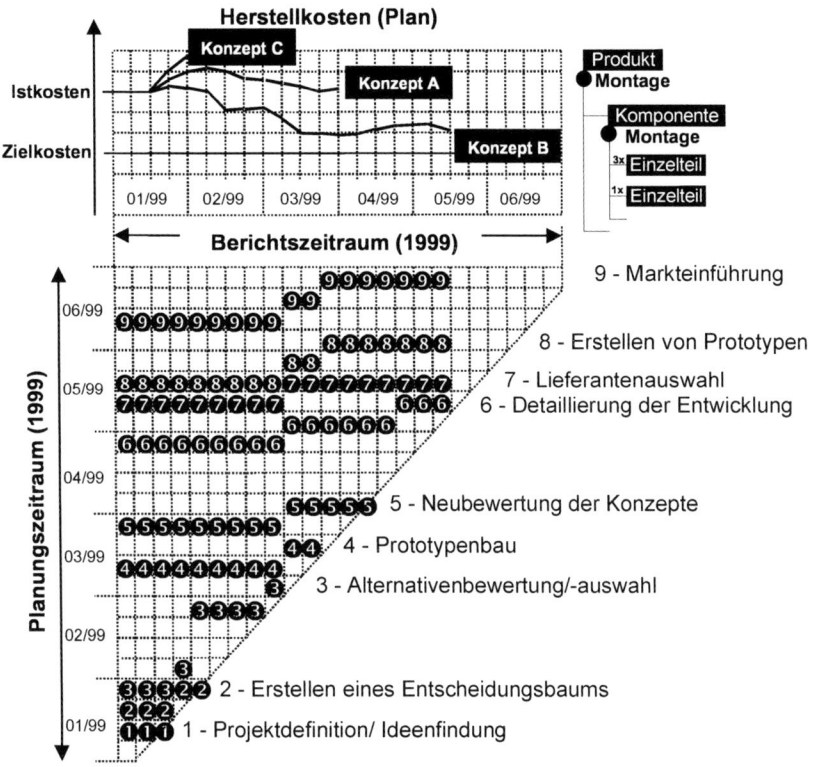

Bild 43 Mitlaufende Vorkalkulation und Gatetrendanalyse zum Innovationsobjekt [vgl. SING 93, S. 278]

4.5 SYSTEMMODUL: KOMMUNIKATION (KM)

Neben der zuvor beschriebenen strukturierten Informationsverarbeitung findet sowohl im Projektteam als auch übergreifend ein informeller Informations- und Wissensaustausch statt, der für Innovationsprojekte von großer Bedeutung ist. Häufig stellen die informell ausgetauschten Informationen eine wichtige Grundlage für den Aufbau von Erfahrungswissen dar [ILOI97, S. 20]. Das KM hat somit die Aufgabe diese Kommunikationsform zu unterstützen und die Verbindung zu den Stakeholdern (Anspruchsgruppen) des Innovationsprozesses sicherzustellen. Als besonderer Teilaspekt steht das Ideenmanagement im Vordergrund, da hierüber alle Mitarbeiter des Unternehmens motiviert und unterstützt werden, eigene Ideen und Anregungen in den Innovationsprozeß zu integrieren [KRIS95, S. 161f.]. Beide Aspekte des KM werden im folgenden detailliert. Anschließend wird die Einbindung des ISIM in die bestehende DV-Landschaft von produzierenden Unternehmen beschrieben.

4.5.1 KOMMUNIKATIONSPLATTFORM

Die Einrichtung von Kommunikationsforen zur Förderung der informellen Kommunikation hat sich in einer Vielzahl von Unternehmen durchgesetzt [ILOI97, S. 20]. Mit den verfügbaren neuen IuK-Technologien ergeben sich jedoch weitere interessante Einsatzmöglichkeiten. Insbesondere ist der Transfer von klassischen Kommunikationsforen in eine DV-gestützte Kommunikationsplattform vielversprechend. Zeitliche, räumliche und sprachliche Barrieren können überwunden werden. Weiterhin erreichen entsprechende Lösungen wesentlich gezielter und umfassender die Mitarbeiter, als dieses entlang der klassischen hierarchie- und funktionsorientierten Kommunikationswege der Fall ist [HASL96, S. 161].

Es ist das Ziel des KM, die innovationsbezogene Kommunikation weitgehend zu unterstützen, um Informationselemente bei Bedarf den entsprechenden Innovationsobjekten (Projekt, Konzept, Idee, Komponente etc.) zuzuordnen. Dieses soll jedoch nicht bedeuten, daß jegliche Kommunikation erfaßt und gespeichert wird. Neben den arbeitsrechtlichen Regelungen des BetrVG und der damit verbundenen Mitbestimmungspflicht würde das Recht auf informationelle Selbstbestimmung der Mitarbeiter verletzt, und die Akzeptanz des ISIM wäre dadurch gefährdet [HERR99, S. 9ff.]. Vielmehr soll im Rahmen des KM für die Mitarbeiter die Möglichkeit einer komfortablen Zuordnung der ausgetauschten Informationen zu den Innovationsobjekten geschaffen werden. Die Mitarbeiter entscheiden somit eigenständig in Abhängigkeit von der Relevanz und der Vertraulichkeit der Informationen über deren Archivierung bzw. Verbreitung.

Für die Gestaltung des KM muß ermittelt werden, zwischen welchen Partnern über welche Kommunikationsplattformen welche relevanten Informationen entlang des Innovationsprozesses ausgetauscht werden. Die potentiellen Kommunikationspartner sind grundsätzlich alle Stakeholder des Innovationsprozesses. Im speziellen sind dies das Projektteam, die Mitarbeiter des Unternehmens, die Kooperationspartner, die Kunden (bestehende und neue), die Wettbewerber, die Lieferanten und die Informationsbroker. Der Informationsaustausch kann über unterschiedliche Wege erfolgen. Zum einen sind die traditionellen Medien wie Brief, Fax, Telefon und Gespräch bzw. Konferenz zu nennen. Darüber hinaus spielen bei Innovationsprojekten vermehrt Kommunikationsformen wie Email, Videokonferenzen, Diskussionssysteme, Internet und Datenaustausch eine wichtige Rolle [WAGN95, S. 76]. Es ist zwar prinzipiell möglich, Konferenzen oder Gespräche aufzuzeichnen und als Film oder Tonsequenz abzuspeichern. Dieses würde jedoch zu einer Flut an Informationen führen, die eine Identifikation der wesentlichen Erkenntnisse unmöglich macht. Vor diesem Hintergrund wird im folgenden davon ausgegangen, daß Erkenntnisse und Entscheidungen, die im Rahmen von solchen Gesprächen und Konferenzen gewonnen werden, abschließend in Form von Protokollen bzw. Notizen festgehalten und ausgetauscht werden. Im Zentrum der Betrachtung steht somit die Übertragung von dokumenten- und dateibasierten Informationen.

Als zentrale Kommunikationsplattform, die diese Formen des Informationsaustausches weitgehend unterstützt, wurden Groupware-Systeme entwickelt (vgl. Kap 3.4) [BORN95, S. 9; BULL96c, S.21]. Diese Systeme zeichnen sich durch den Transfer von weitgehend unstrukturiertem Wissen aus, das unabhängig vom Datenformat strukturiert verwaltet und ausgetauscht wird [HASL96, S. 163]. Für die vorliegende Problemstellung stellt sich die Frage, in welcher Form ein Groupware-System mit dem ISIM gekoppelt werden sollte, um den angestrebten strukturierten Aufbau von Erfahrungswissen zu unterstützen. Prinzipiell ergeben sich drei Möglichkeiten der Systemkopplung, die sich hinsichtlich des Integrationsgrades unterscheiden (Bild 44).

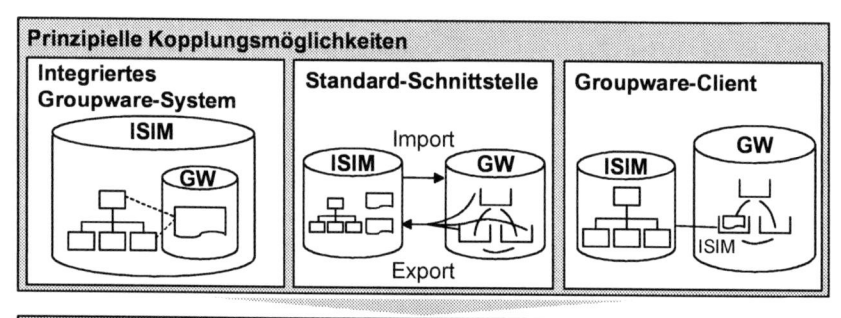

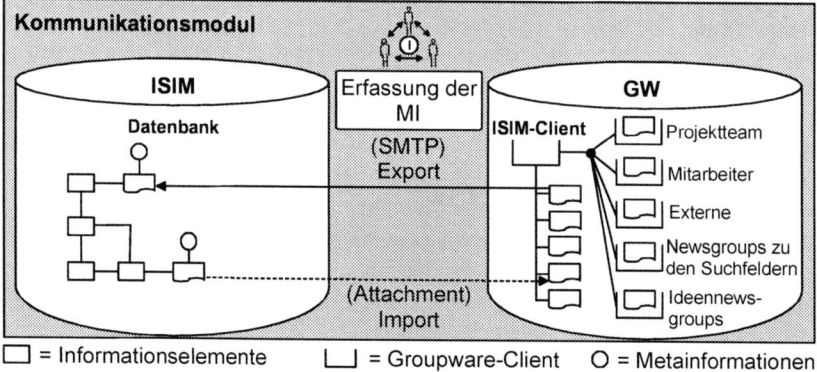

Bild 44 Kopplungsmöglichkeiten und Struktur des Kommunikationsmodul

Das INTEGRIERTE GROUPWARE-SYSTEM zeichnet sich durch eine vollständige Realisierung der Groupwarefunktionalitäten innerhalb des ISIM aus. Der Vorteil dieser Lösung liegt in der Möglichkeit, die Dokumentenverwaltung direkt mit der Struktur der

Dokumentenablage des ISIM zu koppeln. Nachteilig ist, daß neben im Unternehmen eventuell vorhandenen Groupware-System ein zweites System aufgebaut wird, wodurch der Aufwand für die Administration erheblich steigt und die Anwenderfreundlichkeit reduziert wird.

Die Realisierung einer STANDARDSCHNITTSTELLE ermöglicht die fallspezifische Zuordnung von Dokumenten bzw. Dateien aus dem Groupware-System in die Struktur des ISIM. Aufgrund der weitreichenden Standardisierung der Basistechnologien von Groupware-Systemen können die Informationsobjekte in Standard-Datenformate (bspw. SMTP, XML und COBRA) transformiert und ausgetauscht werden. Bei der durch den Anwender initiierten Datenübertragung werden die relevanten Metainformationen erfaßt und das Dokument in die Datenstruktur des ISIM eingeordnet. Vorteil dieser Technologie ist die einfache Realisierung des Datentransfers und die Unabhängigkeit von der im Unternehmen vorhandenen Groupware-Lösung, da lediglich die exportierten Dateien in das ISIM übernommen werden. Problematisch ist jedoch, daß die Schnittstelle nicht bidirektional ausgebildet werden kann. Für die Transformation der SMTP-Dateien in ein Groupware-System wäre wiederum die Funktionalität eines Groupware-Systems erforderlich.

Die Ausbildung des ISIM als GROUPWARE-CLIENT bedeutet, daß die Dokumenten- bzw. Dateiverwaltung von einem Groupware-System übernommen wird. Die einzelnen Innovationsprojekte werden als weiterer Client im Groupware-Systems angemeldet. An diesen können alle Stakeholdern und insbesondere das Projektteam Informationen und Dokumente übertragen. Das Projektteam bzw. der Projektleiter vertreten das Innovationsprojekt und organisieren die strukturierte Informationsverwaltung. Im Rahmen des ISIM werden keine Dokumente verwaltet. Ein wesentlicher Vorzug dieses Ansatzes besteht in der einfachen Umsetzung, der flexiblen Strukturierung der Informationsverwaltung und der leichten Informationsdistribution. Weiterhin können alle Such- und Sortierfunktionen der Groupware-Systeme genutzt werden. Zusätzlich fördert die Möglichkeit, themenspezifische Diskussionsforen in Form von Newsgroups aufzubauen, den gezielten Wissenstransfer. Problematisch ist bei dieser Lösung die Verwaltung von strukturierten Informationen und insbesondere Daten, die in das ISIM übertragen werden müssen. Groupware-Systeme bieten für diese Form der Datenübertragung bislang kaum Unterstützung. Ferner ist die strukturierte Erfassung von Metainformationen, die für die Ermittlung des Informationsstandes und des Informationsbedarfes erforderlich sind, nicht möglich.

Vor dem Hintergrund der in Kap. 3 definierten Zielsetzungen und Anforderungen sollte in Abhängigkeit von den unternehmensspezifischen Randbedingungen eine Kombination aus der zweiten und dritten Alternative gewählt werden. Aufgrund der Flexibilitätsvorteile wird im Rahmen der vorliegenden Arbeit die Informationsverwaltung in Form des GROUPWARE-CLIENT realisiert. Allerdings werden die akquirierten Informationen zusätzlich über eine STANDARDSCHNITTSTELLE mit den dazugehörigen Metainformationen in das ISIM übertragen. Somit sind alle Voraussetzungen für die

Ermittlung des Informationsstandes und der Unterstützung des Innovationsprozesses gegeben. Informationen, die aus dem ISIM an die Teammitglieder oder beispielsweise an Machtpromotoren distribuiert werden, können durch das ISIM in Dokumentenform aufbereitet werden und als „Attachment" über das Groupware-System versendet werden.

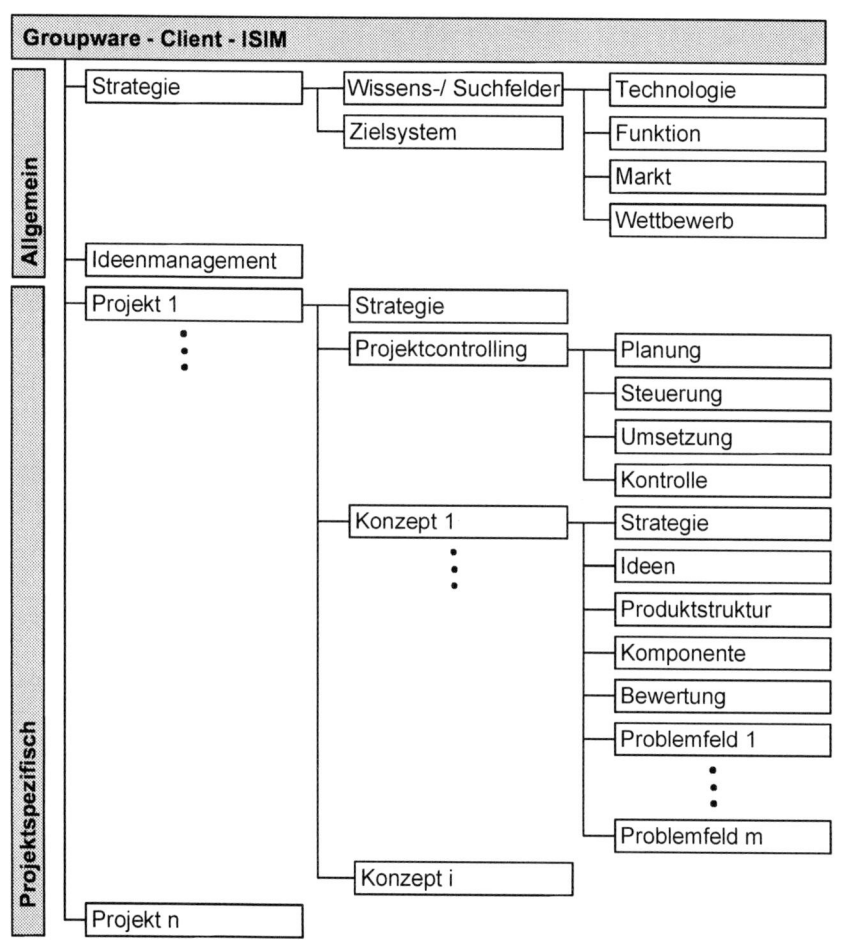

```
Groupware - Client - ISIM
Allgemein
  ├─ Strategie ─┬─ Wissens-/ Suchfelder ─┬─ Technologie
  │             │                         ├─ Funktion
  │             └─ Zielsystem             ├─ Markt
  │                                       └─ Wettbewerb
  └─ Ideenmanagement

Projektspezifisch
  ├─ Projekt 1 ─┬─ Strategie
  │   ⋮         ├─ Projektcontrolling ─┬─ Planung
  │             │                       ├─ Steuerung
  │             │                       ├─ Umsetzung
  │             │                       └─ Kontrolle
  │             ├─ Konzept 1 ─┬─ Strategie
  │             │   ⋮          ├─ Ideen
  │             │              ├─ Produktstruktur
  │             │              ├─ Komponente
  │             │              ├─ Bewertung
  │             │              ├─ Problemfeld 1
  │             │              │   ⋮
  │             │              └─ Problemfeld m
  │             └─ Konzept i
  └─ Projekt n
```

Bild 45   Struktur der Dokumentenverwaltung im Groupware-Client

Entscheidend für die Leistungsfähigkeit des Groupware-Client ist eine geeignete Struktur der Dokumentenverwaltung. Herkömmliche Groupware-Lösungen unterstützen im allgemeinen eine hierarchische Dokumentenverwaltung auf der Ebene der Eingangs- und Ausgangsboxen. Da das ISIM eine objektorientierte Verwaltung der innovationsrelevanten Informationen unterstützt, sollte eine an die Struktur des ISIM angelehnte Gliederung der Dokumentenverwaltung gewählt werden. Diese Struktur leitet sich somit direkt aus dem integrierten Informations- und Prozeßmodell ab (vgl. Kap. 4.1) und ist in Bild 45 dargestellt.

Durch die Anbindung des ISIM an ein bestehendes Groupware-System wird die interdisziplinäre unternehmensinterne sowie -externe Kommunikation entlang des Innovationsprozesses unterstützt. Aufgrund der für den Innovationsprozeß besonderen Bedeutung der unternehmensweiten Ideengenerierung, -sammlung und -verfolgung wird im folgenden auf deren Unterstützung durch das Kommunikationsmodul näher eingegangen.

4.5.2 Integration in die Unternehmensorganisation

Die weitreichende Integration des ISIM in das Unternehmen ermöglicht die Einbeziehung von Mitarbeitern, die nicht direkt in das Innovationsprojekt eingebunden sind. Hierbei ist es insbesondere das Ziel, zum einen Ideen und Erkenntnisse von diesen zu akquirieren und zum anderen über eine Bewertung von Ideen und Konzepten auf deren Erfahrungswissen zurückzugreifen.

Ziel des Ideenmanagement ist somit, eine umfassende Sammlung und strukturierte Speicherung von Ideen und Erkenntnissen der Mitarbeiter, Kunden und Lieferanten, bzw. von Ideen, die bei der Projektarbeit entstehen. Im Gegensatz zum herkömmlichen Vorschlagswesen werden auch jene Ideen gespeichert, die im Rahmen von Innovationsprojekten generiert wurden, aber in der spezifischen Situation nicht umgesetzt werden konnten. Das mit dem Management von Ideen eng verbundene Vorschlagswesen hat sich in vielen Unternehmen etabliert und wird dort mit unterschiedlichem Erfolg umgesetzt. Eine wesentliche Barriere stellen hierbei lange, unübersichtliche und bürokratische Abläufe der Ideeneinreichung, Bewertung und Umsetzung dar, wie sie beispielsweise in [BRIN87] beschrieben wurden. Weiterhin werden Verbesserungsvorschläge von zentralen Gremien bewertet, die nicht in allen Bereichen die erforderliche Fachkompetenz besitzen, um die Reichweite und Bedeutung einer Idee abschätzen zu können. Dieses Problem besteht insbesondere bei der Bewertung von innovativen Ideen und Ansätzen zu Produkten, die im Unternehmen noch nicht bestehen [HALL97, S. 23; KRIS95, S.171; HERZ91, S. 193f.].

Um diesen Widerständen zu begegnen, wird mit Hilfe des Kommunikationsmoduls eine flexible Lösung geschaffen, die Hierarchien umgeht, und bei der die Ideen für alle Interessenten direkt verfügbar sind. Die Ideen werden nicht wie bei einem Vorschlagswesen durch ein Gremium gefiltert, bevor sie veröffentlicht werden. Vielmehr werden die Ideen direkt in der Ideendatenbank abgelegt. Aufgrund der Steigerung der Eigenverantwortung wird die Qualität der eingereichten Ideen verbessert, da der Mitarbeiter sich nicht auf die Filterung und Aufbereitung durch ein Bewertungsgremium verläßt. Darüber hinaus wird das Qualitätsniveau der Ideen

Detaillierung des Informationssystems 103

gesteigert, indem jeder Mitarbeiter des Unternehmens diese Idee lesen, kommentieren und weiterentwickeln kann. Analog zum Internet [WAGN95, S. 175] ist ein offenes Klima zu etablieren, in dem Ideen diskutiert, bewertet, aber auch verworfen werden können.

Über die Nutzung von Ideen entscheiden die jeweiligen Projektteams dezentral. Diese können über Suchmaschinen und die strukturierte Speicherung interessante Ideen identifizieren, bewerten und auswählen. Die hierfür erforderliche strukturierte Beschreibung einer Idee wurde bereits in Kap. 4.1.1 entwickelt. Für die Umsetzung der beschriebenen Funktionalität zum Ideenmanagement stellt sich die Frage nach der geeigneten Unterstützungsplattform sowie nach dem Ablauf der Ideenerfassung, -bewertung und -umsetzung.

Die Unterstützungsplattform zum Ideenmanagement kann entweder innerhalb des ISIM eingerichtet oder in ein Groupware-System integriert werden [HALL97, S. 26; GASS97, S. 28]. Aufgrund der einheitlichen Gestaltung des Informationssystems wird auch das Ideenmanagement auf Basis des Groupware-Systems aufgebaut. Im Rahmen dieses Systems wird eine IDEEN-NEWSGROUP eingerichtet, innerhalb derer die Ideen vorgeschlagen und diskutiert werden können. Eine einheitliche Struktur der Ideenbeschreibung wird durch ein vorgegebenes Ideendatenblatt sichergestellt (Bild 46).

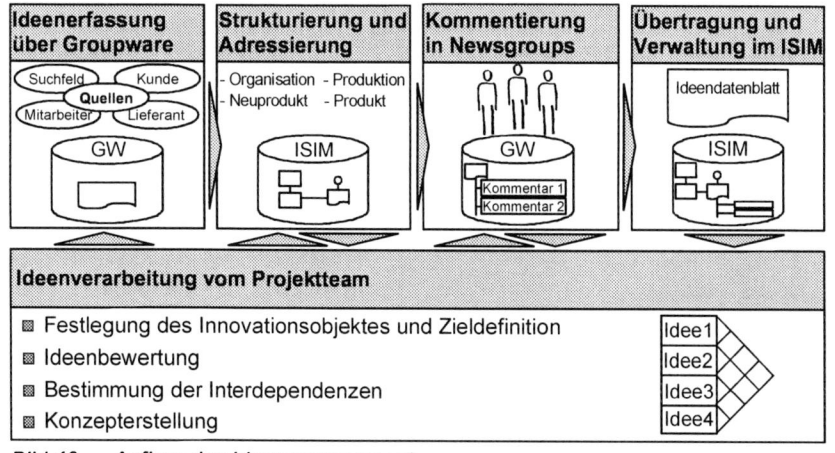

Bild 46   Aufbau des Ideenmanagement

Ein wichtiger Aspekt bei dieser Form des Ideenmanagement ist die Geheimhaltung von sicherheits- oder wettbewerbsrelevanten Ideen. Hierzu muß die Verbreitung der Ideen über das Groupware-System teilweise eingeschränkt werden. Über die Definition von unterschiedlichen Zugriffsgruppen kann der Ideengeber die Zugriffsrechte einschränken. Hierauf aufbauend werden dem jeweiligen Anwender nur die für ihn relevanten Ideen in der IDEEN-NEWSGROUP angezeigt. Die Einschränkung des

Adressatenkreises sollte jedoch nur in besonderen Ausnahmefällen durchgeführt werden, da dies den unternehmensweiten Wissenstransfer einschränkt und die Systemakzeptanz reduziert.

Da für die Planung von Innovationsprojekten die Ideen auch im ISIM vorliegen müssen, wird bei jeder Änderung bzw. Kommentierung über die STANDARDSCHNITTSTELLE die Idee an das ISIM übertragen. Das Projektteam, das im Rahmen des PPM eine detaillierte Bewertung und Auswahl der Ideen durchführt, arbeitet innerhalb des ISIM und nutzt die dort implementierten Bewertungs- und Selektionsfunktionalitäten (Kap. 4.3.2).

Durch dieses systematische Ideenmanagement wird ein umfassender Pool an neuen Ansätzen geschaffen, der die Basis für die Planung neuer Projekte bildet. Zur Vorbereitung eines Projektes wird in Abhängigkeit vom Betrachtungsobjekt und von der strategischen Zielsetzung eine Vorauswahl von potentiell relevanten Ideen, Trends und Ansätzen aus der Ideendatenbank durchgeführt. Diese Ideen werden vor dem Hintergrund der Projektzielsetzung mittels einer Nutzwertanalyse priorisiert und zu einem Projektauftrag zusammengeführt. Da die Ideen teilweise in Wechselwirkung zueinander stehen, ist für die Erstellung alternativer Konzepte die Ermittlung und Abbildung dieser Interdependenzen erforderlich. Hierzu wird vom Projektteam eine Abhängigkeitsmatrix erstellt, die die interaktive Planung alternativer Konzepte unterstützt (Bild 46).

In jeder Phase des Innovationsprojektes ist es möglich, neue Ideen zu ergänzen, zurückzustellen oder zu verwerfen. Ideen, die noch nicht in der Ideen-Newsgroup diskutiert wurden, werden über das Groupware-System erfaßt. Weiterhin werden die Gründe für die Ablehnung von Ideen als Kommentar in der Newsgroup ergänzt. Der Grund der Ablehnung kann von allgemeiner Natur sein oder sich auf die spezifischen Randbedingungen des Projektes beziehen. Beide Formen der Ablehnung werden einschließlich der Begründung archiviert. Hierdurch schließt sich der Kreis des Ideenmanagement, und der systematische Aufbau von Erfahrungswissen wird sichergestellt.

Über das Kommunikationsmodul wurden im wesentlichen die Mitarbeiter in den Innovationsprozeß eingebunden. Neben dieser Kommunikation muß sich ein Informationssystem in die bestehenden DV-Umgebung des Unternehmens integrieren. Diese Integration wird im folgenden beschrieben.

4.5.3 EINBINDUNG DES ISIM IN DIE BESTEHENDE DV-UMGEBUNG

Das Kommunikationsmodul stellt neben der Verbindung zu den Stakeholdern des Innovationsprozesses die Schnittstelle zu der DV-Umgebung des Unternehmens sicher. Aufgrund der Zielsetzung eines möglichst integrierten Informationsflusses, der effizienten Datenhaltung und der Vermeidung von Redundanzen muß das ISIM in die vorhandene DV-Landschaft des Unternehmens implementiert werden. Eine Analyse der eingesetzten DV-Systeme zur Unterstützung des Innovationsprozesses wurde bereits in Kap. 2.5 durchgeführt. Diese Analyse zeigte, daß während des Innovationsprozesses im wesentlichen die in Bild 47 aufgeführten Systeme zum Einsatz kommen [SCHE96, S.17-14, FRIC97, S. 169ff.].

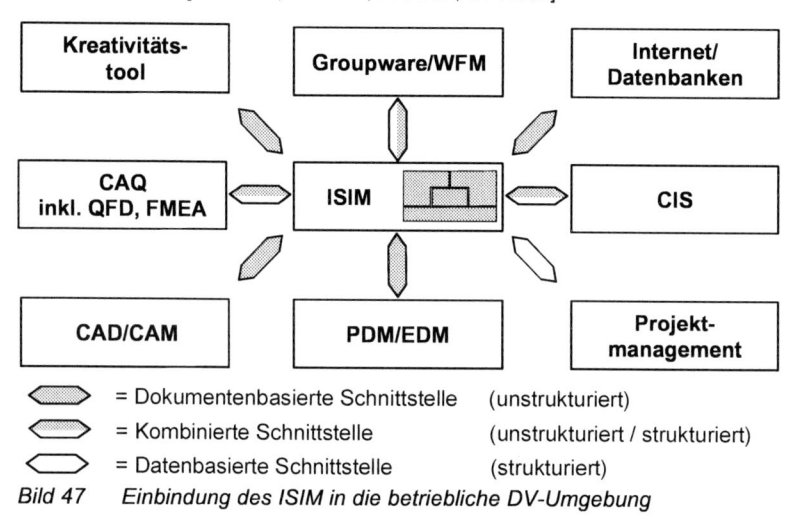

```
  Kreativitäts-          Groupware/WFM           Internet/
     tool                                        Datenbanken

    CAQ                     ISIM                    CIS
  inkl. QFD, FMEA

   CAD/CAM                 PDM/EDM                Projekt-
                                                 management
```

◇ = Dokumentenbasierte Schnittstelle (unstrukturiert)
◇ = Kombinierte Schnittstelle (unstrukturiert / strukturiert)
◇ = Datenbasierte Schnittstelle (strukturiert)

Bild 47   Einbindung des ISIM in die betriebliche DV-Umgebung

Die Schnittstellen zu diesen Systemen unterscheiden sich insbesondere durch den Inhalt und die Form der Systemkopplung. Aufgrund der Flexibilität und der überwiegend unstrukturierten Informationen werden die meisten Informationen dokumentenbasiert ausgetauscht. Einige Schnittstellen werden darüber hinaus datenbasiert ausgeführt. Die Zuordnung der erhaltenen Informationen wird durch die vom Projektteam definierten Metainformationen vorgenommen.

Die Schnittstelle zum GROUPWARE- bzw. WFM-SYSTEM wurde zuvor bereits ausführlich beschrieben. Herauszustellen ist die Übertragung der Informationen für die Projektplanung und -steuerung, die vom WFM-System mittels einer datenbasierten Schnittstelle realisiert wird, um die definierten ISIM-Funktionalitäten zu gewährleisten (vgl. Kap. 4.3 und Kap. 4.4).

Die für die Informationsakquisition relevanten DATENBANKEN sind bislang durch eine stark unterschiedliche Struktur, Offenheit und DV-Plattform gekennzeichnet. Daher bietet sich auch hier eine dokumentenbasierte Informationsübertragung an. Output des ISIM für eine Recherche sind die definierten Suchfelder und eine spezifische Problembeschreibung. Diese sind für die Definition der Suchanfrage (Key-Words, Zeitraum etc.) hilfreich. Als Input für das ISIM können alle dokumentierten Ergebnisse (Trefferlisten, Datenreihen, Dokumente, Dateien, Internet-Seiten etc.) erfaßt und strukturiert werden.

Da das ISIM die sukzessive Abbildung und Vorkalkulation des Innovationsobjektes unterstützt, bietet sich für die Detaillierung und Umsetzung des Konzeptes eine Übertragung der Produktstruktur und Kostenkalkulation in ein CONTROLLING-INFORMATIONSSYSTEM (CIS) bzw. in ein PPS-SYSTEM an. Detailliertere finanzielle Bewertungen, Kosteninformationen und Investitionsrechnungen, die im Rahmen des CIS erstellt wurden, können im Gegenzug an das ISIM übertragen werden.

Bei dem zusätzlichen Einsatz eines PROJEKTMANAGEMENT-TOOLS können die Plan- und Ist-Daten ständig zwischen beiden Systemen datenbasiert abgeglichen werden. Ist eine direkte Datenübertragung aus technischen Gründen nicht möglich, so sollten zumindest die Termine der Gates dokumentenbasiert ausgetauscht werden, um die Planungen zu synchronisieren.

EDM- bzw. PDM-SYSTEME weisen im Rahmen der Dokumentenverwaltung partiell redundante Funktionalitäten zum ISIM auf. Der Unterschied dieser Systeme besteht jedoch in der unterschiedlichen Zielsetzung. EDM- und PDM-Systeme verfolgen das Ziel eines umfassenden Änderungs- und Zugriffsmanagement, um die Parallelisierung von Entwicklungsprozessen und eine konsistente Dokumentenhaltung zu ermöglichen [GAUS98b, S. 321]. Ziel des ISIM ist es dagegen, möglichst viele Informationen zu innovationsrelevanten Themen zu akquirieren, um diese für die Generierung und Umsetzung neuer Ideen zu nutzen. Vor diesem Hintergrund sollten Dokumente erst nach Erreichen einer ausreichenden Konkretisierung an das EDM- bzw. PDM-System übertragen und dort verwaltet werden. Hierzu bietet sich eine dokumentenbasierte Schnittstelle an, über die alle für den späteren Entwicklungsprozeß relevanten Informationen übertragen werden können.

Der Informationsaustausch mit CAX-SYSTEMEN beschränkt sich im wesentlichen auf den Austausch von Dokumenten und Dateien. Werden in der frühen Produktentstehung beispielsweise Prinzipskizzen oder virtuelle Prototypen erstellt, so können diese dem Innovationsprojekt im ISIM zugeordnet werden. Von Seiten des ISIM können insbesondere an CAQ-Systeme (QFD und FMEA) die gewichteten Kundenanforderungen und Produktmerkmale übertragen werden.

Zwischen den Systemen zur IDEENGENERIERUNG und dem ISIM werden aufgrund der unterschiedlichen Datenstrukturen nur dokumentenbasierte Informationen ausgetauscht. Im speziellen wird die Problem- und die Objektbeschreibung vom ISIM zur Verfügung gestellt. Die generierten Ideen werden im Gegenzug über das KM erfaßt.

Die Beschreibung der Schnittstellen verdeutlicht, daß die Effizienz des ISIM durch eine Kopplung mit den DV-Systemen im Unternehmen weiter gesteigert werden kann. Der Grad der Integration hängt dabei stark von den organisatorischen und DV-technischen Randbedingungen des Unternehmens ab. Durch das KM wurde jedoch eine flexible Schnittstelle geschaffen, die insbesondere den dokumenten- bzw. dateibasierten Informationsaustausch unterstützt. Datenbasierte Schnittstellen

Detaillierung des Informationssystems 107

müssen für die jeweilige Anwendung programmiert werden, da noch keine ausreichende Standardisierung und Offenheit der DV-Systeme existiert [KRAU97, S. E16]. Durch das Kommunikationsmodul wurde die Basis für einen umfassenden formellen und informellen Informationsaustausch mit dem Umfeld des ISIM geschaffen. Durch die Integration neuer IuK-Technologien ist es möglich, Informationen, Erfahrungen und Wissen bei Bedarf zu internalisieren, um im Rahmen von Innovationsprojekten diese Erkenntnisse zu erfolgreichen Innovationen zu verknüpfen.

4.6 ZWISCHENFAZIT: DETAILKONZEPT

Auf der Grundlage des in Kapitel 3 abgeleiteten Grobkonzeptes wurden die vier Systemmodule des ISIM detailliert. Hierzu wurde zunächst das INTEGRIERTE INFORMATIONS- UND PROZEßMODELL entwickelt und objektorientiert modelliert. Dieses Modell stellt die systematische Verknüpfung der zentralen Bestandteile des Innovationsprojektes sicher. Weiterhin werden die situationsabhängige Aggregation und Selektion von innovationsrelevanten Informationen unterstützt (Kap. 4.1).

Das Systemmodul INFORMATIONS- UND WISSENSMANAGEMENT (IWM) unterstützt die Ermittlung des spezifischen Informationsbedarfs, die Informationsbeschaffung und die Speicherung und Bereitstellung von relevanten Informationen (Kap. 4.2). Hierbei wurde in eine projektspezifische und eine unternehmensweite Unterstützung unterscheiden, um auch den strategischen Aufbau einer Wissens- bzw. Informationsbasis zu unterstützen.

In Wechselwirkung mit dem IWM wird im Rahmen des Systemmoduls zur PROJEKTPLANUNG (PPM) die informationsbasierte Planung von Innovationsprojekten unterstützt (Kap. 4.3). Auf Basis der Methode der Adaptiven Planung und dem Gates&Stages-Prinzip konnte eine interaktive und sukzessive Projektplanung realisiert werden, die den Unsicherheiten und Veränderungen von Innovationsprojekten gerecht wird. Die Planungsunterstützung basiert zum einen auf der spezifischen Projekt- und Unternehmenstypologie, zum anderen wurde eine informatorische Bilanz entwickelt. Diese Bilanz bewertet in Abhängigkeit vom jeweiligen Informationsstand und dem angestrebten Informationsniveau die Eignung der Prozeßobjekte. Ergebnis der Projektplanung ist ein Prozeßmodell, das aus einzelnen Prozeßobjekten, den damit verbundenen Informationsflüssen und den zugeordneten Verantwortlichkeiten besteht. Dieses Modell kann an definierten Stellen und bei Bedarf flexibel detailliert bzw. angepaßt werden kann.

Das Systemmodul PROJEKTUNTERSTÜTZUNG UND CONTROLLING (PCM) stellt die Umsetzung der Projektplanung sicher (Kap. 4.4). Durch die Integration eines WFM-Systems wird die Projektsteuerung sowie die damit verbundene Informationsbereitstellung und -akquisition aktiv unterstützt. Das WFM-System bietet zudem Funktionen zum Projektcontrolling. Bei Erreichen definierter Planungsvoraussetzungen bzw.

bei erforderlichen Änderungen wird eine erneute Planung initiiert. Zusätzlich werden Unterstützungsfunktionen zur Bewertung und die mitlaufende Vorkalkulation des Innovationsobjektes angeboten. Durch die Implementierung dieser Funktionalitäten wird die Effizienz der Projektbearbeitung und die Mitarbeiterakzeptanz sichergestellt.

Das KOMMUNIKATIONSMODUL (KM) stellt die Schnittstelle zu den Stakeholdern des Innovationsprozeß und zu den sonstigen DV-Systemen dar. Neben der weitgehend formellen Informationsverarbeitung wird durch das KM der Austausch und die Akquisition von informellen Informationen und Wissen unterstützt. Die Realisierung des ISIM als Groupware-Client bietet eine flexible Möglichkeit, den Innovationsobjekten relevante informelle Informationen zuzuordnen. Die Integration der im Unternehmen bestehenden DV-Umgebung erfolgt dokumenten- bzw. dateibasiert über den Groupware-Client. Datenbasierte Schnittstellen werden im Einzelfall programmiert oder über API-Schnittstellen realisiert.

Mit Hilfe des entwickelten INFORMATIONSSYSTEMS ZUM INNOVATIONSMANAGEMENT (ISIM) sind die informatorische Planung, Steuerung, Unterstützung und Kontrolle von Innovationsprojekten möglich (Bild 48). Durch die durchgängige Unterstützung der Informationsverarbeitung wird sukzessive eine Informations- und Wissensbasis aufgebaut, die sowohl projektspezifisch als auch projektübergreifend die Effizienz und Effektivität des Innovationsmanagement steigert.

Detaillierung des Informationssystems 109

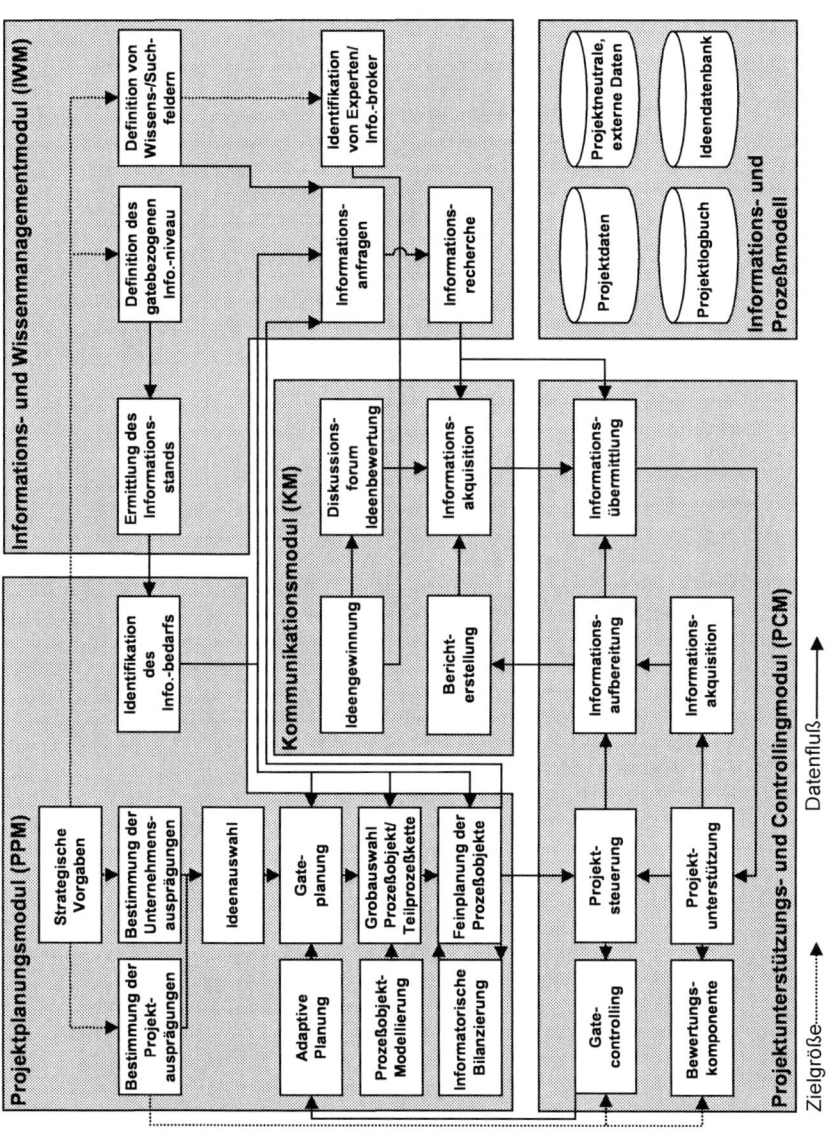

Bild 48 Detailkonzept der ISIM

5 Umsetzung und Evaluierung

Die wesentlichen Elemente des Informationssystems wurden in Kapitel 3 erarbeitet und in Kapitel 4 detailliert. Das Informationssystem wird nun in einem empirisch-induktiven Schritt auf seine prinzipielle Funktionsfähigkeit und Eignung überprüft. Die Überprüfung eines DV-Prototypen im Rahmen eines industriellen Fallbeispiels ist nach POPPER der Nichtfalsifizierung zuzuordnen [POPP94, S. 47ff.].

Das entwickelte ISIM ist durch eine hybride Struktur in bezug auf die IuK-Technologien gekennzeichnet. Während ein Großteil des Konzeptes auf bestehenden Groupwaretechnologien aufbaut, erfordert die datenbankbasierte Komponente eine prototypische Realisierung, um die Funktionalität und die Anwendbarkeit aufzuzeigen (Kap. 5.1).

Die Entwicklung des ISIM wurde insbesondere vor dem Hintergrund des Innovationsprozesses technischer Produkte durchgeführt. Eine Konzentration auf eine spezifische Unternehmensform wurde bei der Entwicklung bewußt vermieden. Hierdurch wurde eine Referenzstruktur für ein Informationssystem zum Innovationsmanagement entwickelt. Der modulare Aufbau des ISIM ermöglicht es jedoch, die spezifischen Unternehmensausprägungen und Randbedingungen zu berücksichtigen. Bei der Systemeinführung werden hierzu in einem Anpassungsschritt die relevanten Funktionen kundenspezifisch ausgewählt und adaptiert [SCHW95, S. 211]. Anschließend wird der Prototyp im Rahmen eines Fallbeispiels evaluiert (Kap. 5.2).

5.1 Prototypische Realisierung des Informationssystems

Die datenbankbasierten Komponenten des ISIM, die im folgenden prototypisch umgesetzt werden, sind die Funktionalitäten zur Ideenakquisition, zur Projektdefinition, -planung und -unterstützung sowie zur Informationserfassung und -aufbereitung (vgl. Bild 21).

Aufgrund der DV-Landschaft des Beispielunternehmens wurde die Programmierplattform MS-Developer mit Visual Basic als Standard gewählt, der den Anforderungen in bezug auf Offenheit und künftige Anbindung an das Internet/Intranet (JAVA- und XML-fähig) gerecht wird. Auf Basis einer MS Access97 Datenbank wurde ein Multi-User-System entwickelt, auf das von jedem Rechner-Arbeitsplatz über das Netzwerk zugegriffen werden kann. Zusätzliche lokale Installation oder Konfigurationen sind somit nicht erforderlich.

Die Funktionalität zur Ideenakquisition beinhaltet die flexible Erfassung von Innovationsideen und Trends. Jeder Mitarbeiter kann bei Bedarf DV-gestützt ein strukturiertes Ideendatenblatt ausfüllen. Hervorzuheben sind hierbei die produktorientierte Ablagestruktur und die flexible Möglichkeit der Speicherung von Zusatzdokumenten und -dateien (Bild 49).

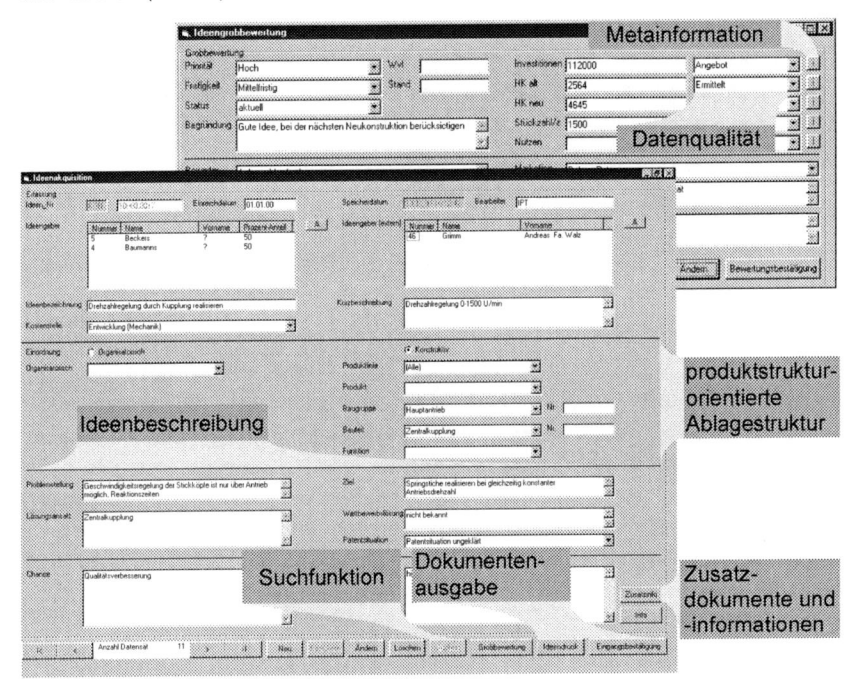

Bild 49   Ideenerfassung und -bewertung

Für die Selektion und Verfolgung von Ideen können alle Informationselemente einschließlich der Metainformationen recherchiert und ausgewertet werden. Im Rahmen der Grobbewertung ist es möglich, die Ideen hinsichtlich Priorität und Fristigkeit zu bewerten sowie wirtschaftlich relevante Hintergrundinformationen und Kommentare zu erfassen. Da alle Ideen im Spannungsfeld von Technologie und Markt zu bewerten sind, werden die Chancen und Risiken aus beiden Perspektiven beurteilt. Eine Statusverwaltung ermöglicht das Controlling der Ideenumsetzung.

Die Ideenumsetzung und die Verarbeitung der akquirierten Informationen erfolgt im Rahmen der Projektbearbeitung. Hierzu wird entsprechend der in Kap. 4.1.1 definierten Informationsklasse zunächst eine umfassende Projektdefinition durchgeführt. In diesem Zusammenhang werden bei der Ideenvorauswahl potentiell relevante Ideen aus der umfassenden Ideendatenbank identifiziert und dem Projekt zugeordnet. Dabei wird nicht nur auf bereits bestehende Ideen zurückgegriffen, es ist

Umsetzung und Evaluierung 113

ebenso wichtig, zusätzliche das Projekt betreffende Ideen systematisch zu erfassen. Weiterhin werden die projektspezifischen internen und externen Bewertungskriterien definiert und gewichtet (Bild 50).

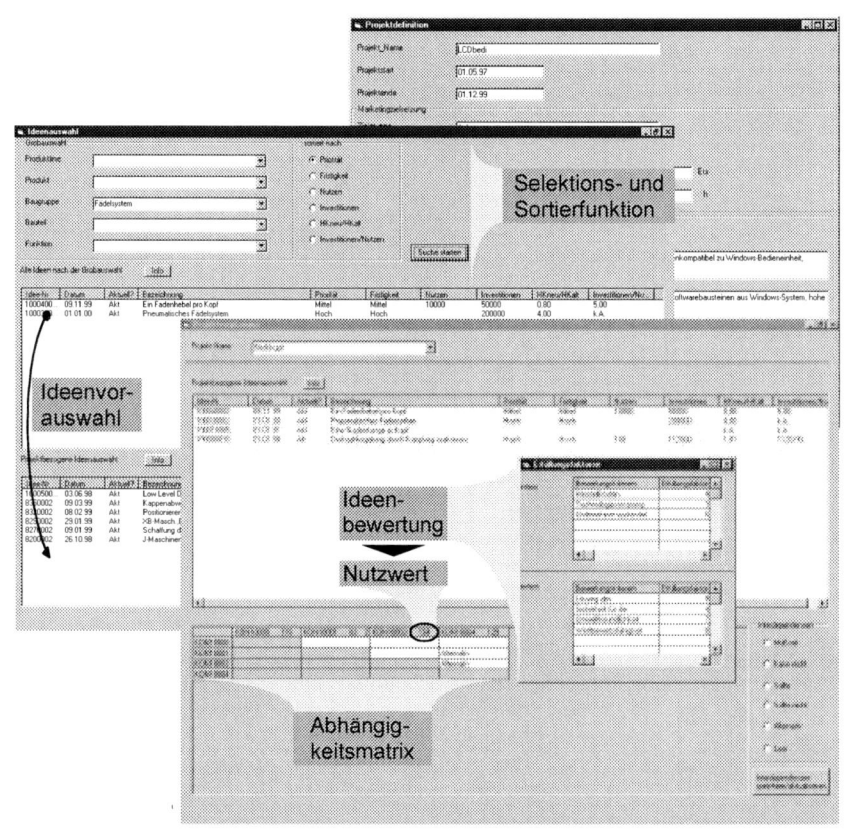

Bild 50   Projektbezogene Ideenvorauswahl und -bewertung

Vor dem Hintergrund dieser Projektdefinition ist es möglich, die ausgewählten Ideen auf Basis des Zielsystems zu bewerten und deren Wechselwirkungen in einer Abhängigkeitsmatrix abzubilden (vgl. Kap. 4.5.2). Diese Bewertung bildet die Grundlage für die Erstellung alternativer Konzepte, welche im Rahmen des Projektes weiterverfolgt werden. Ein Konzept setzt sich aus inhaltlich sinnvoll zusammenhängenden Ideen zusammen. Der entwickelte Prototyp unterstützt die systematische Konzeptdefinition und -bewertung. Insbesondere kann bei Bedarf für jedes Konzept ein spezifischer Projektplan erstellt werden, da Konzepte teilweise ein unterschiedliches Vorgehen erforderlich machen (Kap. 4.3). Der Prototyp unterstützt zusätzlich die flexible Konzeptbeschreibung und die laufende Vorkalkulation auf Basis der Strukturierung von frei definierbaren Produktkomponenten (Bild 51).

114　　　　　　　　　　　　　　　　　　　　　　　Umsetzung und Evaluierung

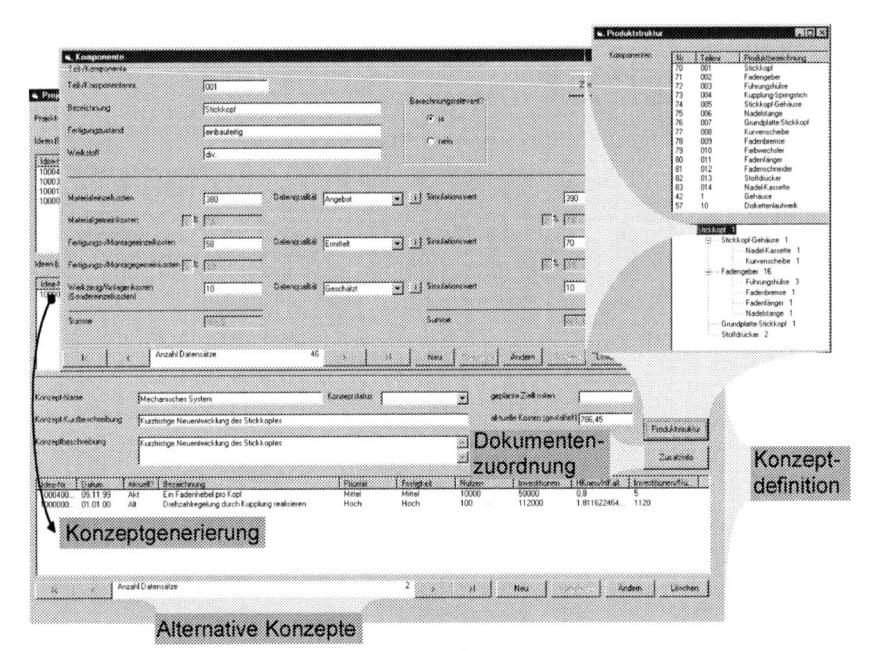

Bild 51 *Konzepterstellung und Produktdefinition*

Zur effizienten Informationsverarbeitung ermöglicht der Prototyp über eine OLE-Schnittstelle die flexible Zuordnung von Informationen und Dokumenten auf Objektebene (Idee, Konzept, Projekt und Komponente). Außerdem können dokumentenbasierte Informationen beliebig über einem Berichtgenerator (Crystal Report) erstellt werden (Bild 52). Durch den Export in Form von standardisierten Dateiformaten können diese Dokumente anschließend über ein Groupware-System distribuiert werden (Kap. 4.5.1).

Die vorangegangene Beschreibung verdeutlicht, daß alle wesentlichen datenbankbasierten Funktionen des ISIM im Prototyp umgesetzt wurden. Im folgenden wird die Anwendbarkeit und der Nutzen des Prototypen im Rahmen eines industriellen Fallbeispiels verifiziert.

Umsetzung und Evaluierung 115

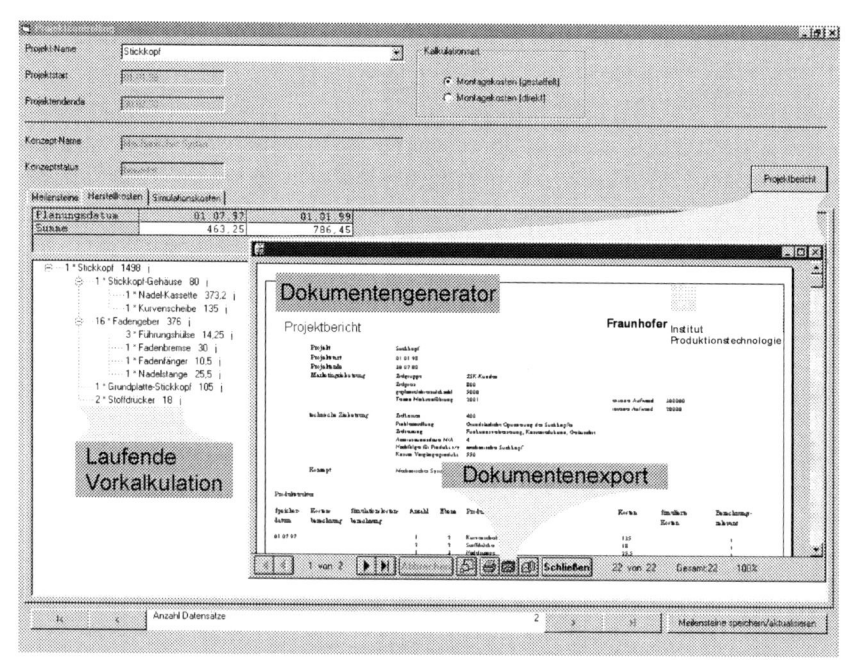

Bild 52   Berichterstellung und Projektcontrolling

5.2 INDUSTRIELLES FALLBEISPIEL

Das betrachtete Unternehmen ist ein Textilmaschinenhersteller mit ca. 250 Mitarbeitern. Im Unternehmen werden Hochleistungs- sowie Sonderstickmaschinen für den industriellen Einsatz entwickelt, produziert und vertrieben. Weiterhin werden Einkopfstickmaschinen für den Werkstatteinsatz hergestellt. Bei diesen Produkten handelt es sich um komplexe Investitionsgüter, deren Varianten durch ein durchgängiges Baukastenprinzip gebildet werden. Die Subsysteme setzen sich aus elektronischen, mechanischen und zunehmend mechatronischen Komponenten zusammen. Die Maschinensteuerung ist aufgrund der extremen Geschwindigkeitsanforderungen eine Eigenentwicklung. Die Stickmaschinen werden in kleinen bis mittleren Serien hergestellt. Die Produktion ist durch eine sehr geringe Fertigungstiefe gekennzeichnet. Alle Komponenten und Teile werden extern gefertigt und im Unternehmen zweistufig montiert (Vor- und Endmontage).

Aufgrund des zunehmenden globalen Wettbewerbs ist das Unternehmen gezwungen, sich nachhaltig von seinen Konkurrenten zu differenzieren. Eine Differenzierung ist am Hochlohnstandort Deutschland über eine erhöhte Produktlebensdauer und Produktinnovationen möglich. Da das Unternehmen bereits im Bereich der Lebensdauer als Marktführer anzusehen ist, wird in Zukunft die Strategie verfolgt, sich zusätzlich über Produktinnovationen vom Wettbewerb abzusetzen.

Eine Analyse des Innovationsmanagement im Beispielunternehmen zeigte jedoch, daß aus Kapazitätsgründen die 20 Mitarbeiter in der Entwicklung kaum über die erforderlichen Freiräume zur Generierung von Ideen sowie für die hierzu grundlegende Informationsbeschaffung und -verarbeitung verfügen. Das Problem verstärkt sich durch die geringe Fertigungstiefe, da hierdurch die Lieferanten über den Großteil der Informationen und Erfahrungen verfügen. Außerdem werden bei baugruppenorientierten Neuentwicklungen übergreifende Ideen generiert, die nicht immer direkt umgesetzt werden können. Aufgrund fehlender Hintergrundinformationen sind Entscheidungen rückwirkend nicht oder nur schwer nachvollziehbar. Fehl- und Doppelentwicklungen können die Folge sein. Darüber hinaus erfolgt zwar ein Controlling von Entwicklungsarbeiten, allerdings wird dies nicht konsequent durchgeführt. Weiterhin konzentriert sich das Kostencontrolling auf den Entwicklungsprozeß und nicht auf das eigentliche Entwicklungsobjekt. Auch hierdurch bedingt sind immer wieder verspätete Entwicklungsprojekte anzutreffen, die zudem die angestrebten Zielkosten deutlich übersteigen.

Um innovationsrelevante Ideen und Erkenntnisse systematisch in die Planung von Neuentwicklungen einfließen zu lassen, ist demnach ein umfassendes, aber dem mittelständischen Unternehmen angepaßtes, internes und externes Informations- und Wissensmanagement erforderlich. Weiterhin besteht Bedarf an einem praktikablen sowohl kosten- als auch terminseitigen Projektcontrolling.

Vor dem Hintergrund dieser Zielsetzung wurde das ISIM unternehmensspezifisch angepaßt und implementiert. Bei der Einführung war insbesondere zu berücksichtigen, daß die bestehende DV-Infrastruktur durch ein zentrales PPS-System gekennzeichnet ist. In der Entwicklung stehen zudem 11 CAD-Arbeitsplätze zur Verfügung. Die Mitarbeiter können über Email kommunizieren und auf das Internet zugreifen. Aufgrund der sehr heterogenen DV-Infrastruktur wird ein umfassendes Groupware-System derzeit nicht eingesetzt. Dieses hatte zur Folge, daß im wesentlichen die datenbankbasierten Funktionalitäten des ISIM eingesetzt werden konnten. Die Groupware-Funktionalitäten beschränken sich auf den Daten- und Dokumentenaustausch via Email sowie auf die Informationsakquisition über das Internet (Bild 53).

Aufgrund der geringen Fertigungstiefe besitzen die Mitarbeiter allgemein ein hohes Ausbildungsniveau. Hiermit ist zu erklären, daß in der Vergangenheit häufig innovationsrelevante Ideen über das Vorschlagswesen eingereicht wurden. Deswegen bestand zusätzlich die spezifische Forderung, das ISIM an das Vorschlagswesen zu koppeln, um die dort eingereichten Ideen ebenfalls in den Innovationsprozeß zu integrieren. Durch eine Erweiterung des ISIM um Funktionalitäten zur Ideenprämierung konnte diesem Ziel entsprochen werden.

Umsetzung und Evaluierung

Kriterium	Unternehmensausprägungen			
Unternehmensgröße	groß	mittel		klein
Wirtschaftszweig	Konsumgüter	Investitionsgüter		Dienstleistungen
Innovationsnotwendigkeit	kontinuierlich			sporadisch
F+E-Organisation	F+E-Abteilung	virtuelle F+E	fallweises Team	Produktmanager / Projektorganisation
Unternehmensorganisation	funktionsorientiert	produktorientiert	(Funktions-) Matrix	(Produkt-) Matrix
Unternehmenskultur	formalisiert		Freiheiten	Freiheiten mit Stimulation
Managementunterstützung	passiv	Freiheiten		aktiv
Wissenserwerb	primär über eigene F+E	kombiniert		primär über fremde F+E
Hierarchie	flach			hierachisch
Wettbewerbsstrategie	Qualitätsführer	Differenzierung		Kostenführer
Know-How	Technologie			Markt
Fertigungsstruktur	flach	breit		tief
Technologieorientierung	aggressiv			konservativ
Produktion	Massenfertigung	Serienfertigung		Einzelfertigung
Ausbildungsniveau	hoch	durchschnittlich		gering

Spezifische Eignung der ISIM Funktionalitäten für das Beipielunternehmen

PPM					PCM				IWM			KM		
Definition der Planungsgrundlage	Ideenauswahl	Informatorische Projektplanung	Planänderung	Projektsteuerung	Projektdatenerfassung	Informationsbereitstellung	Informationserfassung	Unterstützungsfunktion	Controlling	projektspezifische Informationsverwaltung	projektneutrale Informationsverwaltung	Kommunikationsplattform	Ideenakquisition	Dokumentations- und Berichtssystem
◐	●	◐	−	−	●	◐	●	●	●	◐	●	−	●	◐

● hohes Potential   ◐ mittleres Potential   — kein Potential

Bild 53 Eignung der ISIM-Funktionalitäten für das Beispielunternehmen

Nach Einführung des ISIM konnten Praxiserfahrungen im Rahmen von zwei Innovationsprojekten gesammelt werden. Wegen der unterschiedlichen Ausprägungen wurden zur Verifizierung sowohl ein Projekt zur Entwicklung des Stickkopfes als auch zur Neuentwicklung der Steuerung inkl. Bedieneinheit verfolgt. Die Leistungsfähigkeit des ISIM wird im folgenden detailliert anhand der Entwicklung des neuen Stickkopfes dargestellt. Auf die Erkenntnisse im Rahmen der Entwicklung der Steuerung wird im Zwischenfazit eingegangen. Die Beispieldaten und Informationen sind zum Teil verfremdet bzw. anonymisiert dargestellt.

Aufgrund der gewählten Strategie, über neue Funktionalitäten am Markt eine Differenzierung zu erzielen, wurde im Rahmen einer Bewertung als die wesentliche leistungsbestimmende Baugruppe der Stickkopf identifiziert. Der Stickkopf determiniert aufgrund seiner Kinematik zum einen die Bearbeitungsgeschwindigkeit bzw. -qualität. Zum anderen werden über ihn für den Kunden zentrale Funktionalitäten wie der Springstich und besondere Sticktechniken ermöglicht.

Die Marktbeobachtungen des Vertriebes bestätigten, daß sich eine Konzentration von Kundenwünschen in bezug auf die Funktionalitäten des Stickkopfes ergab. Beispielsweise stellte sich der Farbwechsel als kritischer Prozeß heraus, da dieser einen Stillstand der Maschine verursacht. Erschwerend gestaltet sich hierbei das zeitintensive und fehleranfällige Einfädeln des Fadens. Als weiteres Problem konnte der Wechsel des Unterfadens identifiziert werden. Zudem stellten sich zwischen den Wettbewerbsprodukten deutliche Unterschiede hinsichtlich der Geräuschemission heraus. Mit Hilfe des ISIM konnte recherchiert werden, daß zu den ermittelten Problemkreisen bereits vielversprechende Ideen im Unternehmen vorlagen.

Das identifizierte Differenzierungspotential und die Realisierungsansätze veranlaßte die Geschäftsführung ein interdisziplinäres Team zusammenzustellen, das zunächst einen Projektauftrag zur grundlegenden Neuentwicklung des Stickkopfes definieren sollte. Im Zusammenhang mit dem Projektauftrag wurde gemeinsam von Vertrieb, Entwicklung und Beschaffung das ZIELSYSTEM in einem Workshop verabschiedet und in Form von gewichteten internen und externen Bewertungskriterien operationalisiert. Ziel war es, einen Stickkopf zu entwickeln, der insbesondere durch neue Funktionalitäten einen Mehrwert für den Kunden bietet. Neben diesem Mehrwert sollte der neue Stickkopf 25% geringere Herstellkosten aufweisen.

Im Rahmen einer informatorischen Ist-Analyse (Kap. 4.3.2) wurden bereits im ISIM gespeicherte Ideen zum Stickkopf identifiziert bzw. neue Ideen generiert (Materialwechsel und Reduzierung von bewegten Komponenten zur Geräuschminimierung, alternative Antriebskonzepte (mechanisch, elektrisch, pneumatisch), redundante Systeme zur Vermeidung von Stillständen etc.) und in bezug auf das Zielsystem bewertet (vgl. Bild 50). Zudem wurden relevante Informationen aus Kundendienstberichten und Vertriebsbefragungen gesammelt und im System erfaßt.

Da die erste Maschinengeneration nicht vom Unternehmen entwickelt wurde, sondern das Know-how über Lizenzen und Patente akquiriert wurde, konnte aus technologischer Sicht kaum auf eigenes Wissen zurückgegriffen werden. Somit war es erforderlich, für eine Neuentwicklung grundsätzliche technologische Fragen zu

Umsetzung und Evaluierung

klären. Diese Standortbestimmung verdeutlichte, daß ein erhebliches Informationsdefizit bestand und somit ein vollständiger Innovationsprozeß durchlaufen werden mußte.

Zur Unterstützung der Innovationsprojektplanung und der Standardisierung innerbetrieblicher Prozesse wurde ein allgemeines Rahmenkonzept zur Realisierung von Innovationen erstellt (Bild 54). Bei diesem Gates&Stages-Konzept müssen grundsätzlich alle fünf Gates durchlaufen werden. Dagegen stellen die definierten Inhalte der Stages lediglich eine Richtschnur für die Projektbearbeitung dar und repräsentieren das angestrebte Informationsniveau des nächsten Gates. Der Weg zur Erreichung der gatebezogenen Informationsstände ($I_{g,soll}$) wird vom Projektteam frei gewählt. Für die Projektplanung steht dem Team eine entsprechende Bibliothek möglicher Prozeßobjekte (PO) zur Verfügung (Anhang D). Somit konnte die für kleine und mittelständische Unternehmen sowie für kreative Prozesse erforderliche Flexibilität gewährleistet werden (vgl. Kap. 4.3.3).

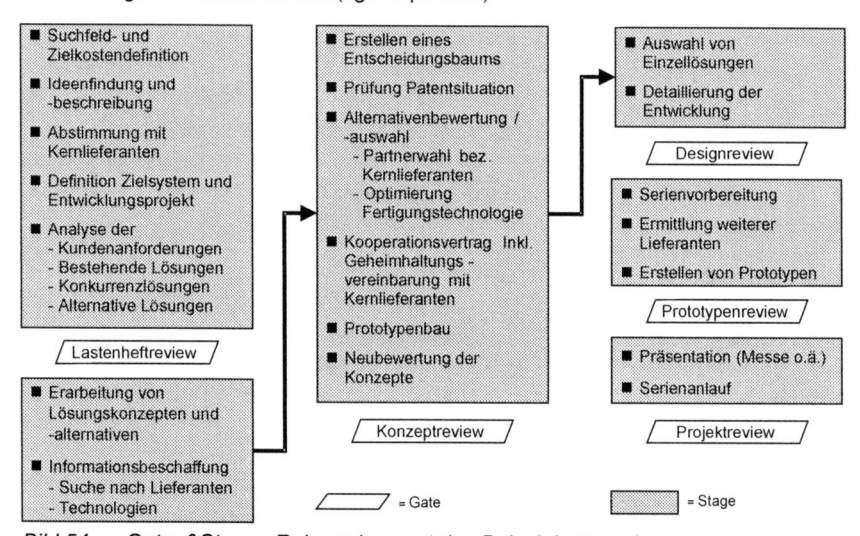

Bild 54 *Gates&Stages-Rahmenkonzept des Beispielunternehmens*

Der Informationsbedarf zum Passieren des nächsten Gates (Lastenheftreview) wurde insbesondere im Bereich der Kundenanforderungen und des Stands der Technik identifiziert. Um die Entwicklung auf eine breitere Basis zu stellen, war es zudem erforderlich neue auf das Innovationsprojekt bezogene Ideen zu generieren.

Das identifizierte Informationsdefizit erforderte somit umfassende Recherchen zum Suchfeld „Stickkopf-Funktionalitäten bzw. -Technologien". Die Informationsrecherchen umfaßte eine allgemeine Vertriebsumfrage, Patentrecherchen sowie Internetrecherchen zu relevanten Forschungsfeldern und Basistechnologien. Zusätzlich wurde eine detaillierte Analyse der Wettbewerbsprodukte durchgeführt. Zur Sicherstellung einer gerichteten Informationsakquisition wurden die zuvor identifizierten Problembereiche zu Grunde gelegt.

Als zentrales Ergebnis konnte festgestellt werden, daß sich die Kundenanforderungen in Abhängigkeit der Märkte signifikant unterschieden. Während für die asiatischen, amerikanischen und afrikanischen Kunden eine robuste, einfache Bedienung im Vordergrund stand, wurden vom australischen und europäischen Kunden eine hohe Maschinenleistung und neue Stickfunktionen gefordert. Von technologischer Seite konnten in Zusammenarbeit mit Lieferanten neue Werkstoffe für den Einsatz im Stickkopf identifiziert werden. Die Konkurrenzanalyse bestätigte die Vorteile bezüglich des Geräuschverhaltens, zudem konnten interessante Prinziplösungen der Wettbewerber über Patente identifiziert werden (z.B. zum Stoffdrücker).

Im Anschluß an die Informationsbeschaffung wurden mehrere Kreativitätsworkshops zur Ideenfindung organisiert, innerhalb derer, angeregt durch die recherchierten Informationen und Fallbeispiele, neue Prinziplösungen generiert wurden. Alle neuen Ideen wurden im ISIM erfaßt und systematisch inkl. der recherchierten Informationen beschrieben. Somit wurde eine breite Ideenbasis für das laufende und für künftige Innovationsprojekte geschaffen. Nach Abschluß aller geplanten Prozeßobjekte wurden die vorhandenen Informationen (Projektzielsetzung, Stand der Technik, Zielgruppe, Kundenanforderungen, Trends, Zielkosten, potentielle Ideen bzw. Funktionalitäten und Gates-Terminierung) in einem Lastenheft verdichtet, welches in einem Review bewertet und verabschiedet wurde.

Nach Freigabe des Lastenheftes galt es wiederum, die erforderlichen Informationen zur Erreichung des nächsten Gates zu akquirieren. Der Schwerpunkt innerhalb dieses Stage lag bei der Konzeption, Ausarbeitung und Bewertung von potentiellen Lösungsalternativen. Auf Basis der zuvor identifizierten technologischen Möglichkeiten wurden die Ideen zu alternativen Konzepten im ISIM zusammengeführt (Bild 51). Durch die automatisierte Berücksichtigung der Wechselwirkungen zwischen den Ideen wurde die Generierung konsistenter und vorteilhafter Konzepte unterstützt. Die generierten Konzepte unterschieden sich signifikant in bezug auf den Innovationsgrad und das Entwicklungsrisiko. Konkret wurden Konzepte zur neuen Gestaltung des Stickkopfantriebes, des Fädelsystems, des Nadelpaketes, der Nadelkinematik, einer Überlastsicherung und des Springstiches generiert. Um eine Auswahlentscheidung vorzubereiten waren, die Untersuchung von Detailproblemen, erste Funktionsprototypen und eine Kostenabschätzung erforderlich.

Um die Fertigungstechnologien als Befähiger für neue Lösungen zu berücksichtigen, wurden bereits in dieser Phase Hauptlieferanten in den Entwicklungsprozeß integriert. Die erforderlichen Versuche konnten im unternehmenseigenen Technikum durchgeführt werden. Aufgrund der langen Maschinenlaufzeiten zeigten sich jedoch die Untersuchungen der Dauerfestigkeit von Funktionsprototypen als kritischer Pfad der Neuentwicklung. Demnach mußten diese Versuche frühzeitig systematisch geplant werden. Die Vorkalkulation der Produktalternativen wurde mit Hilfe des ISIM durchgeführt (Bild 52). Die einfache Form der Kalkulation fand bei den Entwicklern eine hohe Resonanz und führte bereits in dieser Phase zu einem entsprechenden Kostenbewußtsein.

Nach Durchführung der erforderlichen Versuche und Recherchen konnte bei zwei grundsätzlich unterschiedlichen Konzepten ein ausreichendes Informationsniveau erreicht werden, um die Auswahlentscheidung im Rahmen des Konzeptreview zu treffen. Diese Alternativen unterschieden sich insbesondere hinsichtlich des Antriebes (zentral/dezentral) und des Fadenwechsels (magaziniert/automatisiert). Trotz der nachgewiesenen technologischen Machbarkeit wurde aufgrund des zeitlichen Entwicklungsrisikos das favorisierte Konzept mit dem höheren Innovationsgrad zunächst zurückgestellt. Die systematische Informationsspeicherung im Projektlogbuch stellte jedoch sicher, daß die gesammelten Erkenntnisse für spätere Projekte bzw. für die Wiederaufnahme der Idee erhalten bleiben (Kap. 4.3.5).

Die anschließende Detaillierung der ausgewählten Lösung wurde mittels der Adaptiven Planung (Kap. 4.3.5) definiert. Die durchgängige Unterstützung des Prozesses durch das ISIM stellte die erforderliche Transparenz in bezug auf die Projektzielsetzung, die gefällten Entscheidungen und die gewonnen Erkenntnisse sicher. Hierdurch wurden in den nachfolgenden Phasen der Konzeptdetaillierung Fehlentwicklungen und aufwendige Schleifen vermieden. Eine umfassende Abbildung des durchgeführten Innovationsprojektes einschließlich der Informationsflüsse ist in Anhang E dargestellt.

Das Projektcontrolling wurde ebenfalls seitens der ISIM-Funktionalitäten unterstützt. Durch den sukzessiven Aufbau der Produktstruktur und -kalkulation sowie durch das Gatecontrolling konnte sichergestellt werden, daß der neue Stickkopf die angestrebten Zielkosten sogar unterbot, bei gleichzeitiger Implementierung von kundenrelevanten Zusatzfunktionalitäten. Im speziellen waren dies die Magazinierung für den Farbwechsel, der Wechsel des Unterfadens während des Maschinenbetriebes und eine signifikante Geräuschminimierung.

5.3 Zwischenfazit: Umsetzung und Evaluierung

Durch das in dieser Arbeit entwickelte System zur informatorischen Unterstützung des Innovationsprozesses technischer Produkte konnte im betrachteten Unternehmen der Innovationsprozeß strukturiert und vorangetrieben werden. Insbesondere wurde ein Hilfsmittel für das Management von innovationsrelevanten Informationen geschaffen. Wesentliche Voraussetzung für diese Unterstützung war die objektorientierte Struktur zur Informationsverwaltung, die sich an den Haupteinflußgrößen des Innovationsmanagement orientiert. In Kombination mit dem integrierten Informations- und Prozeßmodell konnte die Planung und Durchführung des Innovationsprozesses systematisch realisiert werden. Durch die Integration von allgemeinen IuK-Systemen konnten Funktionen zum Retrieval und zur Verwaltung von Informationen sowie zur Kommunikation zwischen den Partnern effizient genutzt werden. Die Implementierung von zentralen Unterstützungsfunktionen zum Innovationsmanagement war die Grundlage für die erforderliche Mitarbeiterakzeptanz.

Neben dem erläuterten Stickkopf wurde das Informationssystem ebenfalls im Rahmen der Neuentwicklung der Steuerung erfolgreich eingesetzt. Diese Anwendung verdeutlicht, daß das entwickelte System auch für überwiegend elektronisch geprägte Produkte geeignet ist. Ergebnis dieser Entwicklung waren zwei Produktvarianten. Zum einen wurde eine einfache Steuerung unter besonderer Berücksichtigung ergonomischer Aspekte entwickelt, bei gleichzeitiger Herstellkostenreduktion um 50%. Zum anderen wurde eine um neue Funktionalitäten (Monogramm, Stichoptimierung, Vernetzung etc.) erweiterte Steuerung entwickelt, die sich ebenfalls durch Design und Ergonomie vom Wettbewerb signifikant unterscheidet (Bild 55).

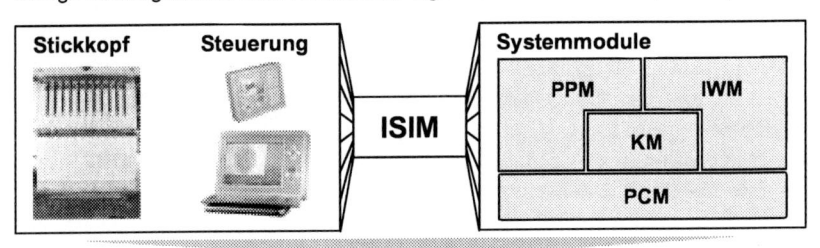

Stickkopf	Steuerung	ISIM	Systemmodule
			PPM / IWM / KM / PCM

- Strukturierte und flexible Unterstützung des Innovationsprozesses
- Innovationsbezogenes Informations- und Wissensmanagement
- Unterstützung der Konzepterstellung und -bewertung
- Ganzheitliches Projektcontrolling

▶ Steigerung des Markterfolges durch
  - gesteigerte Innovationshöhe und -rate
  - reduzierte Herstellkosten (bis zu 50%)
  - reduzierte Entwicklungszeit

PCM = Projektunterstützungs- und Controllingmodul
IWM = Informations- und Wissensmanagementmodul
PPM = Projektplanungsmodul
KM = Kommunikationsmodul

Bild 55   Ergebnisse der Einführung des ISIM

Durch den Markterfolg der vorgestellten Fallbeispiele konnte gezeigt werden, daß das ISIM in der Praxis anwendbar ist und einen signifikanten Mehrwert für den Anwender bietet. Dieser Nutzen setzt sich aus einer reduzierten Entwicklungszeit durch Vermeidung von Fehlentwicklungen und der gezielten sowie parallelisierten Informationsakquisition zusammen. Weiterhin steigert der Rückgriff und die Speicherung von Erfahrungswissen den Innovationsgrad. Aufgrund der effizienten Nutzung der Entwicklungsressourcen ist von einer Erhöhung der Innovationsrate auszugehen.

6 ZUSAMMENFASSUNG UND AUSBLICK

Der Wettbewerbsdruck, dem die Unternehmen derzeit ausgesetzt sind, wird sich künftig durch den Wegfall von Handelsschranken und durch die zunehmende Markttransparenz weiter verschärfen. Aufgrund der damit verbundenen Vergleichbarkeit von angebotenen Leistungen und Produkten wird eine Differenzierung über schwer imitierbare Alleinstellungsmerkmale weiter an Bedeutung gewinnen. Neben der Sicherstellung von Kosten- und Qualitätsvorteilen garantieren insbesondere kundenorientierte Innovationen den angestrebten Markterfolg.

Das Problem bei der Entwicklung erfolgreicher Innovationen ist die allgemein geringe Umsetzungsrate von Inventionen zu Markterfolgen. Eine wesentliche Ursache für den Mißerfolg von neuen Produkten liegt in einem Informationsdefizit bezüglich der Marktsituation und der Kundenanforderungen sowie bezüglich der technologischen Möglichkeiten und des Unternehmenspotentials. Dieses Informationsdefizit wird durch ein Überangebot von Informationen verbunden mit Zeitrestriktionen während der Projektbearbeitung verstärkt. Da der Innovationsprozeß ein Informationsverarbeitunsprozeß ist, der bestehende Informationen bzw. bestehendes Wissen zu neuen Produkten rekombiniert, ist es Aufgabe des Innovationsmanagement, die relevanten Suchfelder und Informationen zu identifizieren, um eine zielgerichtete Informationsakquisition und –bereitstellung zur Ideengenerierung zu betreiben.

Die bestehenden Ansätze zur Unterstützung des Innovationsprozesses konzentrieren sich auf eine Unterstützung nach der Ideenakzeptierung und haben ihren Schwerpunkt in den Phasen der Produktentwicklung und der Produktrealisierung. Eine systematisch informatorische Unterstützung des Innovationsprozesses in den frühen Phasen der Produktentstehung existiert derzeit nicht.

Vor diesem Hintergrund war es Ziel der Arbeit, ein praxisorientiertes Informationssystem zu entwickeln, das den besonderen Randbedingungen des Innovationsmanagement Rechnung trägt und die Effizienz und Effektivität des Innovationsprozesses steigert. Durch den Einsatz neuer IuK-Technologien und die Entwicklung eines integrierten Informations- und Prozeßmodells konnte dieses Potential erschlossen werden.

Ausgehend von einer Eingrenzung und Beschreibung des Untersuchungsbereiches wurde die Bedeutung der informatorischen Unterstützung des Innovationsprozesses und des Wissensmanagement aufgezeigt. In einer Analyse der bestehenden Ansätze zur Unterstützung des Innovationsmanagement konnte festgestellt werden, daß die bestehenden Ansätze einerseits der Flexibilität des Innovationsprozesses nicht ausreichend Rechnung tragen und anderseits keine geeignete informatorische Unterstützung insbesondere in den frühen Phasen des Innovationsprozesses bieten.

Vor diesem Hintergrund wurden der Forschungsbedarf und die Zielsetzung für das zu entwickelnde Informationssystem spezifiziert. Hierauf aufbauend wurden die Anforderungen für ein Konzept zur informatorischen Unterstützung des Innovationsprozesses sowohl analytisch-deduktiv und als auch empirisch-induktiv ermittelt. Nach der systematischen Analyse und Auswahl der Modellierungsmethode und einsetzbarer IuK-Technologien wurde das Grobkonzept des Informationssystems entwickelt. Das Grobkonzept unterteilt sich in die Module INFORMATIONS- UND WISSENSMANAGEMENTMODUL (IWM), PROJEKTPLANUNGSMODUL (PPM), PROJEKTUNTERSTÜTZUNGS- UND CONTROLLINGMODUL (PCM) und KOMMUNIKATIONSMODUL (KM).

Diese Module sind weitgehend eigenständige Betrachtungsbereiche, die über Schnittstellen und insbesondere durch ein INTEGRIERTES INFORMATIONS- UND PROZEßMODELL verbunden sind. Das integrierte Informations- und Prozeßmodell bildet die zentrale Grundlage für die angestrebte flexible Unterstützung des Innovationsprozesses. Aufbauend auf der Modulkonzeption wurde das Informationsmodell objektorientiert strukturiert und die erforderlichen Informationselemente ermittelt. Über die Einführung einer ERWEITERTEN BEZIEHUNGSMATRIX wurden die Zusammenhänge zwischen den Informationselementen und den Prozeßobjekten systematisch abgebildet. Um das Identifizieren und die Wiederverwendung von Informationen zu ermöglichen, war es erforderlich, zusätzliche Hintergrundinformationen abzubilden. Dies wurde mittels METAINFORMATIONEN realisiert, die eine Einschätzung des Vertrauensbereichs und des Sinnzusammenhangs der erfaßten Informationselemente ermöglichen.

Aufbauend auf dem integrierten Informations- und Prozeßmodell wurde das INFORMATIONS- UND WISSENSMANAGEMENTMODUL entwickelt. Es ermöglicht sowohl ein projektspezifisches als auch ein projektneutrales Informationsmanagement. Wesentliche Aufgaben sind hierbei die Ermittlung des spezifischen Informationsbedarfs, die Initiierung von Informationsanfragen, die suchfeldbezogene Erfassung und Strukturierung von Informationen sowie umfangreiche Recherchemöglichkeiten. Zusätzlich wurde die Erfassung des Projektverlaufes in Form eines Projektlogbuches implementiert. Das Modul bildet somit die Grundlage für den systematischen Aufbau einer Informationsbasis bzw. von Erfahrungswissen, das für die nachgelagerten Projektphasen und neue Entwicklungsprojekte von Bedeutung ist.

Zentrales Element der informatorischen Unterstützung des Innovationsprozesses ist das PROJEKTPLANUNGSMODUL. Für eine flexible dem Projektfortschritt angepaßte Planung wurde eine Kombination aus der ADAPTIVEN PLANUNG und dem GATES&STAGES-PRINZIP entwickelt. Die für Innovationsprojekte typischen Planungsunsicherheiten können somit durch die Einführung von Planungsvoraussetzungen und Problemlösungsprozessen mit vertretbarem Planungsaufwand beherrscht werden. Die Besonderheit des gewählten Ansatzes ist die Wahl der Information als zentrale Planungsgröße. Zeit und Ressourcenbedarf werden lediglich über die Einhaltung definierter Restriktionen berücksichtigt. Unter Berücksichtigung des angestrebten Informationsniveaus und des aktuellen Informationsstandes werden Prozeßobjekte bewertet, ausgewählt und zu einem spezifischen Projektplan zusammengeführt. Der Anwender wird bei der interaktiven Feinplanung des Innovationsprojektes über eine INFORMATORISCHE BILANZIERUNG unterstützt. Zur Sicherstellung der erforderlichen Flexibilität werden planmäßige und außerplanmäßige Planänderungen ermöglicht.

Das PROJEKTUNTERSTÜTZUNGS- UND CONTROLLINGMODUL wurde unter Verwendung des Workflowmanagement-Ansatzes entwickelt. Hierdurch konnte die Projektsteuerung und die damit verbundene zielgerichtete Informationsbereitstellung und -erfassung aktiv unterstützt werden. Aufgrund der fortgeschrittenen Flexibilität dieser Systeme sind die laufende Änderung und Detaillierung des Projektplans möglich. Neben dieser Form der Projektunterstützung, die sich insbesondere für große, verteilt arbeitende Projektteams eignet, wurde auch die direkte Informationsbereitstellung und -erfassung ermöglicht. Zum Controlling des Innovationsprojektes wurden Basisfunktionalitäten zur Ideenbewertung, zur Konzepterstellung (Ideenkombination und Produktstruktur) und zum flexiblen Kostencontrolling in das Informationssystem integriert.

Neben der strukturierten Informationsverarbeitung wird durch das KOMMUNIKATIONSMODUL der Austausch und die Akquisition von informellem Wissen unterstützt und die Schnittstelle zu den Mitarbeitern realisiert. Durch eine bidirektionale Kopplung des Informationssystems mit einem GROUPWARE-SYSTEM wurde eine geeignete Diskussions- und Kommunikationsplattform geschaffen, die eine flexible Zuordnung von Ideen, Informationen und Wissen zu den Objekten des Innovationsprojektes ermöglicht. Im Gegenzug wurde hierüber die Distribution von Berichten, Dokumenten und Informationen innerhalb und außerhalb des Projektteams ermöglicht. Weiterhin wurden unternehmensweite DISKUSSIONSFOREN (Newsgroups) zu Suchfeldern und neuen Ideen implementiert. Durch die direkte Übertragung der Diskussionsbeiträge in das Informationssystem ist es möglich, Wissen systematisch zu internalisieren. Neben der Einbindung des Informationssystems in die Kommunikationsprozesse wurden daten- und dokumentenbasierte Schnittstellen zu anderen DV-Systemen im Unternehmen spezifiziert.

Voraussetzung für die Umsetzung des entwickelten Informationssystems ist eine geeignete DV-Unterstützung. Hierzu wurden die datenbankbasierten Komponenten prototypisch realisiert und in einem industriellen Fallbeispiel evaluiert. Hierbei konnte die Umsetzbarkeit und die Konsistenz der wesentlichen Funktionalitäten des Informationssystems nachgewiesen werden. Durch die Anwendung in zwei Innovationsprojekten konnte die Funktionalität und der Erfolg des Informationssystems aufgezeigt werden. Im Rahmen dieser Projekte wurden Markterfolge entwickelt, die zudem signifikant reduzierte Herstellkosten aufwiesen. Durch die Vermeidung von Fehlentwicklungen und die rechtzeitige Identifikation von Informationsbedarfen konnte der geplante Markteinführungszeitpunkt gehalten werden. Weiterhin wurden Ideen und Erkenntnisse für spätere Projekte systematisch gespeichert.

Mit Hilfe des entwickelten INFORMATIONSSYSTEMS ZUM INNOVATIONSMANAGEMENT (ISIM) konnte die informationszentrierte Planung, Steuerung, Unterstützung und Kontrolle von Innovationsprojekten realisiert werden. Aufgrund der durchgängigen Unterstützung der Informationsverarbeitung wird sukzessive eine Informations- und Wissensbasis aufgebaut, die sowohl projektspezifisch als auch projektübergreifend die Effizienz und die Effektivität des Innovationsmanagement steigert. Insbesondere konnte durch die Nutzung neuer IuK-Technologien und die Entwicklung des integrierten Informations- und Prozeßmodells ein flexibles Hilfsmittel entwickelt werden, das die systematische Gestaltung neuer überlegener Produkte fördert. Hierdurch wird der Markterfolg der Unternehmen signifikant und nachhaltig gesteigert. Bei der Anwendung dieses Systems ist jedoch immer zu berücksichtigen, daß es unternehmensspezifisch angepaßt werden muß und immer der Mitarbeiter im Zentrum der Betrachtung stehen muß, da er derjenige ist, der mit seiner kreativen Leistung neue Markterfolge generiert.

Der Ausblick hinsichtlich weiterer Forschungsfelder bietet insbesondere zwei Ansatzpunkte. Zum einen ist die Entwicklung einer Methodik zur unternehmensspezifischen Einführung des ISIM hilfreich, da immer eine Anpassung des entwickelten ISIM-Referenzmodells erforderlich ist. Zum anderen bietet die Erweiterung des ISIM hinsichtlich weiterer Innovationsobjekte (z.B. Dienstleistungen) oder hinsichtlich neuer Einsatzbereiche (z.B. Unternehmensnetzwerke) die Erschließung weiterer Potentiale.

7 Literaturverzeichnis

[ABEL97] Abel, Olaf
Innovationspotentiale in der Produktentwicklung
Teubner Verlag, Stuttgart, 1997

[ABRA98] Abramovici, Michael; Gerhard, Detlef; Langenberg, Lars
Methoden, Werkzeuge und Standards für die Unterstützung verteilter Entwicklungsprozesse durch EDM/PDM
in: Industrie Management, Jg. 14, Nr. 3, S. 20-23, 1998

[ADAM91] Adami, Wilfried
Strukturen wissensbasierter Systeme für die rechnergestützte Konstruktion
Dissertation, TU Braunschweig, 1991

[ADAM95] Adam, Adami; Friedrich, Hartmut; Linnemann, Heinz; Pankatz, Christian
Telematikdienste für standortübergreifendes kooperatives Arbeiten
in: ZWF, Jg. 90, Heft 10, S. 490-493, 1995

[ALTS84] Altshuller, Genrik Saulowitsch
Erfinden: Wege zur Lösung technischer Probleme
VEB Verlag Technik, Berlin, 1984

[AWK96a] o.V.
Schnelle Produktentwicklung - 3D-Modellierung und Rapid Prototyping
in: Wettbewerbsfaktor Produktionstechnik, Hrsg. Aachener Werkzeugmaschinen Kolloquium '96
VDI-Verlag, Düsseldorf, S. 3-3 bis 3-41, 1996

[AWK96b] o.V.
Kooperative Wertschöpfung - Produkt, Prozeß, Ressourcen
in: Wettbewerbsfaktor Produktionstechnik, Hrsg. Aachener Werkzeugmaschinen Kolloquium '96
VDI-Verlag, Düsseldorf, S. 0-1 bis 0-30, 1996

[AWK99a] o.V.
Wissen - Die Ressource der Zukunft
in: Wettbewerbsfaktor Produktionstechnik: Aachener Perspektiven, Hrsg. Aachener Werkzeugmaschinen Kolloquium '99
Shaker, Aachen, S. 73-97, 1999

[AWK99b] o.V.
Innovation mit System - Die Zukunft gestalten
in: Wettbewerbsfaktor Produktionstechnik: Aachener Perspektiven, Hrsg. Aachener Werkzeugmaschinen Kolloquium '99
Shaker, Aachen, S. 99-139, 1999

Literaturverzeichnis

[BAKE67] Baker, Norman R.
The Effects of Perceived Needs and Demands on the Generation of Ideas for Industrial Research and Development Projects
in: IEEE Transactions on Engineering Management, Vol. 14, S. 156-162, 1967

[BALD98] Bald, Jens
Sinnvoll einkaufen im Daten-Supermarkt
Data Warehouse gewinnt nutzbare Informationen aus der Datenvielfalt
in: VDI-Z 140, Nr. 9, S. 14-17, 1998

[BAUE99] Bauer, M.
Vom Data Warehouse zum Wissensmanagement
Prozesse und Methoden zur Wissensanwendung
in: Computerwoche, Beilage Heft 1/99, Datenmanagement, Datenbanken, Data Warehouse, S. 12-14, 23.04.1999

[BECK89] Becker, Thomas
Innovationsanregung durch ein Technologie-Informationssystem
in: Die Gestaltung von Innovationsprozessen - Hindernisse und Erfolgsfaktoren im Organisations-, Finanz- und Informationsbereich, Hrsg. H. Corsten, S. 142-157, Berlin, 1989

[BEIT90] Beitz, W.
Konstruktionsleitsystem als Integrationshilfe
in: Rechnerunterstützte Produktentwicklung - Integration von Konstruktionsmethodik und Rechnereinsatz, VDI Berichte, Nr. 812, VDI Verlag, S. 181-193, Düsseldorf, 1990

[BELK79] Belke, Wolfgang; Graichen, Dietmar; Starruss, Michael
Nichtmetrische Klassifizierung von Informationen
Akademie Verlag, Berlin, 1997

[BERT75] Berthel, Jürgen
Betriebliche Informationssysteme
Poeschel Verlag, Stuttgart, 1975

[BERT82] Berthel, Jürgen
Innovationsorientierung von Unternehmensführung und Personal-Management
in: Betriebswirtschaftliche Forschung und Praxis, 46, S. 320-322, 1982

[BIET94] Biethahn, Jörg; Huch, Burkhard
Informationssysteme für das Controlling
Konzepte, Methoden und Instrumente zur Gestaltung von Controlling-Informationssystemen
Springer Verlag, Berlin, 1994

[BITZ93] Bitzer, Bernd; Poppe, Peter
Strategisches Innovationsmanagement - Phasenspezifische Identifikation innerbetrieblicher Innovationshemmnisse
in: Betriebswirtschaftliche Forschung und Praxis, Band 45, Heft 3, S. 309-324, 1993

Literaturverzeichnis III

[BLEI92] Bleicher, Knut
Das Konzept Integriertes Management:
St. Galler Management Konzept
2. Aufl., Campus, Frankfurt/Main, 1992

[BLEI96] Bleicher, Knut
Management-Konzepte
in: Die Betriebshütte, Produktion und Management, 7. Aufl., Hrsg.
Walter Eversheim, Springer Verlag, Berlin, S. 1-1 - 1-27, 1996

[BOCH96] Bochtler, Wolfgang
Modellbasierte Methodik für eine integrierte Konstruktion und Arbeitsplanung
Dissertation, RWTH Aachen, 1996

[BOOS 94] Boos, Frank; Jarmai, Heinz
Kernkompetenzen - gesucht und gefunden
in: Harvard Business Manager Heft 4, S. 19-26, 1994

[BOOZ82] Booz, Allen & Hamilton Inc.
New Products Management for the 1980s
New York, 1982

[BORN95] Bornschein-Grass, Carin; Picot, Arnold; Reichwald, Ralf
Groupware und computerunterstützte Zusammenarbeit -
Wirkungsbereiche und Potentiale,
Gabler, Wiesbaden, 1995

[BOUT96] Boutellier, Roman; Gassmann, Oliver
Internationales Innovationsmanagement
Trends und Gestaltungsmöglichkeiten
in: Internationales Innovationsmanagement - Gestaltung von Innovationsprozessen im globalen Wettbewerb, Hrsg. Oliver Gassmann,
Vahlen Verlag, München, S. 281-301, 1996

[BOUT97a] Boutellier, Roman; Gassmann, Oliver
Wie F+E-Projekte flexibel gemanagt werden
in: Harvard Business Manager Heft 4, S. 69-76, 1997

[BOUT97b] Boutellier, Roman
Erfolg durch innovative Produkte: Bausteine des Innovationsmanagements
Carl Haser Verlag, München, 1997

[BOUT98] Boutellier, Roman; Bratzler, Martin; Böttcher, Sabine
Zukunftssicherung durch Technologiebeobachtung
Technologie-Früherkennung und Patentbeobachtung gewinnen strategische Bedeutung
in: io Management, Nr. 1/2, S. 87-91, 1998

[BOUT99] Boutellier, Roman; Gassmann, Oliver; von Zedtwitz, Maximilian
Managing global innovation
Uncovering the secrets of the future competitiveness
Springer Verlag, Berlin, 1999

[BRAC89]   Brachtendorf, Thomas
Konzeption eines Informationssystems für die fertigungsgerechte Konstruktion
Dissertation, RWTH Aachen, 1989

[BRAC96]   Bracewell, Rob; Sharpe, John
Functional descriptions used in computer support for qualitative scheme generation - „Schemebuilder"
in: Artificial Intelligence for Engineering Design, Analysis and Manufacturing, Nr. 10, S. 333-345
Cambridge University Press, Cambridge, 1996

[BRAN71]   Brankamp, Klaus
Planung und Entwicklung neuer Produkte
De Gruyter Verlag, Berlin, 1971

[BRAN99]   Brandenburg, Frank; Spielberg, Daniel
Innovationsmanagement auf Basis von Frühaufklärung
in: Tagungsband Praxisforum: Früherkennung als Basis für Innovation und Navigation, Hrsg. Frank Brandenburg
FZK, Karlsruhe, S. 1-18, 1999

[BRIN87]   Brinkmann, Eberhard; Heidack, Clemens
Unternehmenssicherung durch Ideenmanagement
Band 1: Mehr Innovationen durch Verbesserungsvorschläge
Rudolf Haufe Verlag, Freiburg, 1987

[BROC94]   Brockhoff, Klaus
Forschung und Entwicklung
Planung und Kontrolle
Oldenbourg Verlag, 4. Aufl., München, 1994

[BROC96]   Brockhoff, Klaus; Bullinger, Hans-Jörg; Horváth, Péter
Forschungs- und Entwicklungsmanagement
in: Die Betriebshütte, Produktion und Management, 7. Aufl., Hrsg. Walter Eversheim, Springer Verlag, Berlin, S. 6-1 - 6-68, 1996

[BÜRG98]   Bürgel, Hans Dietmar
F&E als Wissenscenter
Springer Verlag, Berlin, 1998

[BÜRG98]   Bürgel, Hans Dietmar
Wissensmanagement:
Schritte zum intelligenten Unternehmen
Springer Verlag, Berlin, 1998

[BULL95]   Bullinger, Hans-Jörg; Kugel, Richard; Ohlhausen, Peter; Stanke, Alexander
Integrierte Produktentwicklung: Zehn erfolgreiche Praxisbeispiele
Gabler Verlag, Wiesbaden, 1995

Literaturverzeichnis

[BULL96a]   Bullinger, Hans-Jörg; Warschat, Joachim; Wörner, Kai; Wißler, Kai
Mit Rapid Product Development zum innovativen Produkt
in: Fortgeschrittene Informationstechnologie in der Produktentwicklung und Fertigung, HNI-Paderborn, 1996

[BULL96b]   Bullinger, Hans-Jörg; Wörner, Kai; Wißler, Kai
Rapid Product Development - schneller zum innovativen Produkt
in: FB/IE, Nr 45, Heft 2, S. 67-73, 1996

[BULL96c]   Bullinger, Hans-Jörg; Warschat, Joachim; Wörner, Kai
Future Potential of Rapid Product Development
A Concept Integrating Organizational Aspects
in: Rapid Product Development, Hrsg. Stuttgarter Messe, Eigendruck, Stuttgart, 1996

[BULL98]   Bullinger, Hans-Jörg; Wörner, Kai; Prieto, Juan
Wissensmanagement - Modelle und Strategien für die Praxis
in: Wissensmanagement: Schritte zum intelligenten Unternehmen, Hrsg. Hans Dietmar Brügel, Springer Verlag, Berlin, S. 21-39, 1998

[COEN88]   Coenenberg, Adolf Gerhard; Raffel, Andreas
Integrierte Kosten- und Leistungsanalyse für das Controlling von Forschungs- und Entwicklungsprojekten
in: krp, Heft 5, S. 199-207, 1988

[COOP83]   Cooper, Robert G.
A Process Model for Industrial New Product Development
in: IEEE Transactions on Engineering Management, Vol. EM-30, Nr. 1, S. 2-11, 1983

[CORS89]   Corsten, H.
Überlegungen zu einem Innovationsmanagement
Organisationale und personale Aspekte
in: Die Gestaltung von Innovationsprozessen - Hindernisse und Erfolgsfaktoren im Organisations-, Finanz- und Informationsbereich, Hrsg. H. Corsten, S. 1-56, Berlin 1989

[CRUZ95]   Cruz, Roger
Überblick, Stand der Informations- und Systemtechnik
in: Die Prozeßkette „Engineering", Hrsg. Paul Schönsleben
VDF Hochschulverlag, ETH Zürich, S. 59-73, 1995

[CRAW92]   Crawford, Merle C.
Neuproduktmanagement: Ein strategisches Konzept
Campus Verlag, Frankfurt a.M., 1992

[DAMA99]   Damanpour, Fariborz; Gopalakrishnan, Shanthi
Organisational and aptation and innovation:
The dynamics of adopting innovation types
in: The Dynamics of Innovation, Hrsg. Klaus Brockhoff, Springer Verlag, Berlin, 1999

[DELP98]	o.V. Delphi '98 Studie zur Globalen Entwicklung von Wissenschaft und Technik Hrsg. Fraunhofer ISI im Auftrag des BMBF, Karlsruhe, 1998
[DIN50]	o.V. DIN-Fachbericht 50 Geschäftsprozeßmodellierung und Workflow-Management Forschungs- und Entwicklungsbedarf im Rahmen der Entwicklungsbegleitenden Normung Beuth-Verlag, Berlin, 1996
[DÖRN76]	Dörner, Dietrich Problemlösen als Informationsverarbeitung Kohlhammer, Stuttgart, 1976
[DUDE93]	o.V. Duden, Informatik Hrsg. Lektorat des BI-Wirtschaftsverlages, 2. Aufl. Dudenverlag, Mannheim, 1997
[DUDE97]	o.V. Bd. 5. Duden, Fremdwörterlexikon Hrsg. Wissenschaftlicher Rat der Dudenredaktion, 6. Aufl. Dudenverlag, Mannheim, 1997
[EBER92]	Ebert, Günter; Pleschak, Franz; Sabisch, Helmut Aktuelle Aufgaben des Forschungs- und Entwicklungs-Controlling in Industrieunternehmen in: Innovationsmanagement und Wettbewerbsfähigkeit, Hrsg. Ebert/Pleschak, Gabler, Wiesbaden 1992
[EHER94]	Eherer, Helmut Erfolgreiche Produktinnovationen DBV Verlag, Graz, 1994
[EHRL95]	Ehrlenspiel, Klaus Integrierte Produktentwicklung Methoden für Prozeßorganisation, Produkterstellung und Konstruktion Carl Hanser Verlag, München 1995
[EVAN98]	Evans, Philip B.; Wurster, Thomas S. Die Internet-Revolution: Alte Geschäfte vergehen, neue entstehen in: Harvard Business Manager, Nr. 2, S. 51-62, 1998
[EVER94a]	Eversheim, Walter Verringerung und Beherrschung der Komplexität stärkt die Wettbewerbsfähigkeit in: Münchner Kolloquium '94 (Hrsg. Reinhart/Milberg), S. 73-99, 1994

[EVER94b] Eversheim, Walter; Pollack, Alexander; Walz, Martin
Auch Entwicklungsprozesse sind planbar
Workflowmanagement unterstützt die Auftragsabwicklung
in: VDI-Z, Nr. 6, S. 78-83, 1994

[EVER96] Eversheim, Walter
Organisation der Produktionstechnik
Band 1, 3. Aufl., VDI-Verlag, Düsseldorf, 1996

[EVER98] Eversheim, Walter; Gräßler, Richard; Schulten, Iris
Effizienzsteigerung in Konstruktion und Arbeitsplanung
Gezielter Einsatz von Simultaneous Engineering
in: ZWF, Nr. 9, S. 429-433, 1998

[ERB96] Erb, Mathias
Methodik zur modellgestützten Planung von CAQ-Investitionen
Dissertation, RWTH Aachen, 1996

[FHG98] o.V.
Erfolgsfaktoren von Innovationen: Prozesse, Methoden und Systeme
Ergebnisse einer gemeinsamen Studie von Fraunhofer-Instituten
Hrsg.: Fraunhofer-Gesellschaft, Stuttgart, Berlin 1998

[FOER94] Foerst, Jens
Entscheidungsmodell zu unternehmensspezifischen Auswahl von
Funktionen des Qualitätsmanagements
Dissertation, RWTH Aachen, 1994

[FOLZ98] Folz, Christian; Herbst, Detlev; Schlick, Christopher;
Springer, Johannes
Verteiltes Konstruieren in der Automobilindustrie
in: Industrie Management, Jg. 14, Nr. 3, S. 24-28, 1998

[FORK94] Forkel, Malte
Kognitive Werkzeuge: Ein Ansatz zur Unterstützung des Problemlösens
Dissertation, TU Berlin, 1994

[FRES96] Frese, Erich; Hahn, Dietger; Horváth, Péter
Managementsysteme
in: Die Betriebshütte, Produktion und Management, 7. Aufl., Hrsg.
Walter Eversheim, Springer Verlag, Berlin, S. 3-42 - 3-89, 1996

[FRIE75] Friese, Wolfgang
Ein System zur koordinierten Produktplanung in Unternehmen der Investitionsgüterindustrie
Dissertation, RWTH Aachen, 1975

[FRIC97] Fricke, Gerd; Lohse, Georg
Entwicklungsmanagement
Mit methodischer Produktentwicklung zum Unternehmenserfolg
Springer Verlag, Berlin, 1997

[GANG93] Ganghoff, Peter
Wissensbasierte Unterstützung der Planung technischer Systeme
Dissertation, TH Karlsruhe, 1993

[GASS97]   Gassmann, Oliver
Kreativer Freiraum für Entwickler
Eine Zweiteilung des F&E-Prozesses steigert die Innovationsrate
in: io Management, Band 66, Nr. 7/8, S. 26-33, 1997

[GAUS98a] Gausemeier, Jürgen
Berliner Kreis, Neue Wege zur Produktentwicklung
Hrsg.: Projektträgerschaft Fertigungstechnik und Qualitätssicherung,
Forschungszentrum Karlsruhe, Karlsruhe, 1998

[GAUS98b] Gausemeier, Jürgen; Grasmann, Mathias; Pusch, Rainer;
Siebe, Andreas
Von semantischen Geschäftsprozeßmodellen zu Prozeßspezifikationen
für EDM-Systeme
in: ZWF, Jg. 93, Nr. 7-8, S. 320-324, 1998

[GESC83]   Geschka, H.
Innovationsmanagement
in: Management-Enzyklopädie. Das Managementwissen unserer Zeit.
Bd. 4, 2. Aufl., S.832-837, Landsberg a. Lech, 1983

[GOEB96]   Goebel, Dietmar
Modellbasierte Optimierung von Produktentwicklungsprozessen
Dissertation, Universität Hannover, 1996

[GOES98]   Goesmann, Thomas; Just-Hahn, Katharina; Löffler, Thorsten;
Rolles, Roland
Unterstützung von Sonderprozessen durch Workflow-Management-
Systeme
in: Flexibilität und Kooperation in Workflow-Management-Systemen,
Hrsg. Reiner Siebert, S. 32-43, 1998

[GÖBL92]   Göbler, Thomas
Modellbasierte Wissensakquisition zur rechnerunterstützten Wissensbereitstellung für den Anwendungsbereich Entwicklung und Konstruktion
Dissertation, TU Berlin, 1992

[GRAB96]   Grabowski, Hans; Kurz, Andreas
Produktentwicklung mit kreativitätsunterstützenden Systemen
in: Kreative Unternehmen - Spitzenleistung durch Produkt- und Prozeßinnovationen, Hrsg. Wildemann, Reichwald
Poeschel-Verlag, Stuttgart, 1996

[GROS72]   Grosse-Oetringhaus, W.-F.
Fertigungstypologie unter dem Gesichtspunkt der Fertigungsplanung
Dissertation, Justus-Liebig-Universität Gießen, 1972

[HAER91]   Haermeyer, Thomas
Methodik zur Planung von Informationssystemen für die Qualitätspla-
nung
Dissertation, RWTH Aachen, 1991

[HAGE97]   Hagemeyer, Jens; Herrmann, Thomas; Just-Hahn, Katharina; Striemer, Rüdiger
Flexibilität bei Workflow-Management-Systemen
in: Usability Engineering: Integration von Mensch-Computer-Interaktion und Software-Entwicklung, Fachtagung-Software-Ergonomie'97, Hrsg. R. Liskowiski, Teubner Verlag, Stuttgart, S. 179-190, 1997

[HALL97a]   Haller, Christine
Wie Ideen gedeihen:
Bestimmte Erwartungshaltungen und viele Förderungsprogramme verhindern die Erneuerung
in: io Management, Band 66, Nr. 5, S. 20-26, 1997

[HALL97b]   Hallfell, Frank; Stammwitz, Gerd
Intranets: Offene Informationssysteme im Unternehmen
in: Management & Computer, 5. Jg., Heft 1, S. 11-18, 1997

[HANN96]   Hannen, Christoph
Informationssystem zur Unterstützung des prozeßorientierten Qualitätscontrolling
Dissertation, RWTH Aachen, 1996

[HASL96]   Hasler, Ralf; Hess, Felix
Management der intellektuellen Ressourcen zur Steigerung der Innovationsfähigkeit
in: Internationales Innovationsmanagement - Gestaltung von Innovationsprozessen im globalen Wettbewerb, Hrsg. Oliver Gassmann, Vahlen Verlag, München, S. 157-173, 1996

[HAUS89]   Hauschild, Jürgen
Informationsverhalten bei innovativen Problemstellungen
in: ZfB, Jg. 59, Nr. 4, S. 377-397, 1989

[HAUS93]   Hauschild, Jürgen
Innovationsmanagement
Vahlen Verlag, München, 1993

[HERO78]   Herold, Jörn
Ein System zur Produktbewertung und -auswahl für Unternehmen der Investitionsgüterindustrie
Dissertation, RWTH Aachen, 1978

[HERR98]   Herrmann, Thomas; Scheer, August-Wilhelm; Weber, Herbert
Verbesserung von Geschäftsprozessen mit flexiblen Workflow-Management-Systemen 1
Von der Erhebung zum Sollkonzept
Physica Verlag, Heidelberg, 1998

[HERR99]   Herrmann, Thomas; Scheer, August-Wilhelm; Weber, Herbert
Verbesserung von Geschäftsprozessen mit flexiblen Workflow-Management-Systemen 3
Erfahrungen mit Implementierung, Probebetrieb und Nutzung von Workflow-Management-Anwendungen
Physica Verlag, Heidelberg, 1999

[HERZ91]	Herzhoff, Sabine Innovations-Management Gestaltung von Prozessen und Systemen zur Entwicklung und Verbesserung der Innovationsfähigkeit von Unternehmen Dissertation, Universität Siegen, 1991
[HIGG89]	Higgins, James M.; Wiese, Gerold G. Innovationsmanagement: Kreativitätstechniken für Unternehmen Springer Verlag, Berlin, 1996
[HOET99]	Hoeth, Ulrike; Reddemann, Andreas; Strotmann, Jens Der Kunde ist König Dienstleistungen mit EDV-Unterstützung innovativ und kundenorientiert entwickeln in: Qualität und Zuverlässigkeit, Jg. 44, Heft 2, S. 168-171, 1999
[HÖNI99]	Höncke, Ina Information wird gebunkert in: Computerwoche Spezial, Heft 2, S. 50-51, 1999
[HORV94]	Horvárth, Péter Controlling Vahlen Verlag, 5. Aufl., 1994
[HORV96]	Hotvárth, Péter Forschungs- und Entwicklungscontrolling in: Die Betriebshütte, Produktion und Management, 7. Aufl., Hrsg. Walter Eversheim, Springer Verlag, Berlin, S. 6-52 - 6-69, 1996
[HÜNG98]	Hüngsberg, Werner Die Zukunft von EDI in der Automobilindustrie in: ZWF, Jg. 93, Nr. 9, S. 426-428, 1998
[HUXO90]	Huxold, Stephan Marketingforschung und strategische Planung von Produktinnovationen Ein Früherkennungsansatz Schmidt Verlag, Berlin, 1990
[IBM97]	o.V. FlowMark Basic - Student Notebook IBM, USA, 1997
[ILOI97]	o.V. Knowledge Management Ein empirisch gestützter Leitfaden zum Management des Produktionsfaktors Wissen Hrsg. Internationales Institut für Lernende Organisation und Innovation München, 1997
[KAMP99]	Kampffmeyer, Ulrich Große Zukunft für Workflow in: BIT Bürowelt im Trend, Heft 3, S.24-25, 1999

[KEHR72]	Kehrmann, Hartmut Die Entwicklung von Produktstrategien: Eine Methode zur Ideenfindung und -bewertung auf der Grundlage des Unternehmenspotentials Dissertation, RWTH Aachen, 1972
[KENP97]	Kemp, F. Multimediale Fertigungsunterstützung Pilotprojekt zur Konzeption, Entwicklung und Anwendung eines multimedialen Lern- und Informationssystems für die betriebliche Praxis in: Stuttgarter Impulse: Innovation durch Technik und Organisation, FTK`97, Hrsg. Gesellschaft für Fertigungstechnik Springer-Verlag, Berlin, 1997
[KLIT94]	Klittich, Manfred; Neuscheler, Frank Ist die Zeit reif für CIM-OSA? in: CIM Management, Heft 6, S.17-21, 1994
[KNOB92]	Knoblich, Hans; Schubert, Bernd Konzeptentwicklung im Rahmen des Produktinnovationsprozesses in: Zeitschrift für Planung, Heft 1, S. 59-71, 1992
[KOLL94]	Koller, Rudolf Konstruktionslehre für den Maschinenbau: Grundlagen zur Neu- und Weiterentwicklung technischer Produkte mit Beispielen Springer Verlag, Berlin, 3. Aufl., 1994
[KOMM92]	Kommana, Sreenivasa Rao Wissensbasierte Planung von flexiblen Fertigungssystemen Dissertation, TU Berlin, 1992
[KORN95]	Korn, Goy Hinrich Informationssystem als Mittel der Entscheidungsfindung während des Produktentstehungsprozesses Dissertation, TU Braunschweig, 1995
[KOPP92]	Koppelmann, Udo Produktmarketing Entscheidungsgrundlage für Produktmanager Springer Verlag, Berlin, 1992
[KOPP98]	Koppenhöfer, Christine; Johannsen, Andreas; Krcmar, Helmut Bedarf und Szenarien für die Telekooperation der verteilten Produktentwicklung in: Industrie Management, Jg. 14, Nr. 3, S. 16-19, 1998
[KRAU97]	Krause, Frank-Lothar; Jansen, Helmut; Vollbach, Arno EDM-Integration heterogener CAD-Systeme für die verteilte Produktentwicklung in: Engineering Daten Management, S. E16-E20, 1996/97
[KRAM87]	Kramer, Friedhelm Innovative Produktpolitik Springer Verlag, Heidelberg, 1987

[KRIS95] Kristof, Rita
Der Mensch als Träger kontinuierlicher Unternehmensentwicklung
in: Unternehmensmanagement im Wandel: Erfolg durch Kunden-, Mitarbeiter- und Prozeßorientierung, Hrsg. Gerd Aupperle,
Hanser Verlag, München, S. 161-194, 1995

[KROG95] Krogh, van, G.; Venzin, M.
Anhaltende Wettbewerbsvorteile durch Wissensmanagement
in: Die Unternehmung, 49. Jg., Nr. 6, S. 415-436, 1995

[KÜHN95] Kühn, Frank; Hirzel, Matthias
Worauf es beim Innovations- und Projektmanagement ankommt
in: io Management Zeitschrift, Jg. 64, Heft 9, S. 94-98, 1995

[KÜMP96] Kümper, Ralf
Ein Kostenmodell zur verursachungsgerechten Vorkalkulation in den Phasen der Produktentstehung
Dissertation, RWTH Aachen, 1996

[KURB98] Kurbel, Karl
Stand der Internet-Nutzung durch deutsche Unternehmen - eine empirische Untersuchung
in: Industrie Management, 14. Jg., Heft 3, S. 70-74, 1998

[LEHM93] Lehmann, Andreas
Wissensbasierte Analyse technologischer Diskontinuitäten
Dissertation, Universität Kiel, 1993

[LEY97] Ley, Gunter
Prozeßinnovationen als Schlüssel zu innovativen Produkten
in: Mitteilungen aus der Produktionsinnovationserhebung, Nr.7, Hrsg.: Fraunhofer ISI, S. 1-12, Karlsruhe, 1997

[LIND93] Lindl, Michael
Auftragsleittechnik für die rechnerintegrierte Konstruktion und Arbeitsplanung
Dissertation, TU München, 1993

[LIND98] Lindemann, Udo; Aßmann, Gert; Freyer, Bernhard
Vernetzte Information zur Handhabung von Entwicklungswissen
in: ZWF, Nr. 9, S. 386-389, 1998

[LIND99] Lindemann, Udo; Collin, Heiner; Freyer, Bernhard
Einfache Werkzeuge zur Dokumentation von Produkt-Know-how
Internet- und Intranet-Einsatz erschließt Möglichkeiten für kleine und mittlere Unternehmen
in VDI-Z, Special C-Techniken, Oktober, S. 52-54, 1999

[MATT91] Mattern, Bernhard
Wirkungsvolles Innovationscontrolling
in: Integriertes Technologie- und Innovationsmanagement, Hrsg. Booz, Allen & Hamilton, Erich Schmidt Verlag, Berlin, S. 95-116, 1991

Literaturverzeichnis

[MATT93] Mattersdorfer, Hubert
Informationsmanagement im technisch-innovativen Klein- und Mittelbetrieb: eine Analyse betriebswirtschaftlicher Basisfunktionen auf deren Eignung und Unterstützbarkeit durch Informationstechnologie
Haag und Herchen, Frankfurt a.M., 1993

[MARK98] Markhof, Wolfgang
Neue Informationsquellen können die Forschung erheblich verbessern
in: Blick durch die Wirtschaft, 29.06.1998

[MEFF73] Meffert, Heribert
Der Prozeß der Neuproduktplanung (I)
in: WISU, Nr. 2, S. 51-55, 1973

[MERT90] Mertens, P.; Biebinger, H.
Entwicklungsphasen wissensbasierter Systeme
in: KI, Oldenbourg Verlag, Heft 3, S. 64-67,1998

[METZ95] Metzger, Felix J.
Produktdatenschnittstellen für die industrielle Praxis
in: Die Prozeßkette „Engineering", Hrsg. Paul Schönsleben
VDF Hochschulverlag, ETH Zürich, S. 49-58, 1995

[MÜLL97] Müller, Markus Stephan
Qualitätscontrolling komplexer Serienprodukte
Dissertation, RWTH Aachen, 1997

[NIED92] Nieder, Peter; Zimmermann, Egon
Innovationshemmnisse in Unternehmen
in: Betriebswirtschaftliche Forschung und Praxis, Band 44, Heft 4, S. 374-387, 1992

[NUMA96] Numata, Jun; Lei, Banyu; Iwashita, Yukinori
Information Management for Knowledge Amplification in Virtual Enterprises
in: Konferenzeinzelbericht, IEMC96, Managing Virtual Enterprises a Convergence of Communications, Computing, and Energy Technology, CDN, Vancouver, S. 281-285, 1996

[ORTH98] Orth, Wilhelm F.
Direkter Zugriff
Informationen aus dem Internet werden für Unternehmen immer interessanter
in: io Management, Nr. 9, S. 66-73, 1998

[PATZ82] Patzack, Gerold
Systemtechnik - Planung komplexer innovativer Systeme: Grundlagen, Methoden, Techniken
Springer Verlag, Berlin, 1982

[PFEI80] Pfeiffer, Werner
Innovationsmanagement als Know How Management
in: Führungsprobleme industrieller Unternehmungen, Hrsg. V. D. Hahn, Berlin 1980, S. 421-452

[PECK89]	Peckedrath, Peter Informationsbeschaffung mit Hilfe von Datenbanken als Voraussetzung der Innovationstätigkeit in: Die Gestaltung von Innovationsprozessen - Hindernisse und Erfolgsfaktoren im Organisations-, Finanz- und Informationsbereich, Hrsg. H. Corsten, S. 103-141, Berlin 1998
[PELZ99]	Pelzer, Walther Methodik zur Identifizierung und Nutzung strategischer Technologiepotentiale Dissertation, RWTH Aachen, 1999
[POPP94]	Popper, Karl R. Logik der Forschung Mohr Verlag, 10. Aufl., Tübingen, 1994
[PORT95]	Porter, Michael E. Wettbewerbsstrategie: Methoden zur Analyse von Branchen und Konkurrenten Campus Verlag, 8. Aufl., Frankfurt, 1995
[PORT97]	Porter, Michael E. Nur Strategie sichert auf Dauer hohe Erträge in: Harvard Business Manager, Heft 3, S. 42-58, 1997
[PROB98]	Probst, G.J.; Raub, S.P. Kompetenzorientiertes Wissensmanagement in: Zeitschrift Führung + Organisation, Nr. 3, S. 132-138, 1998
[RAAS93]	Raasch, Jörg Systementwicklung mit strukturierten Methoden: Ein Leitfaden für Praxis und Studium Carl Hanser Verlag, 3. Aufl., München, 1993
[REIT97]	Reiter, Christian; Wilhelm, Georg; Geib, Thomas Toolunterstützung bei der multiperspektivischen Informationsmodellierung in: Management & Computer, 5. Jg., Heft 1, S. 5-10, 1997
[REY98]	Rey, Michael; Maassen, André; Gadeib, Andrea; Brücher, Heide Stufenmodell zur Einführung von Wissensmanagement in: Information Management, Nr. 1, S. 30-36, 1998
[ROTH98]	Rothermel, Kurt; Theilmann, Wolfang Agentenbasierte Informationssuche und -filterung in globalen Netzen in: Industrie Management, 14. Jg., Heft 1, S. 61-63, 1998
[ROLL98]	Rolles, Roland Kontinuierliche Verbesserung von workflow-gestützten Geschäftsprozessen in: Verbesserung von Geschäftsprozessen mit flexiblen Workflow-Management-Systemen, Hrsg. Thomas Herrmann, Physica-Verlag, Berlin, S.109-133, 1998

[SABI91]	Sabisch, Helmut Produktinnovationen Poeschel Verlag, Stuttgart, 1991
[SAHL98]	Sahlmann, William A. Ihr Geschäftsplan muß Investoren überzeugen in: Harvard Business Manager, Nr 1, S. 85-95, 1998
[SCHA90]	Schaude, Götz; Schumacher, Dieter; Pausewang, Volker Quellen für neue Produkte Nutzung von firmeninternen Potentialen, Lizenzbörsen, Datenbanken, Technologiemessen Expert Verlag, Ehningen, 1990
[SCHE94]	Scheer, August-Wilhelm Wirtschaftsinformatik - Referenzmodelle für industrielle Geschäftsprozesse, 5. Aufl. Springer Verlag, Berlin, 1994
[SCHE96]	Scheer, August-Wilhelm Informationsmanagement im Betrieb in: Die Betriebshütte, Produktion und Management, 7. Aufl., Hrsg. Walter Eversheim, Springer Verlag, Hamburg, S. 17-1 - 17-77, 1996
[SCHL92]	Schlicksupp, Helmut Innovation, Kreativität und Ideenfindung Vogel, 4. Aufl., Würzburg, 1992
[SCHL95]	Schlick, Gerhard H. Innovationen von A-Z: Begriffe, Definitionen, Erläuterungen und Beispiele Expert-Verlag, Renningen-Malmsheim, 1995
[SCHM92]	Schmetz, Gerhard H. Planung innovativer Werkstoff- und Verfahrensanwendungen Dissertation, RWTH Aachen, 1992
[SCHM95]	Schmitz, Wolfgang Methodik zur strategischen Planung von Fertigungstechnologien Dissertation, RWTH Aachen, 1995
[SCHN99]	Schnurpfeil, Markus Goldsucher im Datenstrom in: Computerwoche Spezial, Heft 2, S. 44, 1999
[SCHO99]	Scholl, Rolf; Schurpfeil, Tobias Nachholbedarf beim Innovationsmanagement Strategie mit langem Atem ist bei Neuentwicklungen im Maschinen- und Anlagenbau gefragt in: VDI-Z, Jg. 141, Nr. 9/10, S: 6-7, 1999
[SCHR95]	Schröder, Sascha Innovation in der Produktion: Eine Falluntersuchung zur Entwicklung der numerischen Steuerung Dissertation, TU Berlin, 1995

[SCHU94] Schumann, Gerd
Adaptive Planung des Produktentwicklungsprozesses
Dissertation, TU Berlin, 1994

[SCHW94] Schwarzer, Gerd; Krcmar, Helmut
Neue Organisationsformen - Ein Führer durch das Begriffspotpourri
in: Information Management, Heft 4, S. 20-27, 1994

[SCHW95] Schwarze, Helmut
Systementwicklung: Grundzüge der wirtschaftlichen Planung, Entwicklung und Einführung von Informationssystemen
Verlag nwb, Berlin, 1995

[SEEG99] Seeger, Helmut
Zeitsparpotentiale
in: Computerwoche Spezial, Heft 2, S.10, 1999

[SERV93] Servatius, Hans-Gerd
Vom strategischen Management zur evolutionären Führung
Auf dem Wege zu einem ganzheitlichen Denken und Handeln
Poeschel Verlag, Stuttgart, 1993

[SHAR98] Sharpe, Paul; Keelin, Tom
F+E: Die Mittel richtig einsetzen
in: Harvard Buissiness Manager, Nr. 9, S.93-100, 1998

[SING 93] Singer, St.
F&E-Controlling
in: Controllingkonzepte für den Mittelstand, Hrsg. K. Liesmann, Haufe, Freiburg, S. 267-303, 1993

[SOCK98] Sock, A.; Elsner, G.
Wissensbank im Internet
in: VDI-Z 140, Nr. 9, S. 18-19, 1998

[SOMM88] Sommerlatte, Tom
Innovationsfähigkeit und betriebliche Steuerung - läßt sich das vereinbaren?
in. DBW, Jg. 48, Nr. 2, S.161-169, 1988

[SPEC88] Specht, Günter; Michel, Kay
Integrierte Technologie- und Marktplanung mit Innovationsportfolios
in: ZfB, Jg. 58, Heft 4, S. 502-520, 1988

[SPEC98] Specht, Dieter; Kaufmann, Uwe
Ein Assistenzsystem für die frühen Phasen der Produktentwicklung
in: ZWF, Nr. 93, Heft 9, S. 390-394, 1998

[SPUR93] Spur, Günter; Mertins, Kai; Jochem, Roland
Integrierte Unternehmensmodellierung
Beuth Verlag, Berlin, 1993

[STAC73] Stachowiak, H.
Allgemeine Modelltheorie
Springer Verlag, Berlin, 1973

[STAU90]	Staudt, Erich; Bock, Jürgen; Mülemeier, Peter Information und Kommunikation als Erfolgsfaktoren für die betriebliche Forschung und Entwicklung in: DBW, Jg. 50, Nr. 6, S. 759-773, 1990
[STAU96]	Staudt, Erich; Hausschildt, Jürgen Innovations- und Technologiemanagement in: Die Betriebshütte, Produktion und Management, 7. Aufl., Hrsg. Walter Eversheim, Springer Verlag, Hamburg, S. 4-1 - 4-54, 1996
[STEI94]	Steinle, C.; Kirschbaum, J.; Kirschbaum, V. Was zeichnet erfolgreiche Unternehmen aus? Ergebnisse einer empirischen Studie in: Der Betriebswirt, Band 35, Heft 3, S.14-17, 1994
[SÜSS94]	Süssenguth, W.; Jochem, R. Modellierungsmethoden für rechnerintegrierte Produktionsprozesse Unternehmensmodellierung - Softwareentwurf - Schnittstellendefinition - Simulation Carl Hanser Verlag, München, 1994
[TAMP94]	Tampoe, Mahen Exploiting the Core Competences of Your Organization in: Long Range Planning Vol. 27, Nr. 4., S. 66-77, 1994
[TERN98]	Terninko, John; Zusman, Alla; Zlotin, Boris TRIZ - der Weg zum konkurrenzlosen Erfolgsprodukt: Ideen produzieren, Nischen besetzen, Märkte gewinnen Hrsg. Rolf Herb, Verlag Moderne Industrie, Landsberg/Lech 1998
[TEBB90]	Tebbe, Klaus Die Organisation von Produktinnovationsprozessen Poeschel Verlag, Stuttgart, 1990
[THOM80]	Thom, Norbert Grundlagen des betrieblichen Innovationsmanagements 2. Aufl., Königsstein, 1980
[THOM83]	Thom, Norbert Innovations-Management Herausforderung für den Organisator in: Zeitschrift für Organisation - zfo, Heft 1, S. 4-11, 1983
[TROM90]	Trommsdorff, Volker Innovationsmanagement in kleinen und mittleren Unternehmen Grundzüge und Fälle - Ein Arbeitsergebnis des Modellversuchs Innovationsmanagement Vahlen Verlag, München 1990
[UHLM78]	Uhlmann, Luitpold Der Innovationsprozeß in westeuropäischen Industrieländern Band 2: Der Ablauf industrieller Innovationsprozesse Duncker&Humblot, Berlin, 1978

[ULRI76]   Ulrich, Peter; Hill, Wilhelm
             Wissenschaftstheoretische Grundlagen der Betriebswirtschaftslehre
             in WiSt, Heft 7 und 8 , S. 304-309 und 345-350, 1976

[ULRI81]   Ulrich, Hans
             Die Betriebswirtschaftslehre als anwendungsorientierte Sozialwissenschaft
             in: Die Führung des Betriebes, Hrsg. Geist, M.N., Poeschel Verlag, Stuttgart, 1981

[VDI2220]   o.V.
             VDI 2220 Produktplanung:
             Ablauf, Begriffe und Organisation
             Beuth Verlag, Berlin, 1990

[VDI2221]   o.V.
             VDI 2221 Methodik zum Entwickeln und Konstruieren technischer Systeme und Produkte
             Beuth Verlag, Berlin, 1993

[WARN97]   Warnecke, Hans-Jürgen
             Management von Innovationsprozessen
             in: Chemie-Technik, Jg. 26, Heft 1, S. 20-23, 1997

[WAGN95]   Wagner, Michael P.
             Groupware und neues Management
             Einsatz geeigneter Softwaresysteme für flexible Organisationen
             Vieweg Verlag, Braunschweig, 1995

[WAGN98]   Wagner, Mathias; Kreuter, Andreas
             Erfolgsfaktoren innovativer Unternehmen
             Ein Vergleich zur Bedeutung von „harten" und „weichen" Innovationsfaktoren in der Triade
             in: io Management, Nr. 10, S. 34-41, 1998

[WECK98]   Weck, Manfred; Pühl, Stephan
             Ein Werkzeug zur interdisziplinären Produktentwicklung
             Engineering Object Management-System verbessert den Informationsfluß im Unternehmen
             in: VDI-Z, Nr. 6, S. 72-74

[WEST97]   Westkämper, Engelbert; Freese, Jochen; Muthsam, Herwig
             Innovation und Produktentwicklung in virtuellen Strukturen
             in: ZWF, Jg. 92, Nr. 11, S. 579-582, 1997

[WFMC95]   Hollingsworth, D.
             The Workflow-Management Coalition Specification
             WFMC-TC-10009, Brüssel, 1995

[WÖHE96]   Wöhe, Günter
             Einführung in die allgemeine Betriebswirtschaftslehre
             Hrsg. Günter Wöhe, 19. Aufl., Vahlen Verlag, München, 1996

Literaturverzeichnis XIX

[WWW99]   o.V.
          Wissenstransparenz und Wissensidentifikation
          Schweizerisches Forum für Organisationales Lernen und Wissensmanagement, Université de Genève
          www.enterprise.cck.uni-kl.de/wmk/papers/public/Wissensidentifikation

[ZAHN95a] Zahn, Erich; Weidler, Andreas
          Integriertes Innovationsmanagement
          in: Handbuch Technologiemanagement, Hrsg. E. Zahn, Stuttgart, 1995

[ZAHN95b] Zahn, Erich
          Gegenstand und Zweck des Technologiemanagements
          in: Handbuch Technologiemanagement, Hrsg. E. Zahn, Stuttgart, 1995

[ZIEG96] Ziegler, Jürgen
          Eine Vorgehensweise zum objektorientierten Entwurf graphisch-interaktiver Informationssysteme
          Dissertation, Universität Karlsruhe, 1996

8 ANHANG

ANHANG A: MODELLIERUNGSMETHODEN

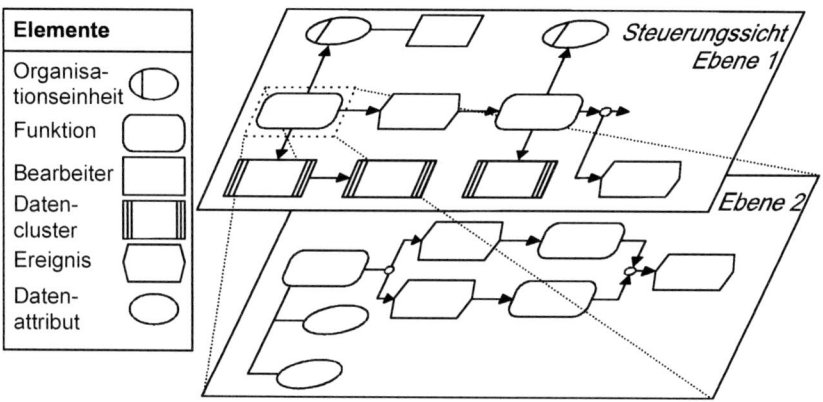

Elemente
- Organisationseinheit
- Funktion
- Bearbeiter
- Datencluster
- Ereignis
- Datenattribut

Anhang 8-1 Erweiterte Ereignisgesteuerte Prozeßkette (eEPK)

Legende:
- ● = unterstützt
- ○ = unterstützt teilweise
- * = noch nicht im Werkzeug umgesetzt

Modellierungsaufgaben		SADT	Petri-Netze	ER-Modellierung	CIMOSA	ARIS	Objektorientierung	IUM
Anwendungsbereich	Analyse	●	●	●	●	●	●	●
	Design	●	●	●	●*	●	●	●
	Implementierung			○	○*	○*	●	●*
Modellierungsobjekte	Funktionen	●			●	●	●	●
	Prozesse	○	●		●	●	○	●
	Prozeßbeziehungen	○	○		○	○		
	Daten	●		●	●	●	●	●
	Datenbeziehungen			●	●	●	●	●
	Informationsflüsse	●			●	●	○	●
Modellierungsoperatoren	Klassifizierung				●		●	●
	Generalisierung				○		●	●
	Aggregation	●	●	●	●	●	●	●
	Gruppierung				●		●	●
Benutzerfreundlich	Abbildung flexibler Prozesse						○	○
	Bedienung	●	○	○		●	○	○
	Werkzeug	●	●	●		●	●	○

Anhang 8-2 Bewertung der Modellierungsmethoden

ANHANG B: INFORMATIONSMODELL

▨ = Qualifizierte Information

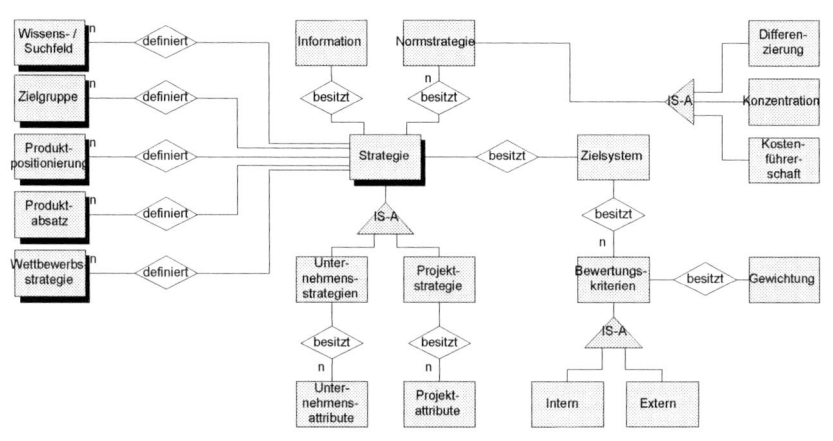

Anhang 8-3   Generische Informationsklasse: Strategie

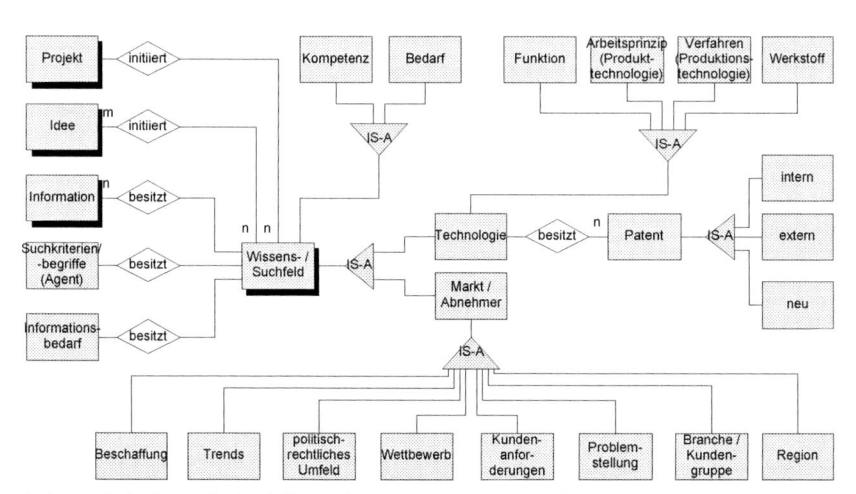

Anhang 8-4   Generische Informationsklasse: Wissens-/Suchfeld

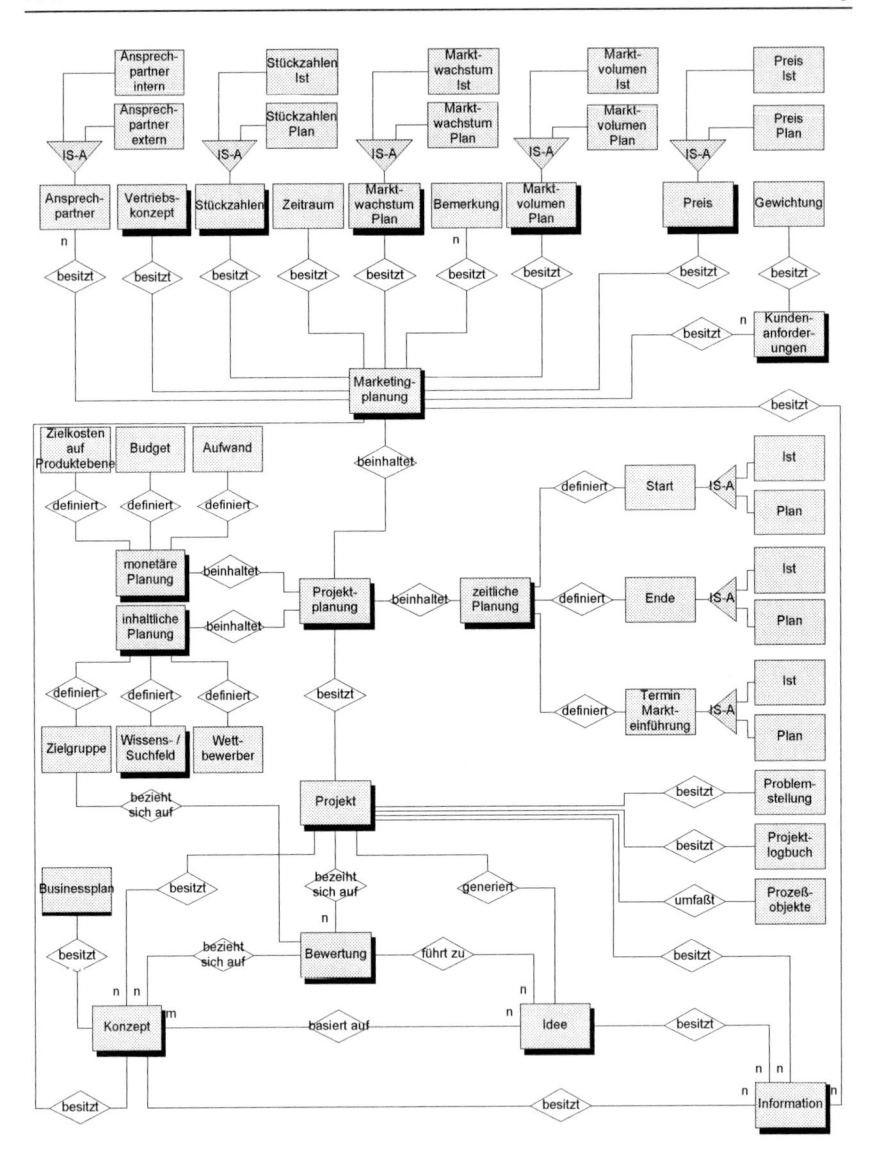

Anhang 8-5: Generische Informationsklasse: Innovationsprojekt

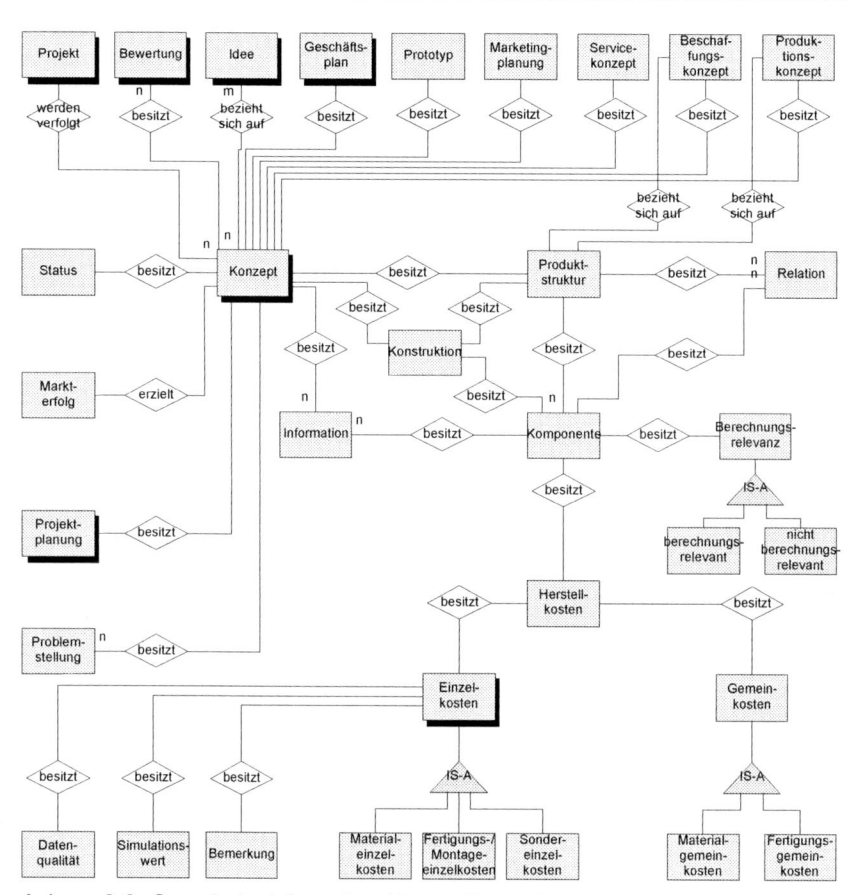

Anhang A 5

Anhang 8-6 Generische Informationsklasse: Konzept

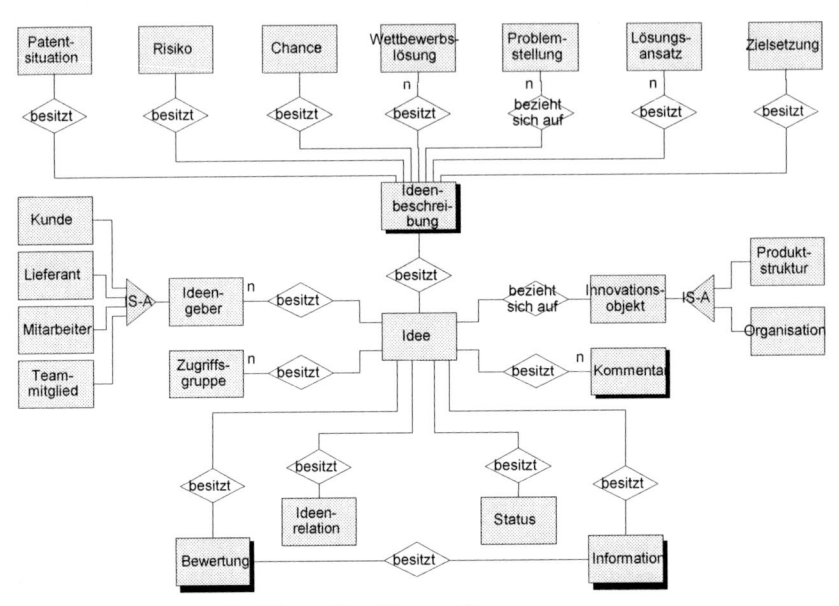

Anhang 8-7 Generische Informationsklasse: Idee

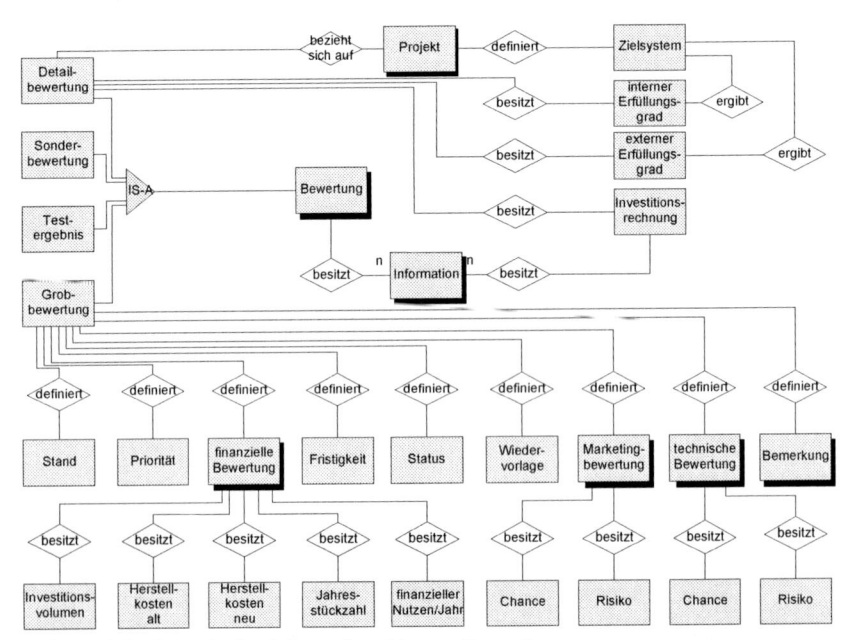

Anhang 8-8 Generische Informationsklasse: Bewertung

ANHANG C: UNTERNEHMENS- UND PROJEKTTYPOLOGIE

Kriterium	Unternehmensausprägungen				
Unternehmensgröße	groß I	mittel II	klein III		
Wirtschaftszweig	Konsumgüter I	Investitionsgüter II	Dienstleistungen III		
Innovationsnotwendigkeit	kontinuierlich I	sporadisch II			
F+E-Organisation	F+E-Abteilung I	virtuelle F+E II	fallweises Team III	Produkt-manager IV	Projekt-organisation V
Unternehmensorganisation	funktions-orientiert I	produkt-orientiert II	(Funktions-) Matrix III	(Produkt-) Matrix IV	
Unternehmenskultur	formalisiert I	Freiheiten II	Freiheiten mit Stimulation III		
Managementunterstützung	passiv I	Freiheiten II	aktiv III		
Wissenserwerb	primär über eigene F+E I	kombiniert II	primär über fremde F+E III		
Hierarchie	flach I	hierachisch II			
Wettbewerbsstrategie	Qualitätsführer I	Differenzierung II	Kostenführer III		
Know-How	Technologie I	Markt II			
Fertigungsstruktur	flach I	breit II	tief III		
Technologieorientierung	aggressiv I	konservativ II			
Produktion	Massenfertigung I	Serienfertigung II	Einzelfertigung III		

Kriterium	Projektausprägungen				
Anstoß für Innovationsprojekt	Idee I	Strategie II	Kunde III	aktuelles Produkt IV	Neue Technologie V
Angestrebter Innovationsgrad	Marktneuheit I	Unternehmensneuheit II	Verbesserungsinnovation III		
Ideenreifegrad beim Projekteinstieg	Idee I	Skizze II	Lastenheft III	Produktkonzept IV	Fertigungskonzept V / Design VI
Strategie	Market-Pull I	Technology-Push II			
Produktkomplexität	Hoch I	Mittel II	Gering III		

Projektphasen												
P1	P2	P3	P4	P5	P6	P7	P8	P9	P10	P11	P12	P13
Strategiedefinition	Zieldefinition	Ideenfindung	Gestaltung	Bewertung	Problemlösungsprozeß	Informationsbeschaffung	Analyse	Problemlösung	Prototyping	Test	Umsetzung	Gate/Meilenstein

Anhang 8-9 Unternehmens- und Projekttypologie

Anhang

ANHANG D: PROZEßOBJEKTE

Legende: siehe Anhang A und Anhang C

Prozeßbezeichnung	**Motivforschung** (1)				
Zielsetzung	Ermittlung unbefriedigter Bedürfnisse der Konsumenten				
Kurzbeschreibung	Die Ermittlung von Bedürfnissen, Motiven und Einstellungen stützt sich im Wesentlichen auf Befragungen.				
Unternehmens-ausprägungen (UA)	Unternehmensgröße I, II; Wirtschaftszweig (I), II, III; Innovationsnotwendigkeit I, II; F&E-Organisation alle; Unternehmensorganisation alle; Unternehmenskultur alle; Managementunterstützung alle; Wissenserwerb I, II, (III); Hierarchie alle; Wettbewerbsstrategie I, II, (III); Know-how I, (II); Fertigungsstruktur alle; Technologieorientierung alle; Produktion I, II				
Projekt-ausprägungen (PA)	Anstoß für Innovationsprojekt II, III; Angestrebter Innovationsgrad II, III; Ideenreifegrad beim Projekteinstieg I, II, III; Strategie I; Produktkomplexität (I), II, III				
Projektphase	P1, P2, P3, P4, P7, P8				
Prozeß- und Informationsmodell (P_{in})	Eingänge: Beschaffung, Trends, politisch-rechtliches Umfeld, Wettbewerb, Problemstellung, Branche / Kundengruppe, Region; Vorgänger-Zustand: Motive unbekannt; Prozess: Motivforschung – Ermittlung unbefriedigter Bedürfnisse der Konsumenten; Nachfolger-Zustand: Motivabschätzung vorgenommen; Ausgänge: Problemstellung, Kundenanforderungen				
Reihenfolge	Potentieller Vorgänger		Potentieller Nachfolger 5, 6, 7, 12, 13, 15, 16, 17, 18, 19, 22, 28, 30, 34		
Relationen	Muß mit	Sollte mit	Sollte nicht mit		Darf nicht mit
Dokumentation	Ergebnisbericht inkl. Kundenanforderungen				

A 10 Anhang

Prozeßbezeichnung	**Delphiprognose** (2)
Zielsetzung	Ermittlung von Trends
Kurzbeschreibung	Mehrere Befragungsrunden ermitteln die subjektiven Urteile von Experten, um anschließend einen Konsens zu erhalten. Komplexe Probleme können multidisziplinäre Expertenrunden erfordern.

Unternehmensausprägungen (UA):

Unternehmensgröße	Wirtschaftszweig	Innovationsnotwendigkeit	F&E-Organisation	Unternehmensorganisation	Unternehmenskultur	Managementunterstützung	Wissenserwerb	Hierarchie	Wettbewerbsstrategie	Know-how	Fertigungsstruktur	Technologieorientierung	Produktion
I, II	alle	alle	alle	alle	alle	alle	I, II, (II)	alle	I, II	I, II	alle	I	I, II

Projektausprägungen (PA):

Anstoß für Innovationsprojekt	Angestrebter Innovationsgrad	Ideenreifegrad beim Projekteinstieg	Strategie	Produktkomplexität
II, IV, V	I, (II)	I, II, III	I, II	alle

Projektphase	P1, P2, P5
Prozeß- und Informationsmodell (P_{in})	Trends → Expertenwissen → potentielle Trends identifiziert → Delphiprognose → verifizierte Trends / bewertete Trends (Ermittlung von Trends)
Reihenfolge	Potentieller Vorgänger — Potentieller Nachfolger **9, 20**
Relationen	Muß mit — Sollte mit **26** — Sollte nicht mit **3** — Darf nicht mit
Dokumentation	Bericht (bewertete Trends)

Anhang   A 11

Prozeßbezeichnung	**Szenario-Technik** (3)
Zielsetzung	Systematische Ableitung künftiger Markt- und Technologieentwicklungen
Kurzbeschreibung	Nach Erstellung einer umfassenden Analyse der gegenwärtigen Situation und der Umfeldfaktoren, werden mögliche Entwicklungspfade bestimmt. Hierdurch ist eine Abschätzung von Zukunftszuständen möglich.

Unternehmens- ausprägungen (UA)	Unternehmensgröße I, II	Wirtschaftszweig alle	Innovationsnotwendigkeit alle	F&E-Organisation alle	Unternehmensorganisation alle	Unternehmenskultur alle	Managementunterstützung alle	Wissenserwerb I, II	Hierarchie alle	Wettbewerbsstrategie alle	Know-how alle	Fertigungsstruktur alle	Technologieorientierung I, (II)	Produktion I, II
Projekt- ausprägungen (PA)	Anstoß für Innovationsprojekt	I, II, III, IV		Angestrebter Innovationsgrad	I, (II)	Ideenreifegrad beim Projekteinstieg		I, II, III	Strategie			alle	Produktkomplexität		alle

Projektphase	P1, P2, P3, P5

| Prozeß- und Informationsmodell (P_{in}) | |

```
                        Technologie        Markt /
                                           Abnehmer
                              │               │
                              └───────┬───────┘
                                      ▼
 ┌──────────┐              ┌──────────────────┐              ┌──────────────┐
 │ künftige │              │   Szenario-      │              │ potentielle  │
 │Entwicklung├─────────────►│   Technik        ├─────────────►│Entwicklung   │
 │unbekannt │              └──────────────────┘              │identifiziert │
 └──────────┘                      │                         └──────────────┘
                           systematische Ableitung
                           künftiger Markt- und
                           Technologieentwick-
                           lungen
                                   ▼
                              bewertete
                              Szenarien
```

Reihenfolge	Potentieller Vorgänger **6, 7, 25, 26, 27, 45**		Potentieller Nachfolger **11, 12, 13, 18, 19, 20, 31, 32, 33, 36, 42**	
Relationen	Muß mit **25**	Sollte mit **3, 4, 6, 7, 9, 26, 27**	Sollte nicht mit **2**	Darf nicht mit
Dokumentation	Bericht (bewertete Trends)			

Prozeßbezeichnung	**Prognose der Marktentwicklung** (4)
Zielsetzung	Ermittlung der künftigen Marktentwicklung für ein definiertes Konzept
Kurzbeschreibung	Multipliziert werden prognostiziertes Marktvolumen (Prognosemethoden wie regressionsanalytische Verfahren, ökonometrische Modelle und Zeitreihenprojektionen) und prognostizierter eigener Marktanteil.

Unternehmensausprägungen (UA)	Unternehmensgröße / alle	Wirtschaftszweig / alle	Innovationsnotwendigkeit / alle	F&E-Organisation / alle	Unternehmensorganisation / alle	Unternehmenskultur / alle	Managementunterstützung / alle	Wissenserwerb / alle	Hierarchie / alle	Wettbewerbsstrategie / alle	Know-how / alle	Fertigungsstruktur / alle	Technologieorientierung / alle	Produktion / I, II
Projektausprägungen (PA)	Anstoß für Innovationsprojekt / alle			Angestrebter Innovationsgrad / (II), III			Ideenreifegrad beim Projekteinstieg / alle			Strategie / alle		Produktkomplexität / alle		

Projektphase	P1, P2, P5
Prozeß- und Informationsmodell (P_{in})	

Idee → Marktwachstum Ist → Marktvolumen Ist

Marktentwicklung unbekannt → Prognose der Marktentwicklung → Marktentwicklung prognostiziert

Ermittlung der künftigen Marktentwicklung für ein definiertes Konzept

Marktwachstum Plan, Marktvolumen Plan

Reihenfolge	Potentieller Vorgänger 2, 7, 18, 25, 34, 40, 43	Potentieller Nachfolger 4, 8, 9, 12, 18, 19, 27, 31, 32, 33, 36, 42, 44	
Relationen	Muß mit	Sollte mit 2, 3, 7, 18, 34, 40, 43	Sollte nicht mit	Darf nicht mit
Dokumentation	Marktanalyse		

Anhang A 13

Prozeßbezeichnung	**Produktpositionierung** (5)		
Zielsetzung	Ermittlung von Präferenzen der Konsumenten		
Kurzbeschreibung	Eingesetzt werden die Faktoranalyse und die multidimensionale Skalierung, welche Freiräume zwischen Idealprodukt und realem Produkt als Marktnische interpretiert.		
Unternehmens-ausprägungen (UA)	Unternehmensgröße: alle; Wirtschaftszweig: I; Innovationsnotwendigkeit: alle; F&E-Organisation: alle; Unternehmensorganisation: alle; Unternehmenskultur: alle; Managementunterstützung: alle; Wissenserwerb: I, II; Hierarchie: alle; Wettbewerbsstrategie: I, II; Know-how: alle; Fertigungsstruktur: alle; Technologieorientierung: alle; Produktion: I, II		
Projektausprägungen (PA)	Anstoß für Innovationsprojekt: alle; Angestrebter Innovationsgrad: I, (II); Ideenreifegrad beim Projekteinstieg: I, II, III, IV; Strategie: I; Produktkomplexität: II, III		
Projektphase	P2, P5, P8, P10		
Prozeß- und Informationsmodell (P$_{in}$)	Konzept → Zielgruppe → Kundenanforderungen → Produktpositionierung (Ermittlung von Präferenzen der Konsumenten); Konsumentenurteile unbekannt → Produktpositionierung → Konsumentenurteile ermittelt; Kundenanforderungen → Bewertung → Gewichtung		
Reihenfolge	Potentieller Vorgänger 1, 2, 7, 19, 25, 26, 27, 34		Potentieller Nachfolger 8, 22, 23, 33, 36, 42, 43
Relationen	Muß mit	Sollte mit 1, 2, 7, 19, 25, 26, 27, 34	Sollte nicht mit 28	Darf nicht mit
Dokumentation	Liste gewichteter Kundenanforderungen		

Prozeßbezeichnung	**Lead User Ansatz**				(6)
Zielsetzung	Untersuchen der „trendführenden Verwender"				
Kurzbeschreibung	Die Lead User werden hinsichtlich der identifizierten Trends und Konzepte befragt, um die Relevanz und die damit verbundenen Kundenanforderungen zu identifizieren.				

Unternehmensausprägungen (UA):
- Unternehmensgröße — alle
- Wirtschaftszweig — alle
- Innovationsnotwendigkeit — alle
- F&E-Organisation — II, IV, V
- Unternehmensorganisation — II, III, IV
- Unternehmenskultur — II, III
- Managementunterstützung — II, III
- Wissenserwerb — I, II, (III)
- Hierarchie — alle
- Wettbewerbsstrategie — I, II
- Know-how — I, II
- Fertigungsstruktur — alle
- Technologieorientierung — I
- Produktion — I, II

Projektausprägungen (PA):
- Anstoß für Innovationsprojekt — I, III, V
- Angestrebter Innovationsgrad — alle
- Ideenreifegrad beim Projekteinstieg — alle
- Strategie — alle
- Produktkomplexität — I, II

Projektphase	P1, P2, P3, P5, P7, P8, P10, P11, P13
Prozeß- und Informationsmodell (P_{in})	Eingänge: Zielgruppe, Trends, Branche / Kundengruppe; Lead User Daten unbekannt → **Lead User Ansatz** (Untersuchen der "trendanführenden Verwender") → Lead User Daten ermittelt; Ausgänge: Kundenanforderungen, Technologie, Markt / Abnehmer
Reihenfolge	Potentieller Vorgänger: **1, 2, 25, 34** — Potentieller Nachfolger: **3, 6, 13, 15, 16, 17, 18, 20, 22, 23, 26, 30, 34, 36**
Relationen	Muß mit: — Sollte mit: **1, 2, 25** — Sollte nicht mit: — Darf nicht mit: —
Dokumentation	Gesprächsprotokoll, Kundenwünsche

Anhang A 15

Prozeßbezeichnung	**Stärken/Schwächen-Analyse** (7)
Zielsetzung	Abschätzung der eigenen Konkurrenzfähigkeit
Kurzbeschreibung	Nach der Identifikation relevanter Wettbewerber, erfolgt die Festlegung ihrer wichtigen Merkmale in Bezug auf deren Innovationsverhalten. Die anschließende Datenaufbereitung führt zu einem Stärken/Schwächen-Profil.

Unternehmensausprägungen (UA): Unternehmensgröße alle, Wirtschaftszweig alle, Innovationsnotwendigkeit alle, F&E-Organisation alle, Unternehmensorganisation alle, Unternehmenskultur alle, Managementunterstützung alle, Wissenserwerb alle, Hierarchie alle, Wettbewerbsstrategie alle, Know-how alle, Fertigungsstruktur alle, Technologieorientierung alle, Produktion alle

Projektausprägungen (PA): Anstoß für Innovationsprojekt alle, Angestrebter Innovationsgrad alle, Ideenreifegrad beim Projekteinstieg alle, Strategie II, Produktkomplexität alle

Projektphase	P1, P2, P5, P8
Prozeß- und Informationsmodell (P_{in})	Basisdaten — Finanzdaten — Unternehmensphilosophie — Unternehmenspolitik — Kundenanforderungen → Stärken/Schwächen unbekannt → Stärken/Schwächen-Analyse → Stärken/Schwächen ermittelt; Wettbewerbsstrategie; Abschätzung der eigenen Konkurrenzfähigkeit
Reihenfolge	Potentieller Vorgänger: 1, 26, 43, 46 — Potentieller Nachfolger: 3, 4, 5, 8, 11, 13, 25, 36, 46
Relationen	Muß mit: 1	Sollte mit: 26	Sollte nicht mit: —	Darf nicht mit: —
Dokumentation	Stärken/Schwächen-Profil

Prozeßbezeichnung	**Planung des Produkt-Portfolios** (8)
Zielsetzung	Ableitung von Normstrategien
Kurzbeschreibung	Für den einfaktoriellen Fall läßt sich die Produkt-Portfolio-Matrix direkt durch Eintragen von Marktanteil und Marktwachstum ermitteln. Im mehrfaktoriellen Fall erfolgt erst eine Bewertung der Produkte (Kriterien z.B. Marktqualität, Umweltqualität, relative Marktposition usw.). Anschließend erlaubt eine Zusammenfassung in eine unternehmensbezogene und eine umfeldbezogene Dimension die Aufstellung der gesuchten Matrix.
Unternehmensausprägungen (UA)	Unternehmensgröße: alle; Wirtschaftszweig: alle; Innovationsnotwendigkeit: alle; F&E-Organisation: alle; Unternehmensorganisation: alle; Unternehmenskultur: alle; Managementunterstützung: alle; Wissenserwerb: alle; Hierarchie: alle; Wettbewerbsstrategie: alle; Know-how: alle; Fertigungsstruktur: alle; Technologieorientierung: alle; Produktion: I, II, (III)
Projektausprägungen (PA)	Anstoß für Innovationsprojekt: alle; Angestrebter Innovationsgrad: II, III; Ideenreifegrad beim Projekteinstieg: alle; Strategie: alle; Produktkomplexität: alle
Projektphase	P1, P2, P5, P8, P12, P13
Prozeß- und Informationsmodell (P_{in})	Eingänge: Konzepte, Marktvolumen Ist, Marktvolumen Plan, Marktwachstum Ist, Marktwachstum Plan, Produktportfolio unbekannt → Planung des Produkt-Portfolios (Ableitung von Normstrategien) → Produktportfolio ermittelt. Ausgänge: Zielgruppe, Produktpositionierung, Produktabsatz, Wettbewerbsstrategie
Reihenfolge	Potentieller Vorgänger: 4, 5, 7, 8, 13, 18, 25, 27, 34, 43 — Potentieller Nachfolger: 18, 19, 23, 33, 34, 36, 42, 43, 46
Relationen	Muß mit: — ; Sollte mit: 2, 4, 5, 6, 7, 11, 13, 34 ; Sollte nicht mit: 9 ; Darf nicht mit: —
Dokumentation	Produkt-Portfolio

Anhang A 17

Prozeßbezeichnung	**Produktlebenszyklusanalyse** (9)
Zielsetzung	Frühzeitiges Erkennen eines Produktinnovationsbedarfs
Kurzbeschreibung	Jedes Produkt unterliegt im Zeitablauf einem gewissen Lebenszyklus. Mittels eine Lebenszyklus-Darstellung, welche alle Produkte eines Unternehmens berücksichtigt, kann frühzeitig ein Produktinnovationsbedarf für einzelne Produkte oder Produktgruppen abgeleitet werden.
Unternehmens-ausprägungen (UA)	Unternehmensgröße I, II, (III) / Wirtschaftszweig alle / Innovationsnotwendigkeit alle / F&E-Organisation alle / Unternehmensorganisation alle / Unternehmenskultur alle / Managementunterstützung alle / Wissenserwerb alle / Hierarchie alle / Wettbewerbsstrategie I, II, (III) / Know-how alle / Fertigungsstruktur alle / Technologieorientierung alle / Produktion alle
Projekt-ausprägungen (PA)	Anstoß für Innovationsprojekt alle / Angestrebter Innovationsgrad alle / Ideenreifegrad beim Projekteinstieg alle / Strategie alle / Produktkomplexität alle
Projektphase	**P1, P2, P5, P8, P12, P13**
Prozeß- und Informationsmodell (P$_{in}$)	Konzept → finanzielle Bewertung → Marketingplanung; gegnwärtige Marktphase unbekannt → Produktlebenszyklusanalyse → Marktphase ermittelt; frühzeitiges Erkennen eines Produktinnovationsbedarfs; Normstrategie, Produktpositionierung, Produktabsatz, Wettbewerbsstrategie
Reihenfolge	Potentieller Vorgänger: 2, 4, 25, 26, 33 — Potentieller Nachfolger: 11, 13, 18, 19, 20, 22, 23, 27, 33, 36, 43, 46
Relationen	Muß mit: — / Sollte mit: 2, 3, 4, 25, 26 / Sollte nicht mit: 9 / Darf nicht mit: —
Dokumentation	Lebenszyklus-Kurve

Prozeßbezeichnung	**Relevanzbaumverhalten** (10)
Zielsetzung	Generierung und Optimierung von Produktideen vor dem Hintergrund vorhandener Technologien
Kurzbeschreibung	Ausgehend vom grundsätzlichen Anwendungspotential einer Schlüsseltechnologie werden auf tieferen Ebenen konkrete Problemlösungspotentiale formuliert. Auf unterster Ebene gelangt man zu Produktideen und Problemstellungen.

Unternehmens- ausprägungen (UA)	Unternehmensgröße alle	Wirtschaftszweig I, II	Innovationsnotwendigkeit alle	F&E-Organisation alle	Unternehmensorganisation alle	Unternehmenskultur alle	Managementunterstützung alle	Wissenserwerb I, II	Hierarchie alle	Wettbewerbsstrategie alle	Know-how I	Fertigungsstruktur alle	Technologieorientierung I	Produktion I, II
Projekt- ausprägungen (PA)	Anstoß für Innovationsprojekt II, V		Angestrebter Innovationsgrad I, II		Ideenreifegrad beim Projekteinstieg I, II, III		Strategie II		Produktkomplexität		alle			

Projektphase	P1, P2, P3, P4, P5, P8, P9

Prozeß- und Informationsmodell (P_{in})

Technologie → Relevanzbaumverhalten
Technologien bekannt → Relevanzbaumverhalten
Relevanzbaumverhalten → Ideen generiert / Optimierungspotentiale aufgezeigt
Generierung von Produktideen bzw. deren Optimierungspotentiale abzuleiten vor dem Hintergrund vorhandener Technologien
→ Idee / Problemstellung

Reihenfolge	Potentieller Vorgänger **11, 13, 22, 25, 26**		Potentieller Nachfolger **13, 27, 28, 30, 34, 35, 37, 44**	
Relationen	Muß mit 11	Sollte mit 13, 25	Sollte nicht mit	Darf nicht mit
Dokumentation	Ideenliste/ Ideendatenblatt			

Anhang A 19

Prozeßbezeichnung	Technologieportfolio (11)			
Zielsetzung	Ermittlung des Technologiepotentials			
Kurzbeschreibung	Es erfolgt eine Einstufung in der vom Unternehmen unbeeinflußbaren Technologieattraktivität und der beeinflußbaren Dimension der Ressourcenstärke. Dieses führt zu Normstrategien in Bezug auf bestimmte Technologien.			
Unternehmensausprägungen (UA)	Unternehmensgröße alle / Wirtschaftszweig I, II / Innovationsnotwendigkeit alle / F&E-Organisation alle / Unternehmensorganisation alle / Unternehmenskultur alle / Managementunterstützung alle / Wissenserwerb I, II / Hierarchie alle / Wettbewerbsstrategie alle / Know-how I / Fertigungsstruktur II, III / Technologieorientierung alle / Produktion alle			
Projektausprägungen (PA)	Anstoß für Innovationsprojekt I, IV / Angestrebter Innovationsgrad alle / Ideenreifegrad beim Projekteinstieg I, II, III, IV, V / Strategie II / Produktkomplexität I, II			
Projektphase	P1, P2, P3, P5, P8, P9, P13			
Prozeß- und Informationsmodell (P$_{In}$)	Technologie → Konzept → Bewertung der Technologien (unbekannt) → Technologieportfolio → Technologie bewertet; Ermittlung des Technologiepotentials; Strategie			
Reihenfolge	Potentieller Vorgänger 3, 7, 9, 11, 14, 15, 16, 24, 25, 45, 46		Potentieller Nachfolger 10, 12, 19, 20, 22, 23, 27, 33, 34, 36, 44, 46	
Relationen	Muß mit	Sollte mit 1, 2, 3, 7, 8, 9, 13, 25, 26	Sollte nicht mit	Darf nicht mit
Dokumentation	Technologieportfolio			

Prozeßbezeichnung	**Technologiekalender** (12)	
Zielsetzung	Zeitliche Koordination von Produkt und Technologie	
Kurzbeschreibung	Auf Basis des unternehmensspezifischen Produktspektrums werden die Fertigungstechnologien auf Kosten- und Qualitätsvorteile untersucht. Die Funktionsanalyse schafft die Verknüpfung zwischen ausgewählten Produkten und technischen Einzelaspekten. Durch Prüfung wird ermittelt, ob neue oder alternative Produktionstechnologien diese Einzelaspekte erfüllen können. Alternative Produktionstechnologien werden anhand technischer, ökonomischer und ökologischer Kriterien bewertet und zeitlich terminiert. Schließlich erfolgt die Darstellung der Ergebnisse in Form eines Technologiekalenders.	
Unternehmensausprägungen (UA)	Unternehmensgröße: alle; Wirtschaftszweig: I, II; Innovationsnotwendigkeit: II; F&E-Organisation: alle; Unternehmensorganisation: alle; Unternehmenskultur: alle; Managementunterstützung: alle; Wissenserwerb: I, II; Hierarchie: alle; Wettbewerbsstrategie: alle; Know-how: I; Fertigungsstruktur: II, III; Technologieorientierung: I; Produktion: I, II	
Projektausprägungen (PA)	Anstoß für Innovationsprojekt; Innovationsgrad: I, II, IV, V; Angestrebter Innovationsgrad: II, III; Ideenreifegrad beim Projekteinstieg: alle; Strategie; Produktkomplexität: II; alle	
Projektphase	P1, P5, P8, P9, P12	
Prozeß- und Informationsmodell (P$_{in}$)	Konzept → Technologie → Stückzahlen; Verfahren unbekannt → Technologiekalender → Verfahren bestimmt; zeitliche Koordination von Produkt und Technologie; Strategie, Verfahren (Produktionstechnologie), Werkstoff	
Reihenfolge	Potentieller Vorgänger: 1, 3, 4, 11, 14, 15, 16, 18, 19, 25, 26, 34, 41, 44, 46	Potentieller Nachfolger: 19, 20, 21, 22, 23, 24, 27, 28, 30, 31, 32, 34, 36, 37, 39, 44, 45
Relationen	Muß mit: 19, 25	Sollte mit: 1, 2, 3, 4, 11, 15, 16, 20, 26, 28, 30, 45	Sollte nicht mit:	Darf nicht mit:
Dokumentation	Technologiekalender	

Anhang A 21

Prozeßbezeichnung	**Innovationsportfolio** (13)			
Zielsetzung	Identifikation interessanter Ideen vor dem Hintergrund der Nachfrage bzw. eigener Kompetenz			
Kurzbeschreibung	Die Innovationsfelder werden in einem Portfolio mit den Dimensionen Innovationsfeldattraktivität und relative Innovationsfeldstärke angeordnet. Innovation, Selektion oder Desinvention werden durch die jeweilige Position ausgewiesen.			
Unternehmens-ausprägungen (UA)	Unternehmensgröße: alle; Wirtschaftszweig: alle; Innovationsnotwendigkeit: alle; F&E-Organisation: alle; Unternehmensorganisation: alle; Unternehmenskultur: alle; Managementunterstützung: alle; Wissenserwerb: I, II; Hierarchie: alle; Wettbewerbsstrategie: I, II; Know-how: I, II; Fertigungsstruktur: alle; Technologieorientierung: I; Produktion: I, II, (III)			
Projekt-ausprägungen (PA)	Anstoß für Innovationsprojekt: I, II, V; Angestrebter Innovationsgrad: alle; Ideenreifegrad beim Projekteinstieg: I, II, III; Strategie: alle; Produktkomplexität: alle			
Projektphase	1, 2, 5, 8, 13			
Prozeß- und Informationsmodell (P_{in})	Wissens-/Suchfeld → Technologie; Kundenanforderungen → Trends → Idee; Konzept → Zielsystem. Beurteilung des Konzepts unbekannt → Innovationsportfolio ← Beurteilung des Konzepts ermittelt; Identifikation interessanter Ideen vor dem Hintergrund der Nachfrage bzw. eigener Kompetenz; Bewertung			
Reihenfolge	Potentieller Vorgänger 1, 2, 3, 6, 7, 9, 10, 14, 15, 16, 17, 25, 26, 27, 28, 35, 40, 46		Potentieller Nachfolger 8, 10, 19, 22, 23, 28, 33, 34, 36, 42, 44, 45, 46	
Relationen	Muß mit 1, 25	Sollte mit 2, 3, 6, 7, 9, 11, 15, 16, 17, 26, 35	Sollte nicht mit	Darf nicht mit
Dokumentation	Innovationsportfolio, Ideendatenblatt			

Prozeßbezeichnung	**Betriebliches Vorschlagswesen**	**(14)**
Zielsetzung	Generierung von Ideen	
Kurzbeschreibung	Mitarbeiter werden motiviert als freiwillige Zusatzleistung Verbesserungsvorschläge tätigen. Als Anreiz dienen häufig Prämien im Falle der Verwertung der eingereichten Ideen.	

Unternehmens-ausprägungen (UA)	Unternehmensgröße I, II	Wirtschaftszweig alle	Innovationsnotwendigkeit I	F&E-Organisation alle	Unternehmensorganisation alle	Unternehmenskultur alle	Managementunterstützung alle	Wissenserwerb alle	Hierarchie II	Wettbewerbsstrategie alle	Know-how alle	Fertigungsstruktur alle	Technologieorientierung alle	Produktion alle
Projekt-ausprägungen (PA)	Anstoß für Innovationsprojekt I, IV		Angestrebter Innovationsgrad I, II, III		Ideenreifegrad beim Projekteinstieg I			Strategie alle			Produktkomplexität alle			alle

Projektphase	P3, P4, P7, P9, P12
Prozeß- und Informationsmodell (P_{in})	Ausgangsproblem → Betriebliches Vorschlagswesen → Ideen generiert Generierung von Ideen ↓ Idee
Reihenfolge	Potentieller Vorgänger Potentieller Nachfolger **11, 12, 13, 20, 22, 25, 26, 27, 28, 29, 30, 31, 32, 34, 37, 44, 45**
Relationen	Muß mit Sollte mit **28** Sollte nicht mit Darf nicht mit
Dokumentation	Ideendatenblatt, Zusatzinformation

Anhang A 23

Prozeßbezeichnung	**Brainstorming** (15)													
Zielsetzung	Lösungsalternativen ermitteln													
Kurzbeschreibung	Eine Gruppe von 4-8 Personen tragen in mündlicher Form Ideen zusammen. Die Teilnehmer sollten aus unterschiedlichen Fachrichtungen, aber aus einer hierarchischen Ebene stammen. Ideen anderer dürfen aufgegriffen und weiterentwickelt, nicht aber bewertet oder kritisiert werden.													
Unternehmens-ausprägungen (UA)	Unternehmensgröße alle	Wirtschaftszweig alle	Innovationsnotwendigkeit alle	F&E-Organisation alle	Unternehmensorganisation alle	Unternehmenskultur II, III	Managementunterstützung alle	Wissenserwerb alle	Hierarchie alle	Wettbewerbsstrategie alle	Know-how alle	Fertigungsstruktur alle	Technologieorientierung alle	Produktion alle
Projekt-ausprägungen (PA)	Anstoß für Innovationsprojekt alle		Angestrebter Innovationsgrad alle		Ideenreifegrad beim Projekteinstieg alle		Strategie alle			Produktkomplexität alle			alle	
Projektphase	P3, P4, P6, P9, P12													
Prozeß- und Informationsmodell (P_{in})	Wissens- / Suchfeld — Strategie Ausgangsproblem → Brainstorming → Ideen generiert Lösungsalternativen ermitteln Idee													
Reihenfolge	Potentieller Vorgänger 1, 6, 25, 26						Potentieller Nachfolger 11, 12, 13, 19, 20, 22, 23, 26, 27, 28, 29, 30, 31, 32, 34, 37, 45							
Relationen	Muß mit			Sollte mit 1, 25, 28, 30			Sollte nicht mit 10, 16			Darf nicht mit				
Dokumentation	Ideenliste, Ideendatenblatt													

Prozeßbezeichnung	**Brainwriting** (16)
Zielsetzung	Lösungsalternativen ermitteln
Kurzbeschreibung	Eine Gruppe von Personen (vgl. Brainstorming) tragen in schriftlicher Form Ideen zusammen. Beispiel Methode 635: 6 Personen tragen jeweils 3 Lösungsvorschläge bei, die nach 5 Minuten an den Nachbarn weitergereicht werden.
Unternehmensausprägungen (UA)	Unternehmensgröße: alle; Wirtschaftszweig: alle; Innovationsnotwendigkeit: alle; F&E-Organisation: alle; Unternehmensorganisation: alle; Unternehmenskultur: alle; Managementunterstützung: II, III; Wissenserwerb: alle; Hierarchie: alle; Wettbewerbsstrategie: alle; Know-how: alle; Fertigungsstruktur: alle; Technologieorientierung: alle; Produktion: alle
Projektausprägungen (PA)	Anstoß für Innovationsprojekt; Angestrebter Innovationsgrad: alle; Ideenreifegrad beim Projekteinstieg: alle; Strategie; Produktkomplexität: alle; alle
Projektphase	P3, P4, P6, P9, P12
Prozeß- und Informationsmodell (P_{in})	Wissens-/Suchfeld → Strategie; Ausgangsproblem → Brainwriting → Ideen generiert; Lösungsalternativen ermitteln; Idee
Reihenfolge	Potentieller Vorgänger: 1, 6, 19, 23, 25, 26 — Potentieller Nachfolger: 11, 12, 13, 20, 22, 26, 27, 28, 29, 30, 31, 32, 34, 37, 44, 45
Relationen	Muß mit — Sollte mit: 1, 19, 20, 28 — Sollte nicht mit: 10, 15 — Darf nicht mit
Dokumentation	Ideenliste, Ideendatenblatt

Anhang A 25

Prozeßbezeichnung	**Synektik** (17)
Zielsetzung	Lösungsalternativen ermitteln
Kurzbeschreibung	Die Phasen des natürlich-kreativen Prozesses werden nachgeahmt, indem einer Gruppe zur Ideenfindung völlig problemfremde Objekte vorgelegt werden. Mittels Analogiebildung aus Biologie, Technik oder Gesellschaft werden die gefundenen Aussagen in Zusammenhang mit der ursprünglichen Problemstellung gebracht. Somit können neuartige Lösungen generiert werden.

Unternehmensausprägungen (UA)	Unternehmensgröße alle	Wirtschaftszweig alle	Innovationsnotwendigkeit alle	F&E-Organisation alle	Unternehmensorganisation alle	Unternehmenskultur II, III	Managementunterstützung II, III	Wissensenwerb alle	Hierarchie alle	Wettbewerbsstrategie I, II	Know-how alle	Fertigungsstruktur alle	Technologieorientierung I	Produktion alle
Projektausprägungen (PA)	Anstoß für Innovationsprojekt alle			Angestrebter Innovationsgrad alle		I, (II), (III)	Ideenreifegrad beim Projekteinstieg		I, II, III, IV	Strategie		alle	Produktkomplexität	alle

Projektphase	**P3, P4, P6, P9, P12**
Prozeß- und Informationsmodell (P_{in})	Wissens-/Suchfeld → Strategie → problemfremde Objekte Ausgangsproblem → Synektik → Ideen generiert Lösungsalternativen ermitteln ↓ Idee

Reihenfolge	Potentieller Vorgänger 1, 6, 19, 23, 25, 26	Potentieller Nachfolger 13, 20, 22, 26, 27, 28, 29, 30, 31, 32, 34, 37, 45	
Relationen	Muß mit	Sollte mit 1, 15, 16, 19, 26, 28, 30	Sollte nicht mit 10, 35	Darf nicht mit
Dokumentation	Ideenliste, Ideendatenblatt		

Prozeßbezeichnung	**Zielkostendefinition** (18)
Zielsetzung	Frühzeitige Festlegung von marktorientierten Kosten
Kurzbeschreibung	Durch unterschiedliche Kostenplanungs-, Kostenkontroll- und Kostenmanagementinstrumente, werden schon in den frühen Phasen der Produkt- und Prozeßgestaltung die Kostenstrukturen im Hinblick auf die Marktanforderungen gestaltet. Grundgedanke ist hierbei, daß der Markt den Preis bestimmt und somit vom Unternehmen kaum beeinflußbar ist. Im Mittelpunkt steht somit die Frage, was die Herstellung des Produktes kosten darf, nicht was sie kosten wird.
Unternehmensausprägungen (UA)	Unternehmensgröße: alle; Wirtschaftszweig: I, II, (III); Innovationsnotwendigkeit: alle; F&E-Organisation: alle; Unternehmensorganisation: alle; Unternehmenskultur: alle; Managementunterstützung: III; Wissenserwerb: alle; Hierarchie: alle; Wettbewerbsstrategie: II, III; Know-how: alle; Fertigungsstruktur: alle; Technologieorientierung: alle; Produktion: I, II
Projektausprägungen (PA)	Anstoß für Innovationsprojekt; Angestrebter Innovationsgrad: alle; (I), II, III; Ideenreifegrad beim Projekteinstieg: I, II, III, IV; Strategie; Produktkomplexität: alle; alle
Projektphase	**P2, P5, P8, P13**
Prozeß- und Informationsmodell (P_{in})	Herstellkosten alt → Stückzahlen → Zielgruppe → Produktpositionierung → Produktabsatz → Wettbewerbsstrategie; Zielkosten unbekannt → Zielkostendefinition → Zielkosten definiert; frühzeitige Festlegung von marktorintierten Kosten; Preis, Zielkosten auf Produktebene
Reihenfolge	Potentieller Vorgänger: **1, 3, 4, 6, 8, 9, 19, 23, 25, 27, 29, 31, 32, 33, 34**; Potentieller Nachfolger: **4, 8, 12, 22, 31, 32, 33, 34, 36, 37, 41, 43, 44, 45**
Relationen	Muß mit	Sollte mit **1, 3, 4, 19**	Sollte nicht mit	Darf nicht mit
Dokumentation	Value Control Chart

Anhang A 27

Prozeßbezeichnung	**Definition des Zielsystems (19)**
Zielsetzung	Definition der strategischen Projektzielsetzung
Kurzbeschreibung	Vor dem Hintergrund der strategischen Grundausrichtung des Unternehmens wird ein projektspezifisches Zielsystem aus internen und externen Bewertungskriterien zusammengestellt. Die Zielkriterien sollten weitgehend unabhängig und auf gleichem Detaillierungsniveau sein. Anschließend wird eine Gewichtung der Kriterien z.B. mit dem paarweisen Vergleich durchgeführt.
Unternehmensausprägungen (UA)	Unternehmensgröße: alle; Wirtschaftszweig: alle; Innovationsnotwendigkeit: alle; F&E-Organisation: alle; Unternehmensorganisation: alle; Unternehmenskultur: alle; Managementunterstützung: alle; Wissenserwerb: alle; Hierarchie: alle; Wettbewerbsstrategie: alle; Know-how: alle; Fertigungsstruktur: alle; Technologieorientierung: alle; Produktion: alle
Projektausprägungen (PA)	Anstoß für Innovationsprojekt: alle; Angestrebter Innovationsgrad: alle; Ideenreifegrad beim Projekteinstieg: alle; Strategie: alle; Produktkomplexität: alle
Projektphase	P1, P2, P5, P11, P13
Prozeß- und Informationsmodell (P_{in})	Bewertungskriterien → Definition des Zielsystems ← Produktpositionierung; Zielsystem unklar → Definition des Zielsystems → Zielsystem definiert; Definition der strategischen Projektzielsetzung; Zielsystem
Reihenfolge	Potentieller Vorgänger: 1, 3, 4, 8, 9, 11, 12, 13, 19, 25 — Potentieller Nachfolger: 5, 12, 15, 16, 17, 18, 20, 21, 22, 23, 24, 25, 28, 30, 33, 35, 36
Relationen	Muß mit: 1 — Sollte mit: 2, 3, 4, 8, 9, 11, 18, 25 — Sollte nicht mit: — Darf nicht mit:
Dokumentation	Zielkatalog (gewichtet)

Prozeßbezeichnung	**Ermittlung Informationsbedarf**				(20)
Zielsetzung	Bestimmung des aktuellen Informationsdefizites				
Kurzbeschreibung	Aufgrund des zu erreichenden Informationsniveaus und des derzeitigen Informationsstandes wird der Informationsbedarf definiert und operationalisiert.				
Unternehmensausprägungen (UA)	Unternehmensgröße: alle; Wirtschaftszweig: alle; Innovationsnotwendigkeit: alle; F&E-Organisation: alle; Unternehmensorganisation: alle; Unternehmenskultur: alle; Managementunterstützung: alle; Wissenserwerb: I, II; Hierarchie: alle; Wettbewerbsstrategie: I, II; Know-how: alle; Fertigungsstruktur: alle; Technologieorientierung: I; Produktion: I, II				
Projektausprägungen (PA)	Anstoß für Innovationsprojekt: alle; Angestrebter Innovationsgrad: alle; Ideenreifegrad beim Projekteinstieg: alle; Strategie: alle; Produktkomplexität: alle				
Projektphase	P5, P6, P7, P8, P13				
Prozeß- und Informationsmodell (P_{in})	Informationsstand, gatebezogenes Informationsniveau → Ermittlung Informationsbedarf; Informationsbedarf unbekannt → Ermittlung Informationsbedarf → Informationsbedarf ermittelt; Bestimmung des aktuellen Informationsdefizits; Informationsbedarf				
Reihenfolge	Potentieller Vorgänger 2, 3, 9, 11, 12, 14, 15, 16, 17, 19, 22, 23, 25, 26, 27, 30, 33, 34, 35, 36, 37, 38, 39, 40, 41, 42, 43, 44, 45, 46		Potentieller Nachfolger 6, 21, 22, 25, 26		
Relationen	Muß mit	Sollte mit 2, 3, 19		Sollte nicht mit	Darf nicht mit
Dokumentation	Liste von Informationsbedarfen				

Prozeßbezeichnung	**Projektplanung (grob)**			**(21)**
Zielsetzung	Vorgabe eines Gate-/Meilensteinplans			
Kurzbeschreibung	Vor dem Hintergrund des Ist-Zustandes wird ein Gate- bzw. Meilensteinplan definiert. Hierbei werden die Gates terminiert und die zu erreichenden Inhalte bzw. Informationen definiert.			
Unternehmensausprägungen (UA)	Unternehmensgröße: alle; Wirtschaftszweig: alle; Innovationsnotwendigkeit: alle; F&E-Organisation: alle; Unternehmensorganisation: alle; Unternehmenskultur: I, III; Managementunterstützung: II, III; Wissenserwerb: alle; Hierarchie: alle; Wettbewerbsstrategie: alle; Know-how: alle; Fertigungsstruktur: alle; Technologieorientierung: alle; Produktion: alle			
Projektausprägungen (PA)	Anstoß für Innovationsprojekt: alle; Angestrebter Innovationsgrad: alle; Ideenreifegrad beim Projekteinstieg: alle; Strategie: alle; Produktkomplexität: alle			
Projektphase	P2, P5, P13			
Prozeß- und Informationsmodell (P_{in})	zeitlicher Projektablauf unbekannt → Projektplanung (grob); Informationsbedarf, Zielsystem → Projektplanung (grob); Projektplanung (grob) → vorläufiger Meilensteinplan erstellt; Projektplanung (grob) → Projektplan. Vorgabe eines Gate-/Meilensteinplans			
Reihenfolge	Potentieller Vorgänger 12, 19, 20, 23, 24, 25, 27, 28, 29, 30, 31, 32, 34, 35, 36, 37, 38, 39, 40, 41, 42, 43, 44		Potentieller Nachfolger 22, 23, 46	
Relationen	Muß mit 19, 20	Sollte mit 36, 38, 40, 41	Sollte nicht mit	Darf nicht mit
Dokumentation	Gate-/Meilensteinplan			

Prozeßbezeichnung	**Lastenheft erstellen** (22)														
Zielsetzung	Zusammenfassende Darstellung der Projektzielsetzung in Bezug auf Qualität, Zeit und Kosten														
Kurzbeschreibung	Alle Anforderungen des Auftraggebers hinsichtlich Liefer- und Leistungsumfang werden zusammengestellt. Diese sollten quantifizierbar und prüfbar sein.														
Unternehmens-ausprägungen (UA)	Unternehmensgröße	Wirtschaftszweig	Innovationsnotwendigkeit	F&E-Organisation	Unternehmensorganisation	Unternehmenskultur	Managementunterstützung	Wissenserwerb	Hierarchie	Wettbewerbsstrategie	Know-how	Fertigungsstruktur	Technologieorientierung	Produktion
	alle	alle	alle	alle	alle	alle	alle	alle	alle	alle	alle	alle	alle	alle
Projekt-ausprägungen (PA)	Anstoß für Innovationsprojekt		Angestrebter Innovationsgrad		Ideenreifegrad beim Projekteinstieg		I, II, III, IV		Strategie			Produktkomplexität		alle
					alle									
Projektphase	P2, P4, P5, P6														
Prozeß- und Informationsmodell (P_{in})	Kundenanforderungen / Zielkosten auf Produktebene → Lastenheft erstellen → Lastenheft erstellt; kein Lastenheft vorhanden; Zusammenfassende Darstellung der Projektzielsetzung in Bezug auf Qualität, Zeit und Kosten; Lastenheft														
Reihenfolge	Potentieller Vorgänger 1, 5, 6, 9, 11, 12, 13, 14, 15, 16, 17, 18, 19, 21, 25								Potentieller Nachfolger 10, 20, 23, 25, 26, 27, 28, 30, 34, 35, 36						
Relationen	Muß mit 1, 19				Sollte mit 6, 11, 18				Sollte nicht mit				Darf nicht mit			
Dokumentation	Lastenheft														

Anhang A 31

Prozeßbezeichnung	**Lastenheftreview** (23)			
Zielsetzung	Entscheidung über Projektfortführung			
Kurzbeschreibung	Im interdisziplinären Team (Marketing, Entwicklung, Produkt, Vertrieb) werden gemeinsam mit der Geschäftsführung die definierten Forderungen verifiziert und verabschiedet.			
Unternehmens-ausprägungen (UA)	Unternehmensgröße: alle; Wirtschaftszweig: alle; Innovationsnotwendigkeit: alle; F&E-Organisation: alle; Unternehmensorganisation: alle; Unternehmenskultur: I, III; Managementunterstützung: alle; Wissenserwerb: alle; Hierarchie: alle; Wettbewerbsstrategie: alle; Know-how: alle; Fertigungsstruktur: alle; Technologieorientierung: alle; Produktion: alle			
Projekt-ausprägungen (PA)	Anstoß für Innovationsprojekt: alle; Angestrebter Innovationsgrad: alle; Ideenreifegrad beim Projekteinstieg: I, II, III, IV; Strategie: alle; Produktkomplexität: alle			
Projektphase	P5, P13			
Prozeß- und Informationsmodell (P_{in})	Lastenheft → Lastenheft-review → Lastenheft verabschiedet; Lastenheft erstellt → Lastenheftreview; Entscheidung über Projektfortführung; verbindliches Lastenheft; Problemstellung			
Reihenfolge	Potentieller Vorgänger 5, 6, 8, 9, 11, 12, 13, 19, 21, 22, 33		Potentieller Nachfolger 15, 16, 17, 18, 20, 21, 25, 26, 27, 34, 45	
Relationen	Muß mit 1, 19, 22	Sollte mit 3, 6, 8, 9, 13	Sollte nicht mit	Darf nicht mit
Dokumentation	Ergebnisprotokoll			

Prozeßbezeichnung	**Funktionstest** (24)
Zielsetzung	Technologische Machbarkeit für kritische Funktionen überprüfen
Kurzbeschreibung	Mit Hilfe von Mustern, Prototypen und Simulationen wird die technologische Machbarkeit überprüft.
Unternehmensausprägungen (UA)	Unternehmensgröße: alle; Wirtschaftszweig: I, II, (III); Innovationsnotwendigkeit: alle; F&E-Organisation: alle; Unternehmensorganisation: alle; Unternehmenskultur: alle; Managementunterstützung: alle; Wissenserwerb: alle; Hierarchie: alle; Wettbewerbsstrategie: alle; Know-how: alle; Fertigungsstruktur: alle; Technologieorientierung: alle; Produktion: alle
Projektausprägungen (PA)	Anstoß für Innovationsprojekt: alle; Angestrebter Innovationsgrad: alle; Ideenreifegrad beim Projekteinstieg: alle; Strategie: alle; Produktkomplexität: alle; alle
Projektphase	P5, P8, P10, P11
Prozeß- und Informationsmodell (P_{in})	Problemstellung → Kundenanforderungen → Lösungsansatz; Funktions-Muster erstellt → Funktionstest → Funktionstest abgeschlossen; technologische Machbarkeit für kritische Funktionen überprüfen; Testergebnis, Problemstellung
Reihenfolge	Potentieller Vorgänger: 12, 19, 27, 33, 34, 35, 36, 37, 40, 45 — Potentieller Nachfolger: 11, 21, 25, 29, 30, 34, 37, 40, 41, 43, 44, 45
Relationen	Muß mit —	Sollte mit: 19, 40, 45	Sollte nicht mit —	Darf nicht mit —
Dokumentation	Test-/Prüfbericht, Simulationsergebnisse

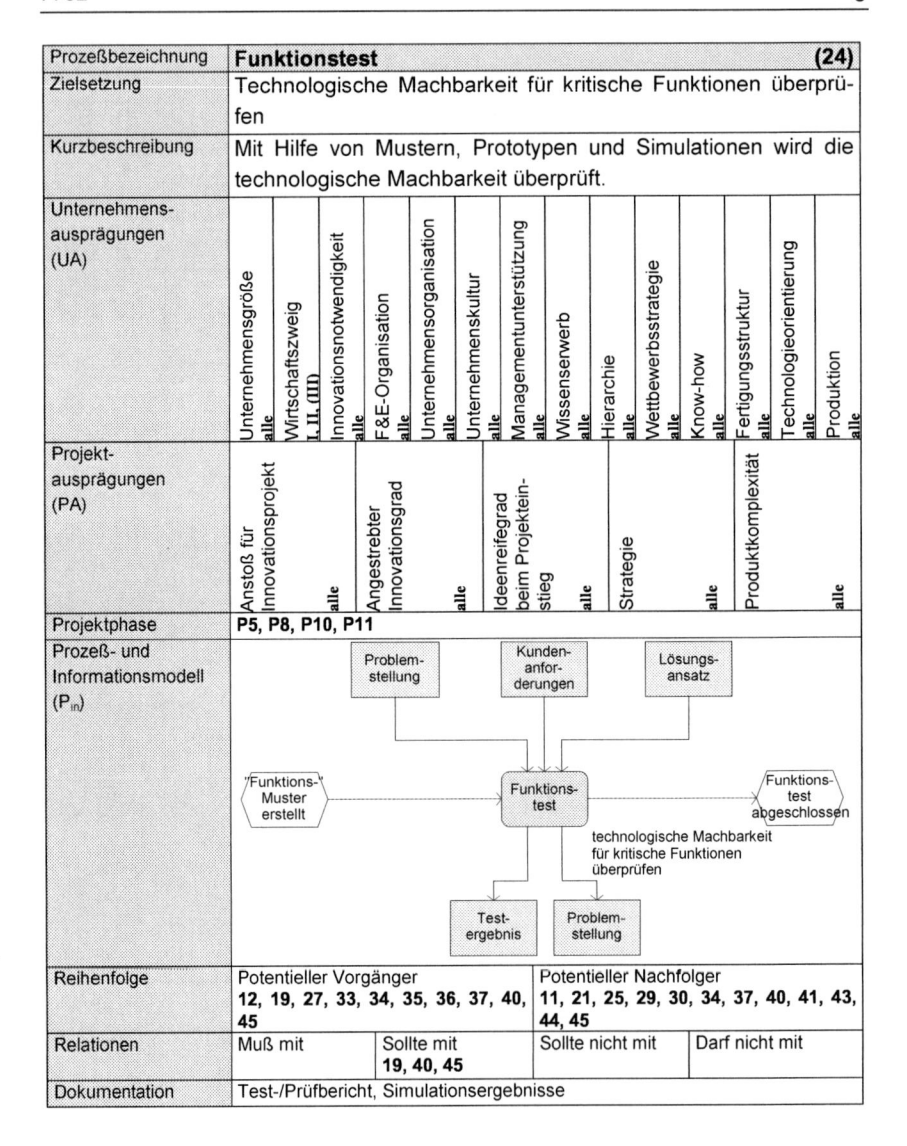

Anhang A 33

Prozeßbezeichnung	**Informationsbeschaffung**				**(25)**	
Zielsetzung	Beschaffung von Informationen zu relevanten Fragestellungen					
Kurzbeschreibung	Vor dem Hintergrund von definierten Wissens- und Suchfeldern sowie des identifizierten Informationsbedarfs werden relevante Informationen intern und extern akquiriert.					
Unternehmens-ausprägungen (UA)	Unternehmensgröße / alle	Wirtschaftszweig / alle	Innovationsnotwendigkeit / alle	F&E-Organisation / alle	Unternehmensorganisation / alle	Unternehmenskultur / alle · Managementunterstützung / alle · Wissenserwerb / alle · Hierarchie / alle · Wettbewerbsstrategie / alle · Know-how / alle · Fertigungsstruktur / alle · Technologieorientierung / alle · Produktion / alle
Projekt-ausprägungen (PA)	Anstoß für Innovationsprojekt		Angestrebter Innovationsgrad / alle	Ideenreifegrad beim Projekteinstieg / alle		Strategie / alle · Produktkomplexität / alle · alle
Projektphase	P1, P2, P3, P4, P5, P6, P7, P8, P9					
Prozeß- und Informationsmodell (P_{in})	Informationsbedarf identifiziert → Informationsbeschaffung → Information ermittelt. Inputs: Informationsbedarf, Wissens-/Suchfeld. Output: Information. Beschaffung von Informationen zu relevanten Fragestellungen					
Reihenfolge	Potentieller Vorgänger 14, 19, 20, 22, 23, 24, 26, 27, 45			Potentieller Nachfolger 3, 4, 5, 6, 7, 8, 9, 10, 11, 12, 13, 15, 16, 17, 18, 19, 21, 22, 26, 31, 32, 33, 34, 35, 37, 39, 45		
Relationen	Muß mit 20		Sollte mit 1, 19, 26	Sollte nicht mit		Darf nicht mit
Dokumentation	Dokumente, Dateien, Berichte etc.					

Prozeßbezeichnung	**Patentauswertung** (26)
Zielsetzung	Trendermittlung durch Informationsauswertung
Kurzbeschreibung	Eine Beobachtung der Patentanmeldungen von Wettbewerbern ermöglicht Rückschlüsse über diese. So lassen sich über technische Bereiche ihrer Forschungs- und Entwicklungsschwerpunkte, als auch über interessierende, internationale Märkte Erkenntnisse gewinnen. Die inhaltliche Auswertung von Patenten kann zudem die von Wettbewerbern eingesetzte Technologie aufdecken. Weiterhin können während der Umsetzung die Schutzrechte gesichert bzw. berücksichtigt werden.
Unternehmensausprägungen (UA)	Unternehmensgröße *alle* / Wirtschaftszweig *I, II* / Innovationsnotwendigkeit *alle* / F&E-Organisation *I, II, IV* / Unternehmensorganisation *alle* / Unternehmenskultur *alle* / Managementunterstützung *alle* / Wissenserwerb *alle* / Hierarchie *alle* / Wettbewerbsstrategie *I, II* / Know-how *alle* / Fertigungsstruktur *alle* / Technologieorientierung *alle* / Produktion *I, II*
Projektausprägungen (PA)	Anstoß für Innovationsprojekt *alle* / Angestrebter Innovationsgrad *alle* / Ideenreifegrad beim Projekteinstieg *alle* / Strategie / Produktkomplexität *II* / *alle*
Projektphase	P1, P2, P3, P5, P7, P8, P9
Prozeß- und Informationsmodell (P_in)	Patent → Patentauswertung ← Wissens-/Suchfeld; Trend unbekannt → Patentauswertung → Trend ermittelt (Trendermittlung durch Informationsauswertung); Patentauswertung → Trends, Wettbewerbslösungen
Reihenfolge	Potentieller Vorgänger: 14, 15, 16, 17, 19, 20, 22, 23, 25, 27, 34, 35, 37, 44 Potentieller Nachfolger: 3, 5, 6, 7, 9, 19, 11, 12, 13, 15, 16, 17, 20, 25, 34, 37, 44, 45
Relationen	Muß mit —	Sollte mit 1, 2	Sollte nicht mit —	Darf nicht mit —
Dokumentation	Bericht, Patentdokumente

Prozeßbezeichnung	**Morphologische Matrix**	**(27)**
Zielsetzung	Generierung und Bewertung alternativer Konzepte	
Kurzbeschreibung	In einem Tableau werden alle Parameter des vorgegebenen Problems in den Spalten erfaßt. Zeilenweise werden dann die Ausprägungen dieser Parameter dargestellt. Alle möglichen Kombinationen der unabhängigen Parameter ergeben verschiedene Lösungsmöglichkeiten, aus denen die besten Alternativen auszuwählen sind.	
Unternehmensausprägungen (UA)	Unternehmensgröße: alle; Wirtschaftszweig: I, II, (III); Innovationsnotwendigkeit: alle; F&E-Organisation: alle; Unternehmensorganisation: alle; Unternehmenskultur: alle; Managementunterstützung: alle; Wissenserwerb: alle; Hierarchie: alle; Wettbewerbsstrategie: alle; Know-how: alle; Fertigungsstruktur: alle; Technologieorientierung: II; Produktion: alle	
Projektausprägungen (PA)	Anstoß für Innovationsprojekt: alle; Angestrebter Innovationsgrad: II, III; Ideenreifegrad beim Projekteinstieg: alle; Strategie: II; Produktkomplexität: (I), II, III	
Projektphase	P3, P4, P5, P6, P9	
Prozeß- und Informationsmodell (P_{in})	Funktion → Arbeitsprinzip (Produkttechnologie) → Verfahren (Produktionstechnologie) → Strategie Problemstellung → Morphologische Matrix → generierte/bewertete Konzepte Generierung und Bewertung alternativer Konzepte Detailbewertung → Konzept	
Reihenfolge	Potentieller Vorgänger 9, 10, 11, 12, 14, 15, 16, 17, 22, 23, 35, 44, 45	Potentieller Nachfolger 3, 4, 5, 8, 13, 18, 20, 21, 24, 25, 26, 29, 30, 31, 32, 33, 34, 36, 37, 44, 45
Relationen	Muß mit 2, 4, 12, 13, 15, 16, 17, 19, 22, 28	Sollte mit	Sollte nicht mit	Darf nicht mit
Dokumentation	Morphologische Matrix	

Prozeßbezeichnung	**Ermittlung des Nutzwertes von Idee/Konzept (28)**
Zielsetzung	Abschätzung der Erfolgswahrscheinlichkeit einzelner Projekte
Kurzbeschreibung	Ein Katalog unabhängiger Kriterien ermöglicht sowohl qualitative als auch quantitative Aussagen zu einzelnen Projekten. Eine Bewertung des Erfüllungsgrades mittels Punktevergabe als auch eine Gewichtung der einzelnen Kriterien mittels Gewichtungsfaktoren ermöglichen direkte Vergleiche einzelner Projekte.
Unternehmensausprägungen (UA)	Unternehmensgröße / alle; Wirtschaftszweig / alle; Innovationsnotwendigkeit / alle; F&E-Organisation / alle; Unternehmensorganisation / alle; Unternehmenskultur / alle; Managementunterstützung / alle; Wissenserwerb / alle; Hierarchie / alle; Wettbewerbsstrategie / alle; Know-how / alle; Fertigungsstruktur / alle; Technologieorientierung / alle; Produktion / alle
Projektausprägungen (PA)	Anstoß für Innovationsprojekt / alle; Angestrebter Innovationsgrad / alle; Ideenreifegrad beim Projekteinstieg / alle; Strategie / alle; Produktkomplexität / alle
Projektphase	P5, P13
Prozeß- und Informationsmodell (P_{in})	Idee → Konzept → Zielsystem → Kundenanforderungen; Projektbewertung unklar → Ermittlung des Nutzwertes von Idee/Konzept → Aussage über verschiedene Projekte möglich; Abschätzung der Erfolgswahrscheinlichkeit einzelner Projekte; Detailbewertung
Reihenfolge	Potentieller Vorgänger: 10, 12, 13, 14, 15, 16, 17, 19, 22, 34, 35, 36, 37, 44 — Potentieller Nachfolger: 13, 21, 31, 32, 34, 36, 37, 44
Relationen	Muß mit: **19** — Sollte mit: **1, 2, 3, 13, 22, 23** — Sollte nicht mit: **5, 29** — Darf nicht mit:
Dokumentation	Liste mit bewerteten Konzepten

Anhang A 37

Prozeßbezeichnung	**Ganzheitlicher Vergleich** (29)
Zielsetzung	Abschätzung der Eignung eines Projektes / Konzeptes
Kurzbeschreibung	Ein Entscheidungsträger oder Gutachter gelangt zu einer ganzheitlichen Beurteilung durch die Anwendung eines von drei Verfahren. Bei der unmittelbaren Präferenzbeurteilung wird eine feste Anzahl, z.B. 100, auf verschiedene Projekte verteilt. Die mittelbare Präferenzbeurteilung setzt einzelne Projekte jeweils im Vergleich zu einem definierten Standard. Das Paarvergleichsverfahren hingegen setzt in Matrizenform jedes Produkt ins Verhältnis zu jedem anderen.
Unternehmens-ausprägungen (UA)	Unternehmensgröße: alle; Wirtschaftszweig: alle; Innovationsnotwendigkeit: alle; F&E-Organisation: alle; Unternehmensorganisation: alle; Unternehmenskultur: alle; Managementunterstützung: alle; Wissenserwerb: alle; Hierarchie: alle; Wettbewerbsstrategie: alle; Know-how: alle; Fertigungsstruktur: alle; Technologieorientierung: alle; Produktion: alle
Projekt-ausprägungen (PA)	Anstoß für Innovationsprojekt: alle; Angestrebter Innovationsgrad: alle; Ideenreifegrad beim Projekteinstieg: alle; Strategie: alle; Produktkomplexität: alle
Projektphase	P5, P13
Prozeß- und Informationsmodell (P_{in})	Idee → Konzept → Ganzheitliche Vergleiche → Präferenzen ermittelt; Präferenzen unbekannt; Abschätzung der Eignung eines Projektes / Konzeptes; Bewertung
Reihenfolge	Potentieller Vorgänger: 14, 15, 16, 24, 27, 34, 35 — Potentieller Nachfolger: 18, 21, 34, 46
Relationen	Muß mit: — ; Sollte mit: 1, 6 ; Sollte nicht mit: 28, 40, 44 ; Darf nicht mit: —
Dokumentation	Liste bewerteter Konzepte

Prozeßbezeichnung	Prüfung mittels Checklistenkriterien (30)
Zielsetzung	Eliminierung von Projekten mittels Anwendung von K.O.-Kriterien
Kurzbeschreibung	Fragenkataloge prüfen einzelne Projekte auf relevante Kriterien hin. Diese entstammen überwiegend den Bereichen der prinzipiellen technischen Machbarkeit, der finanziellen und kapazitiven Restriktionen des Unternehmens sowie der rechtlichen Zulässigkeit. Die Nichterfüllung eines Kriteriums bedingt meist den Verzicht auf das gesamte Projekt.
Unternehmensausprägungen (UA)	Unternehmensgröße: alle; Wirtschaftszweig: alle; Innovationsnotwendigkeit: alle; F&E-Organisation: alle; Unternehmensorganisation: alle; Unternehmenskultur: alle; Managementunterstützung: alle; Wissenserwerb: alle; Hierarchie: alle; Wettbewerbsstrategie: alle; Know-how: alle; Fertigungsstruktur: alle; Technologieorientierung: alle; Produktion: alle
Projektausprägungen (PA)	Anstoß für Innovationsprojekt: alle; Angestrebter Innovationsgrad: alle; Ideenreifegrad beim Projekteinstieg: alle; Strategie: alle; Produktkomplexität: alle
Projektphase	P5, P8
Prozeß- und Informationsmodell (P_{in})	Idee → Konzept → Kundenanforderungen → Checkliste; große Anzahl von möglichen Projekten → Prüfung mittels Checklistenkriterien → Vorauswahl vornehmbar; Eliminierung von Projekten mittels Anwendung von K.O.-Kriterien; Grobbewertung
Reihenfolge	Potentieller Vorgänger: 1, 6, 10, 12, 14, 15, 16, 17, 19, 22, 24, 27, 34, 35, 44 Potentieller Nachfolger: 20, 21, 34, 38, 40, 41
Relationen	Muß mit: 1 Sollte mit: 22, 26 Sollte nicht mit: Darf nicht mit:
Dokumentation	Ausgefüllte Checkliste

Anhang A 39

Prozeßbezeichnung	**Gewinnschwellenrechnung (ROI)**			**(31)**
Zielsetzung	Erstellen einer Gewinnschwellenrangfolge der Projekte			
Kurzbeschreibung	Auf der Grundlage von Durchschnittswerten wird eine Gewinnschwelle errechnet, ab der sich ein Projekt als lohnend einstufen läßt. Teilt man die gesamten Fixkosten durch den Produktpreis abzüglich der variablen Stückkosten, so erhält man den gesuchten Wert. Dieser kann später dem erwarteten Absatz gegenübergestellt werden.			
Unternehmensausprägungen (UA)	Unternehmensgröße alle / Wirtschaftszweig alle / Innovationsnotwendigkeit alle / F&E-Organisation alle / Unternehmensorganisation alle / Unternehmenskultur alle / Managementunterstützung alle / Wissenserwerb alle / Hierarchie alle / Wettbewerbsstrategie alle / Know-how alle / Fertigungsstruktur alle / Technologieorientierung alle / Produktion alle			
Projektausprägungen (PA)	Anstoß für Innovationsprojekt / Angestrebter Innovationsgrad alle / Ideenreifegrad beim Projekteinstieg alle / Strategie alle / Produktkomplexität alle / alle			
Projektphase	P5, P13			
Prozeß- und Informationsmodell (P_{in})	Konzept → Herstellkosten neu → Marktvolumen Plan → Preis → Gewinnschwellen unbekannt → Gewinnschwellenrechnung → Gewinnschwellen ermittelt / Erstellen einer Gewinnschwellenrangfolge der Projekte / Sonderbewertung			
Reihenfolge	Potentieller Vorgänger 3, 4, 12, 14, 15, 16, 17, 18, 25, 27, 28, 34, 35, 37, 40, 41, 43, 44, 45, 46		Potentieller Nachfolger 18, 21, 28, 36, 38, 45	
Relationen	Muß mit	Sollte mit 3, 4, 22, 25, 45	Sollte nicht mit 32	Darf nicht mit
Dokumentation	Liste bewerteter Projekte/Konzepte (ROI), Projektstandkurve,			

Prozeßbezeichnung	**Investitionsrechnungen**	**(32)**
Zielsetzung	Ermittlung von finanziell attraktiven Projekten	
Kurzbeschreibung	Als die wichtigsten Verfahren sind die Kapitalwertmethode und die Methode des internen Zinsfußes zu nennen. Bei der ersten werden Ein- und Auszahlungen mit Hilfe eines Kalkulationszinsfußes auf den Zeitpunkt des Projektbeginns abgezinst (Barwerte). Der Kapitalwert ergibt sich als Differenz zwischen Summe der Barwerte aller Einzahlungen und Summe derer aller Auszahlungen. Eine Investition gilt als vorteilhaft, wenn ihr Kapitalwert gleich Null oder positiv ist. Für die zweite Methode wird der Diskontierungszinsfuß herangezogen, der zu einem Kapitalwert von Null führt. Hier sind Barwerte der Ein- und Auszahlungsreihe gleich. Vorteilhaft ist ein Projekt mit hohem internen Zinsfuß.	
Unternehmensausprägungen (UA)	Unternehmensgröße: alle; Wirtschaftszweig: alle; Innovationsnotwendigkeit: alle; F&E-Organisation: alle; Unternehmensorganisation: alle; Unternehmenskultur: alle; Managementunterstützung: alle; Wissenserwerb: alle; Hierarchie: alle; Wettbewerbsstrategie: alle; Know-how: alle; Fertigungsstruktur: alle; Technologieorientierung: alle; Produktion: alle	
Projektausprägunge (PA)	Anstoß für Innovationsprojekt: alle; Angestrebter Innovationsgrad: alle; Ideenreifegrad beim Projekteinstieg: alle; Strategie: alle; Produktkomplexität: alle	
Projektphase	P5, P13	
Prozeß- und Informationsmodell (P_{in})	Konzept, Marktwachstum Plan, Marktvolumen Plan, Herstellkosten neu, Stückzahlen, Preis → Investitionsrechnungen (Ermittlung von finanziell attraktiven Projekten) → Projektbewertung unklar, Bewertung Einzelner Projekte, Detailbewertung, Investitionsrechnung	
Reihenfolge	Potentieller Vorgänger: 3, 4, 12, 14, 15, 16, 17, 18, 25, 27, 28, 34, 35, 37, 38, 40, 41, 43, 44, 45	Potentieller Nachfolger: 18, 21, 36, 45, 46
Relationen	Muß mit: — ; Sollte mit: 3, 4, 22, 25, 45	Sollte nicht mit: 31, 33 ; Darf nicht mit: —
Dokumentation	Liste bewerteter Projekte/Konzepte, vollständiger Finanzplan	

Anhang A 41

Prozeßbezeichnung	**Simulationsmodelle** (33)
Zielsetzung	Erkennung und Beseitigung von Mängeln
Kurzbeschreibung	Die relevante Realität wird mittels Computerprogrammen in mehreren Stufen abgebildet. Diese Programme beinhalten und berücksichtigen u.a. Nachfragefunktionen, Risikofaktoren, Marketing-Strategien und Wettbewerbssituationen.
Unternehmens-ausprägungen (UA)	Unternehmensgröße I, II; Wirtschaftszweig I, II; Innovationsnotwendigkeit alle; F&E-Organisation alle; Unternehmensorganisation alle; Unternehmenskultur alle; Managementunterstützung alle; Wissenserwerb alle; Hierarchie I, II; Wettbewerbsstrategie alle; Know-how alle; Fertigungsstruktur alle; Technologieorientierung alle; Produktion alle
Projekt-ausprägungen (PA)	Anstoß für Innovationsprojekt alle; Angestrebter Innovationsgrad alle; Ideenreifegrad beim Projekteinstieg alle; Strategie alle; Produktkomplexität alle
Projektphase	P4, P5, P9, P10, P11
Prozeß- und Informationsmodell (P_{in})	Marktwachstum Plan → Marktvolumen Plan → Stückzahlen Plan → Preis Plan → Konzept; Marktwachstum Ist → Marktvolumen Ist → Stückzahlen Ist → Preis Ist → Kundenanforderungen; Bewertung unklar → Simulationsmodelle → fundierte Bewertung; Erkennung und Beseitigung von Mängeln; Sonderbewertung
Reihenfolge	Potentieller Vorgänger: 3, 4, 5, 8, 9, 11, 13, 18, 19, 25, 27, 33, 35, 40, 43 — Potentieller Nachfolger: 9, 18, 20, 23, 24, 33, 36, 38, 39, 42, 43, 46
Relationen	Muß mit —	Sollte mit 1, 3, 4, 8, 9, 19, 22	Sollte nicht mit 31, 32	Darf nicht mit —
Dokumentation	Marktentwicklung, Projektstandkurve etc.

Prozeßbezeichnung	**Erstellung eines Produktkonzeptes** (34)
Zielsetzung	Erstellung/Gestaltung eines Konzeptes aus einer Idee
Kurzbeschreibung	Aus der rein technischen Sichtweise eines Produktes in Form der Idee wird unter Berücksichtigung der konsumorientierten Sichtweise der Abnehmer ein marktfähiges Konzept generiert. Als Grundlage dienen hierbei die Analyse des Absatzmarktes, der technologischen Möglichkeiten und die Marketingforschung.
Unternehmens-ausprägungen (UA)	Unternehmensgröße: alle; Wirtschaftszweig: alle; Innovationsnotwendigkeit: alle; F&E-Organisation: alle; Unternehmensorganisation: alle; Unternehmenskultur: alle; Managementunterstützung: alle; Wissenserwerb: alle; Hierarchie: alle; Wettbewerbsstrategie: alle; Know-how: alle; Fertigungsstruktur: alle; Technologieorientierung: alle; Produktion: alle
Projektausprägungen (PA)	Anstoß für Innovationsprojekt: alle; Angestrebter Innovationsgrad: alle; Ideenreifegrad beim Projekteinstieg: alle; Strategie: alle; Produktkomplexität: alle
Projektphase	P4, P5, P6, P7, P8, P9, P10
Prozeß- und Informationsmodell (P_{in})	Idee → / Zielgruppe → / Markt / Abnehmer → / Technologie → / Zielsystem → Erstellung eines Produktkonzeptes → Konzept erarbeitet. Idee vorhanden. Erstellung / Gestaltung eines Konzeptes aus der Idee. Ausgaben: Konzept, Herstellkosten neu
Reihenfolge	Potentieller Vorgänger: 1, 6, 8, 10, 11, 12, 13, 14, 15, 16, 17, 18, 22, 23, 25, 26, 27, 28, 29, 30, 35, 45 | Potentieller Nachfolger: 4, 5, 6, 8, 12, 18, 20, 21, 24, 26, 28, 29, 30, 31, 32, 36, 37, 39, 40, 45
Relationen	Muß mit: 1, 19, 22, 25, 26 | Sollte mit: 2, 6, 7, 8, 12, 13, 15, 16, 24, 28, 30, 35, 39 | Sollte nicht mit: — | Darf nicht mit: —
Dokumentation	Produktkonzeptdefinition

Anhang A 43

Prozeßbezeichnung	TRIZ (35)
Zielsetzung	Ermittlung von geeigneten Prinziplösungen, Ideen
Kurzbeschreibung	Genutzt werden Erkenntnissen aus analysierten Patenten. Mittels Fragen zur systematischen Problemdefinition sowie umfassenden Datenbanken mit technologischen Problemen, physikalischen Effekten und Beispielen zu innovativen Erfindungen wird der Anwender bei der Ideengenerierung stimuliert und systematisch geführt.
Unternehmensausprägungen (UA)	Unternehmensgröße: alle; Wirtschaftszweig: I, II; Innovationsnotwendigkeit: alle; F&E-Organisation: alle; Unternehmensorganisation: alle; Unternehmenskultur: alle; Managementunterstützung: alle; Wissenserwerb: alle; Hierarchie: alle; Wettbewerbsstrategie: I, II; Know-how: alle; Fertigungsstruktur: alle; Technologieorientierung: I; Produktion: alle
Projektausprägungen (PA)	Anstoß für Innovationsprojekt: alle; Angestrebter Innovationsgrad: alle; Ideenreifegrad beim Projekteinstieg: alle; Strategie: alle; Produktkomplexität: alle
Projektphase	P3, P4, P6, P9
Prozeß- und Informationsmodell (P_{in})	Problemstellung → Arbeitsprinzip (Produkttechnologie) → Verfahren (Produktionstechnolgien) → Werkstoff; Problemstellung identifiziert → TRIZ → Ideen generiert; Ermittlung von geeigneten Prinziplösungen, Ideen; Idee
Reihenfolge	Potentieller Vorgänger: 1, 10, 19, 22, 25, 36, 37, 39, 41, 44 — Potentieller Nachfolger: 13, 20, 21, 24, 26, 27, 28, 29, 30, 31, 32, 33, 34, 37, 39, 44
Relationen	Muß mit: 1 — Sollte mit: 2, 15, 16, 19, 22, 26, 28 — Sollte nicht mit: 17 — Darf nicht mit:
Dokumentation	Ideenliste, Ideendatenblatt

A 44 Anhang

Prozeßbezeichnung	**Konzeptreview** (36)
Zielsetzung	Bewertung und Auswahl der/des weiter zu verfolgenden Konzeptes
Kurzbeschreibung	Im interdisziplinären Team (Marketing, Entwicklung, Produkt, Vertrieb) werden gemeinsam mit der Geschäftsführung vor dem Hintergrund der definierten Forderungen die alternativen Konzepte vorgestellt, bewertet und selektiert.
Unternehmensausprägungen (UA)	Unternehmensgröße: alle; Wirtschaftszweig: alle; Innovationsnotwendigkeit: alle; F&E-Organisation: alle; Unternehmensorganisation: alle; Unternehmenskultur: alle; Managementunterstützung: alle; Wissenserwerb: alle; Hierarchie: alle; Wettbewerbsstrategie: alle; Know-how: alle; Fertigungsstruktur: alle; Technologieorientierung: alle; Produktion: alle
Projektausprägungen (PA)	Anstoß für Innovationsprojekt: alle; Angestrebter Innovationsgrad: alle; Ideenreifegrad beim Projekteinstieg: alle; Strategie: alle; Produktkomplexität: alle
Projektphase	P5, P13
Prozeß- und Informationsmodell (P_{in})	Detailbewertung → potentielle Konzepte → Investitionsrechnung; Konzept erstellt → Konzeptreview → Konzept verabschiedet (Bewertung und Auswahl der/des weiter zu verfolgenden Konzeptes); verbindliches Konzept, Problemstellung
Reihenfolge	Potentieller Vorgänger: 3, 4, 5, 6, 7, 8, 9, 11, 12, 13, 18, 19, 22, 27, 28, 31, 32, 33, 34, 39, 45 — Potentieller Nachfolger: 15, 16, 17, 20, 24, 35, 36, 37, 44
Relationen	Muß mit: 1, 19, 22, 36 — Sollte mit: 2, 3, 4, 5, 6, 7, 8, 9, 11, 12, 23, 24, 26, 28, 29, 30, 37, 39, 45 — Sollte nicht mit: — Darf nicht mit:
Dokumentation	Ergebnisprotokoll

Anhang A 45

Prozeßbezeichnung	**Konzeptdetaillierung** (37)
Zielsetzung	Erstellung der Konstruktionsunterlagen für ausgewählte Konzepte
Kurzbeschreibung	Mittels der Anwendung der Methoden der Konstruktionssystematik und der Produktgestaltung werden die verfolgten Konzepte sukzessive bis zur Produktreife weiterentwickelt. Weiterhin werden neben der konstruktiven Gestaltung das Beschaffungs-, das Marketing- und das Servicekonzept gestaltet.
Unternehmensausprägungen (UA)	Unternehmensgröße: alle; Wirtschaftszweig: alle; Innovationsnotwendigkeit: alle; F&E-Organisation: alle; Unternehmensorganisation: alle; Unternehmenskultur: alle; Managementunterstützung: alle; Wissenserwerb: alle; Hierarchie: alle; Wettbewerbsstrategie: alle; Know-how: alle; Fertigungsstruktur: alle; Technologieorientierung: alle; Produktion: alle
Projektausprägungen (PA)	Anstoß für Innovationsprojekt; Angestrebter Innovationsgrad: alle; Ideenreifegrad beim Projekteinstieg: alle; Strategie: alle; Produktkomplexität: alle
Projektphase	P3, P4, P5, P6, P7, P9, P10, P11
Prozeß- und Informationsmodell (P_{in})	Konzept → verbindliches Lastenheft → Zielkosten auf Produktebene → Konzeptdetaillierung; Konzept ausgewählt → Konzeptdetaillierung → Konstruktionsunterlagen erstellt. Erstellung der Konstruktionsunterlagen für ausgewählte Konzepte. Teilprozesse: Konstruktion, Geschäftsplan, Marketingplanung, Beschaffungskonzept, Produktionskonzept, Servicekonzept
Reihenfolge	Potentieller Vorgänger: 10, 12, 14, 15, 16, 17, 18, 24, 25, 26, 27, 28, 31, 34, 35, 36, 39, 41, 45 — Potentieller Nachfolger: 20, 21, 24, 26, 28, 32, 35, 38, 39, 40, 41, 43, 44, 45
Relationen	Muß mit: 1, 19, 22, 38 — Sollte mit: 6, 12, 15, 16, 24, 25, 26, 28, 34, 39 — Sollte nicht mit: — Darf nicht mit: —
Dokumentation	Konstruktionsunterlagen, Beschaffungskonzept, Geschäftsplan, Marketingkonzept, Servicekonzept

A 46 Anhang

Prozeßbezeichnung	**Designreview** (38)
Zielsetzung	Abschließende Bewertung und Freigabe der Konstruktionsunterlagen
Kurzbeschreibung	Vom gesamten Projektteam und den involvierten Unternehmensbereichen wird die Konstruktion aus Kunden- und Unternehmenssicht umfassend überprüft. In einem gemeinsamen Treffen wird anschließend die Produktgestalt festgeschrieben (Design-Freeze).
Unternehmensausprägungen (UA)	Unternehmensgröße: alle; Wirtschaftszweig: alle; Innovationsnotwendigkeit: alle; F&E-Organisation: alle; Unternehmensorganisation: alle; Unternehmenskultur: alle; Managementunterstützung: alle; Wissenserwerb: alle; Hierarchie: alle; Wettbewerbsstrategie: alle; Know-how: alle; Fertigungsstruktur: alle; Technologieorientierung: alle; Produktion: alle
Projektausprägungen (PA)	Anstoß für Innovationsprojekt: alle; Angestrebter Innovationsgrad: alle; Ideenreifegrad beim Projekteinstieg: alle; Strategie: alle; Produktkomplexität: alle; alle
Projektphase	P5, P13
Prozeß- und Informationsmodell (P_{in})	Konstruktion → Konzept detailliert vorhanden → Designreview → Kosten bewertet; Abschließende Bewertung und Freigabe der Konstruktionsunterlagen; ↓ Freigabe
Reihenfolge	Potentieller Vorgänger: **30, 31, 32, 33, 37, 39** / Potentieller Nachfolger: **20, 21, 39, 40, 43, 44**
Relationen	Muß mit: **1, 19, 22** / Sollte mit: **2, 6, 22, 23, 24, 26, 28, 29, 30, 31, 32, 34, 36, 37** / Sollte nicht mit: — / Darf nicht mit: —
Dokumentation	Ergebnisprotokoll

Anhang A 47

Prozeßbezeichnung	**Prototypenentwicklung** (39)				
Zielsetzung	Entwickeln eines Prototypen für den Produkttest				
Kurzbeschreibung	Für die technologischen und marktseitigen Produkttest werden von den verfolgten Konzepten Funktions- und Designmuster entwickelt.				

Unternehmensausprägungen (UA):

Unternehmensgröße	Wirtschaftszweig	Innovationsnotwendigkeit	F&E-Organisation	Unternehmensorganisation	Unternehmenskultur	Managementunterstützung	Wissenserwerb	Hierarchie	Wettbewerbsstrategie	Know-how	Fertigungsstruktur	Technologieorientierung	Produktion
alle	I, II, (III)	alle	alle	alle	alle	alle	I, II, (III)	alle	alle	alle	alle	alle	I, II, (III)

Projektausprägungen (PA):

Anstoß für Innovationsprojekt	Angestrebter Innovationsgrad	Ideenreifegrad beim Projekteinstieg	Strategie	Produktkomplexität	
alle	alle	alle	alle	alle	alle

Projektphase	P10, P11, P12
Prozeß- und Informationsmodell (P_in)	Konstruktion → Freigabe Konstuktion vorhanden → Prototypentwicklung → Prototyp entwickelt Entwickeln eines Prototypen für den Produkttest ↓ Prototyp

Reihenfolge	Potentieller Vorgänger 12, 25, 33, 34, 35, 36, 37, 38		Potentieller Nachfolger 20, 21, 35, 36, 37, 38, 40, 41, 43, 45	
Relationen	Muß mit	Sollte mit 1, 19, 22, 25, 34	Sollte nicht mit	Darf nicht mit
Dokumentation	Prototypenbeschreibung			

Prozeßbezeichnung	**Produkttest** (40)
Zielsetzung	Ermittlung von Stärken und Schwächen fertiger Prototypen
Kurzbeschreibung	Prototypen werden hinsichtlich ihrer subjektiven Wirkung auf die Testpersonen untersucht. Erforscht werden psychische Größen wie Einstellungen, Präferenzen, Intentionen und deren Ursachen. Während der Volltest den gesamten Eindruck des Produktes beleuchtet, dient der Partialtest der Untersuchung einzelner Komponenten. Es kann sowohl der Einzeltest als auch der simultane oder sukzessive Paarvergleich zum Einsatz kommen.

Unternehmensausprägungen (UA):
- Unternehmensgröße: alle
- Wirtschaftszweig: I, (II), (III)
- Innovationsnotwendigkeit: alle
- F&E-Organisation: alle
- Unternehmensorganisation: alle
- Unternehmenskultur: alle
- Managementunterstützung: alle
- Wissenserwerb: alle
- Hierarchie: alle
- Wettbewerbsstrategie: I, II
- Know-how: alle
- Fertigungsstruktur: alle
- Technologieorientierung: I
- Produktion: I, (II)

Projektausprägungen (PA):
- Anstoß für Innovationsprojekt: alle
- Angestrebter Innovationsgrad: I, (II), (III)
- Ideenreifegrad beim Projekteinstieg: alle
- Strategie: alle
- Produktkomplexität: alle
- (I), II, III

Projektphase	P3, P5, P8, P10, P11
Prozeß- und Informationsmodell (P_{in})	Prototyp → Zielgruppe; Prototyp vorhanden → Produkttest → Prototyp validiert; Ermittlung von Stärken und Schwächen fertiger Prototypen; Testergebnis
Reihenfolge	Potentieller Vorgänger: 24, 30, 34, 37, 38, 39, 45 — Potentieller Nachfolger: 4, 13, 20, 21, 24, 31, 32, 33, 41, 43, 45
Relationen	Muß mit: 19, 24, 39 — Sollte mit: 1, 6, 22, 28, 30, 34, 38 — Sollte nicht mit: 29 — Darf nicht mit: —
Dokumentation	Test-/ Prüfbericht

Anhang A 49

Prozeßbezeichnung	**Prototypenreview** (41)														
Zielsetzung	Ermittlung der Funktions- und Serientauglichkeit eines Prototypen														
Kurzbeschreibung	Die Ergebnisse von den technischen Funktionstests und den Marktuntersuchungen werden in einem Workshop diskutiert und reflektiert. Auf Basis der gewonnenen Erkenntnisse wird die weitere Vorgehensweise im Projekt geplant.														
Unternehmens-ausprägungen (UA)	Unternehmensgröße	Wirtschaftszweig	Innovationsnotwendigkeit	F&E-Organisation	Unternehmensorganisation	Unternehmenskultur	Managementunterstützung	Wissenserwerb	Hierarchie	Wettbewerbsstrategie	Know-how	Fertigungsstruktur	Technologieorientierung	Produktion	
	alle	I, (II), (III)	alle	alle	alle	alle	alle	alle	alle	I, II	alle	alle	I	I, (II)	
Projektausprägungen (PA)	Anstoß für Innovationsprojekt			Angestrebter Innovationsgrad		Ideenreifegrad beim Projekteinstieg				Strategie		Produktkomplexität			
	alle			I, (II), (III)		alle				alle		(I), II, III			
Projektphase	P5, P13, P10														
Prozeß- und Informationsmodell (P$_{in}$)	Testergebnis → Prototyp → Prototyp vorhanden → Prototypenreview → Prototyp bewertet; Ermittlung der Funktions- und Serientauglichkeit eines Prototypen; Testergebnis, Problemstellung														
Reihenfolge	Potentieller Vorgänger 18, 24, 30, 37, 39, 40, 44						Potentieller Nachfolger 1, 2, 20, 21, 31, 32, 35, 37, 42, 43, 44, 45								
Relationen	Muß mit 39			Sollte mit 1, 19, 22, 23, 24, 26, 28, 29, 30, 34, 36, 38, 40			Sollte nicht mit					Darf nicht mit			
Dokumentation															

Prozeßbezeichnung	**Markteinführung** (42)			
Zielsetzung	Wirtschaftlich optimale Einführung in den Markt			
Kurzbeschreibung	In Zusammenarbeit von Produktion und Marketing werden die Produkte produziert und am Markt plaziert. So ist gewährleistet, daß einerseits neue Produkte in der geplanten Menge zur geplanten Zeit und Qualität bereitstehen und andererseits die gewählte Kombination von Marketinginstrumenten (Marketing-Mix) optimal die Markteinführung begleiten. Der Marketing-Mix besteht aus längerfristig festzulegenden Elementen (Produktpolitik, Distributionspolitik und Preispolitik), als auch aus der Markteinführung variabel begleitenden Größen (Konditionenpolitik und Kommunikationspolitik).			
Unternehmensausprägungen (UA)	Unternehmensgröße: alle; Wirtschaftszweig: alle; Innovationsnotwendigkeit: alle; F&E-Organisation: alle; Unternehmensorganisation: alle; Unternehmenskultur: alle; Managementunterstützung: alle; Wissenserwerb: alle; Hierarchie: alle; Wettbewerbsstrategie: alle; Know-how: alle; Fertigungsstruktur: alle; Technologieorientierung: alle; Produktion: alle			
Projektausprägungen (PA)	Anstoß für Innovationsprojekt: alle; Angestrebter Innovationsgrad: alle; Ideenreifegrad beim Projekteinstieg: alle; Strategie: alle; Produktkomplexität: alle; alle			
Projektphase	P8, P12, P13			
Prozeß- und Informationsmodell (P_{in})	Geschäftsplan, Servicekonzept, Marketingplanung → Markteinführung (Produkt vor der Markteinführung → Markteinführung → Produkt wird auf dem Markt vertrieben); wirtschaftlich optimale Einführung in den Markt; Markterfolg			
Reihenfolge	Potentieller Vorgänger 3, 4, 5, 8, 13, 33, 41, 43, 44, 45		Potentieller Nachfolger 20, 21, 45	
Relationen	Muß mit 1, 19, 25, 38, 44	Sollte mit 3, 4, 5, 6, 8, 22, 40, 43, 45	Sollte nicht mit	Darf nicht mit
Dokumentation	Markanalysen, Umsatzverlauf, Marktanteile			

Anhang A 51

Prozeßbezeichnung	**Markttest** (43)
Zielsetzung	Ermittlung der Durchsetzungsfähigkeit eines Produktes
Kurzbeschreibung	Durch die Beobachtung der Erst- und Wiederkäuferraten innerhalb eines abgegrenzten Marktes wird das gesamte Absatzvolumen geschätzt. Verschiedene (vergleichbare) Märkte zeigen die Wirksamkeit unterschiedlicher Marketing-Mix-Programme auf. So können beispielsweise unterschiedliche Werbestrategien auf ihren Erfolg hin abgeschätzt werden.

Unternehmensausprägungen (UA)	Unternehmensgröße I, II	Wirtschaftszweig I, (II), (III)	Innovationsnotwendigkeit alle	F&E-Organisation alle	Unternehmensorganisation alle	Unternehmenskultur alle	Managementunterstützung alle	Wissenserwerb alle	Hierarchie alle	Wettbewerbsstrategie II	Know-how alle	Fertigungsstruktur alle	Technologieorientierung alle	Produktion I, (II)
Projektausprägungen (PA)	Anstoß für Innovationsprojekt		I, II, III, IV	Angestrebter Innovationsgrad	I, (II)	Ideenreifegrad beim Projekteinstieg alle				Strategie alle		Produktkomplexität alle		alle

Projektphase	P5, P7, P8, P11, P12

Prozeß- und Informationsmodell (P$_{in}$)	

Konzept → Zielgruppe

Marktakzeptanz unbekannt → Markttest → Marktakzeptanz ermittelt

Ermittlung der Durchsetzungsfähigkeit eines Produktes

Stückzahlen, Marktvolumen Plan, Testergebnis

Reihenfolge	Potentieller Vorgänger 5, 8, 9, 18, 24, 33, 37, 38, 39, 40, 41, 45		Potentieller Nachfolger 4, 7, 8, 20, 21, 31, 32, 33, 42, 45	
Relationen	Muß mit 19, 25	Sollte mit 1, 5, 6, 8, 22, 29, 31, 33, 34, 38, 39, 40	Sollte nicht mit	Darf nicht mit
Dokumentation	Testbericht			

Prozeßbezeichnung	**Produktionsrealisierung** **(44)**			
Zielsetzung	Herstellung um die Nachfrage abdecken zu können			
Kurzbeschreibung	Vor dem Hintergrund der Produktgestallt, dem Produktionskonzept und dem Beschaffungskonzept wird die Fertigung physisch aufgebaut und in Betrieb genommen. Die Produktionsrealisierung schließt mit dem Nachweiß der Prozeßfähigkeit und mit der Produktionsfreigabe ab.			
Unternehmensausprägungen (UA)	Unternehmensgröße alle / Wirtschaftszweig I, II / Innovationsnotwendigkeit alle / F&E-Organisation alle / Unternehmensorganisation alle / Unternehmenskultur alle / Managementunterstützung alle / Wissenserwerb alle / Hierarchie alle / Wettbewerbsstrategie alle / Know-how alle / Fertigungsstruktur alle / Technologieorientierung alle / Produktion alle			
Projektausprägungen (PA)	Anstoß für Innovationsprojekt alle / Angestrebter Innovationsgrad alle / Ideenreifegrad beim Projekteinstieg alle / Strategie alle / Produktkomplexität alle / alle			
Projektphase	P12			
Prozeß- und Informationsmodell (P_{in})	Konstruktion → Produktionskonzept → Beschaffungskonzept → Produktionsrealisierung → Produktion aufgenommen; endgültiger Prototyp liegt vor; Herstellung um die Nachfrage abdecken zu können			
Reihenfolge	Potentieller Vorgänger 4, 10, 11, 12, 13, 14, 16, 18, 24, 26, 27, 28, 35, 36, 37, 38, 41, 44		Potentieller Nachfolger 12, 20, 21, 26, 27, 28, 30, 31, 32, 35, 41, 44, 46	
Relationen	Muß mit 1, 19, 22, 34, 45	Sollte mit 11, 12, 15, 16, 25, 26, 27, 28, 30, 35, 36, 38, 39	Sollte nicht mit	Darf nicht mit
Dokumentation	Fertigungskonzept, Hallenlayout etc.			

Anhang A 53

Prozeßbezeichnung	**Ergebnistransfer** (45)														
Zielsetzung	Erlangen organisationaler Kompetenz durch unternehmensinternem, dokumentiertem Wissen														
Kurzbeschreibung	Die während der Projekte gesammelten Erfahrungen und Erkenntnisse werden systematisch gesammelt und dokumentiert.														
Unternehmens-ausprägungen (UA)	Unternehmensgröße I, II, (III)	Wirtschaftszweig I, II, (III)	Innovationsnotwendigkeit I	F&E-Organisation (I), II, III, IV, V	Unternehmensorganisation alle	Unternehmenskultur I, III	Managementunterstützung alle	Wissenserwerb (I), II, III	Hierarchie alle	Wettbewerbsstrategie alle	Know-how alle	Fertigungsstruktur alle	Technologieorientierung I	Produktion alle	
Projekt-ausprägungen (PA)	Anstoß für Innovationsprojekt alle		Angestrebter Innovationsgrad alle			I, II	Ideenreifegrad beim Projekteinstieg alle			Strategie alle		Produktkomplexität alle		alle	
Projektphase	P1, P5, P7, P8, P12														
Prozeß- und Informationsmodell (P$_{in}$)	Bewertung → Marktinformation → Kosteninformation → Technologieinformation → Wissen lückenhaft → **Ergebnistransfer** → Wissen erweitert; Erlangen organisationaler Kompetenz durch unternehmensinternem, dokumentiertem Wissen; Bewertung, Information														
Reihenfolge	Potentieller Vorgänger 12, 13, 14, 15, 16, 17, 18, 23, 24, 25, 26, 27, 31, 32, 33, 34, 36, 37, 39, 40, 41, 42, 43, 44, 46								Potentieller Nachfolger 3, 11, 20, 24, 25, 27, 31, 32, 33, 34, 36, 37, 40, 42, 43, 44, 46						
Relationen	Muß mit 25				Sollte mit 1, 12, 14, 36				Sollte nicht mit				Darf nicht mit		
Dokumentation	Berichte, Dokumente etc., Informationsspeicherung im ISIM														

A 54 Anhang

Prozeßbezeichnung	**Projektreview (46)**
Zielsetzung	Erfolgsabschätzung des Projektes in Hinblick auf zukünftige Projekte
Kurzbeschreibung	Nach Abschluß der ersten Markteinführungsphase werden die erzielten Ergebnisse reflektiert und die gewonnenen Erkenntnisse für neue Projekte dokumentiert. Ggf. erforderliche Korrekturmaßnahmen werden eingeleitet.
Unternehmensausprägungen (UA)	Unternehmensgröße: alle; Wirtschaftszweig: alle; Innovationsnotwendigkeit: alle; F&E-Organisation: alle; Unternehmensorganisation: alle; Unternehmenskultur: alle; Managementunterstützung: alle; Wissenserwerb: alle; Hierarchie: alle; Wettbewerbsstrategie: alle; Know-how: alle; Fertigungsstruktur: alle; Technologieorientierung: alle; Produktion: alle
Projektausprägungen (PA)	Anstoß für Innovationsprojekt: alle; Angestrebter Innovationsgrad: alle; Ideenreifegrad beim Projekteinstieg: alle; Strategie: alle; Produktkomplexität: alle
Projektphase	P5, P8, P12, P13
Prozeß- und Informationsmodell (P_{in})	Projektplan → Projektreview; Markterfolg → Projektreview; Produkt auf dem Markt → Projektreview; Projektreview → Projekterfolg bekannt; Projektreview → Sonderbewertung. Erfolgsabschätzung des Projektes in Hinblick auf zukünftige Projekte
Reihenfolge	Potentieller Vorgänger: 4, 7, 8, 9, 11, 13, 18, 21, 29, 31, 32, 33, 42, 44, 45 — Potentieller Nachfolger: 7, 11, 12, 13, 18, 20, 45
Relationen	Muß mit: 1, 19, 22 — Sollte mit: 4, 6, 7, 8, 9, 11, 13, 18, 23, 25, 28, 30, 31, 32, 34, 36, 38, 40, 41, 42, 43, 44 — Sollte nicht mit: — Darf nicht mit: —
Dokumentation	Review-Bericht

ANHANG E: INNOVATIONSPROJEKT

Projektverlauf, Prozeßobjekte und Informationsfluß

Fallbeispiel: Stickkopf

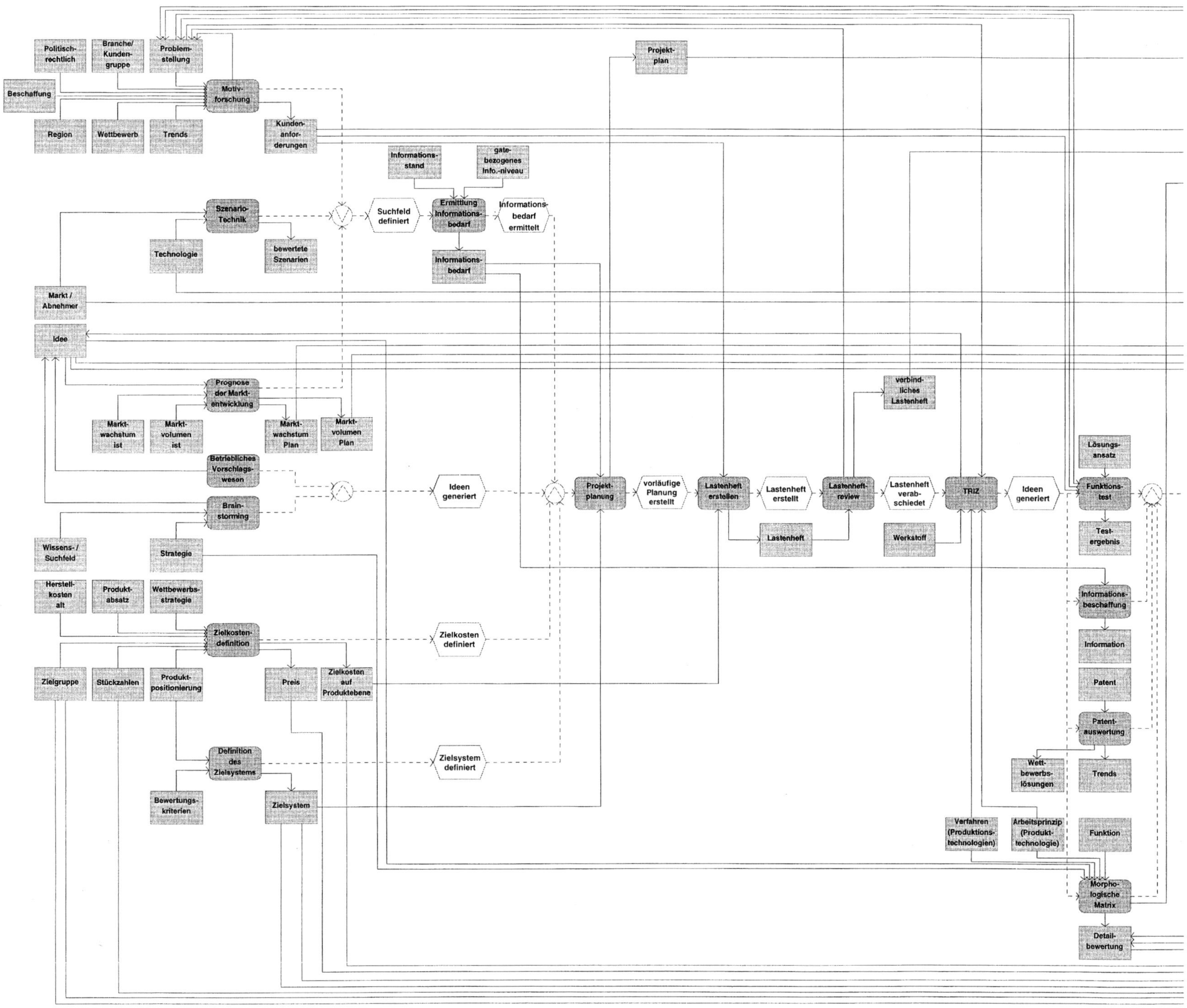
Politisch-rechtlich
Branche/Kunden-gruppe
Problem-stellung
Beschaffung
Motiv-forschung
Region
Wettbewerb
Trends
Kunden-anfor-derungen
Projekt-plan
Informations-stand
gate-bezogenes Info.-niveau
Szenario-Technik
Suchfeld definiert
Ermittlung Informations-bedarf
Informations-bedarf ermittelt
Technologie
bewertete Szenarien
Informations-bedarf
Markt / Abnehmer
Idee
Prognose der Markt-entwicklung
verbind-liches Lastenheft
Markt-wachstum ist
Markt-volumen ist
Markt-wachstum Plan
Markt-volumen Plan
Lösungs-ansatz
Betriebliches Vorschlags-wesen
Ideen generiert
Projekt-planung
vorläufige Planung erstellt
Lastenheft erstellen
Lastenheft erstellt
Lastenheft-review
Lastenheft verab-schiedet
TRIZ
Ideen generiert
Funktions-test
Brain-storming
Lastenheft
Werkstoff
Test-ergebnis
Wissens-/ Suchfeld
Strategie
Herstell-kosten alt
Produkt-absatz
Wettbewerbs-strategie
Informations-beschaffung
Zielkosten-definition
Zielkosten definiert
Information
Zielgruppe
Stückzahlen
Produkt-positionierung
Preis
Zielkosten auf Produktebene
Patent
Patent-auswertung
Definition des Zielsystems
Zielsystem definiert
Wett-bewerbs-lösungen
Trends
Bewertungs-kriterien
Zielsystem
Verfahren (Produktions-technologien)
Arbeitsprinzip (Produkt-technologie)
Funktion
Morpho-logische Matrix
Detail-bewertung

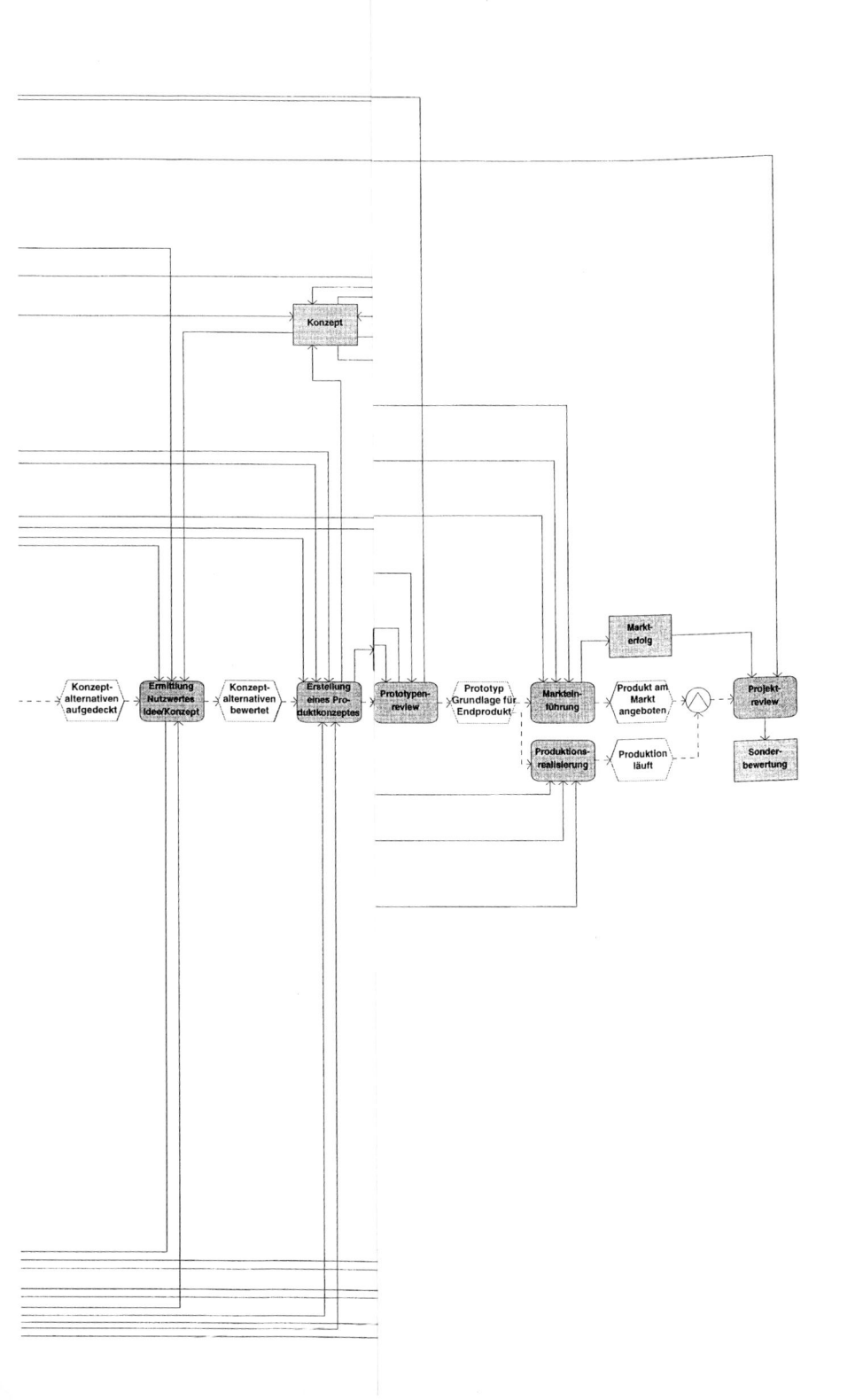

- Konzeptalternativen aufgedeckt
- Ermittlung Nutzwertes Idee/Konzept
- Konzeptalternativen bewertet
- Erstellung eines Produktkonzeptes
- Prototypenreview
- Prototyp Grundlage für Endprodukt
- Markteinführung
- Produkt am Markt angeboten
- Markterfolg
- Projektreview
- Produktionsrealisierung
- Produktion läuft
- Sonderbewertung
- Konzept